祝定陵發掘現場指揮——
白万玉一书出版

考古名家
定陵輝煌

李樹兴
李遇春
龐中威
趙信
曹国鑑
冼自強
敬賀
二〇一二年
十月一日

题词祝贺

白万玉的恩师安特生博士（1874—1960）晚年像
（引自刘大有先生《安特生评传》一书，系由瑞典东方博物馆提供）

白万玉在定陵地宫后殿万历皇帝的棺前清理现场，右为夏鼐

手持彩陶的白万玉。1923 年摄于甘肃兰州市，时年 23 岁
（引自刘大有《安特生评传》一书，系由瑞典东方博物馆提供）

离开包头营地前，考察团中中国学者的合影。左起：丁道衡、黄文弼、詹蕃勋、袁复礼、徐炳昶、白万玉、崔鹤峰、庄永成

包頭キャンプを発つ前、考察团の中国学者の合同撮影。左から：丁道衡、黄文弼、詹蕃勲、袁復礼、徐旭生、白万玉、崔鶴峰、荘永成

A photo taken of Chinese scholars in the expedition group, before leaving Baotou camp. From left: Ding Daoheng, Huang Wenbi, Zhan Fanxun, Yuan Fuli, Xu Xusheng, Bai Wanyu, Cui Huffing, Zhuang Yongcheng

中瑞西北科考团部分成员离开包头前合影

（引自《中瑞西北科学考察档案史料》一书）

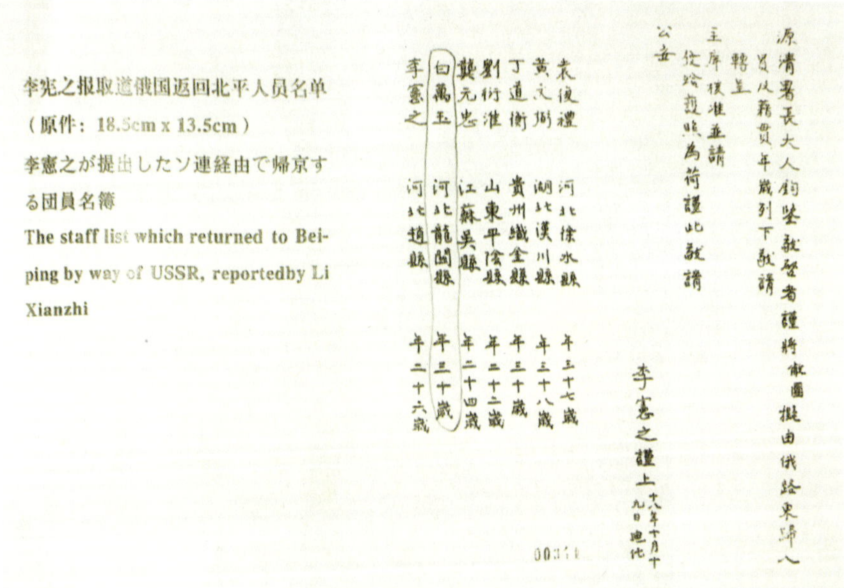

李宪之报取道俄国返回北平人员名单

（原件：18.5cm x 13.5cm）

李憲之が提出したソ連経由で帰京する団員名簿

The staff list which returned to Beiping by way of USSR, reportedby Li Xianzhi

源清署長大人鈞鑒 敬啓者 謹將敝團擬由俄路東歸人員及籍貫年歲列下 敬請

轉呈

主席核准並請

從給護照為荷 謹此 敬請

公安

袁復禮	河北徐水縣	年三十七歲
黄文弼	湖北漢川縣	年三十八歲
丁道衡	貴州織金縣	年三十歲
劉衍淮	山東平陰縣	年二十二歲
龔元忠	江蘇吳縣	年二十四歲
白萬玉	河北龍關縣	年三十歲
李憲之	河北趙縣	年二十六歲

李憲之謹上 十八年十月十九日 迪化

00311

在中瑞西北科考团中涉及白万玉的资料之一

（资料之一、之二均引自《中瑞西北科学考察档案史料》一书）

该团来人细心点交，勿稍疏忽为要。此令。

（222）

省政府就为白万玉等人填发护照事给交涉署的指令

1930年5月14日

令特派交涉员

呈悉。学术团员白万玉及跟丁赵万福护照既经该特派员于五月五日填发讫。应准备案仰即知照。此令。

主席　金树仁

（223）

省政府就考察团团员去留等事给该团的函

1930年7月4日

{前缺}台函，　悉壹是。兹将承询事件逐项答复于下：

一、南路工作团员黄、刘、李三人，拟收束晋省，由迪东归，途次稽延，勿予催促，自可照办。惟仍须酌定期限，最好能于夏历中秋以前到迪，殊气候和暖，东归便易。

二、丁道衡君在喀工作，拟延至今冬结束，亦可允许。惟该团员考查地质应以喀什、阿克苏两区为限，和阗区有特别关系，应停止前往。

三、龚元忠、白万玉二君，拟移在阜康南山中继续未完工作，亦可照办。惟须于黄、刘、李三君晋省后，当即回省。

四、境外守候之外国团员贝格满等，敝处亦不愿其久日守候。惟延长期限，敝处迄未奉有国民政府明文，曾由俄线连拍数电，向外部咨阅，迄未得有复电。拟俟中央复电到新，再与贵团接洽一切，许可入境，此属于交通不便之困苦，贵团当能谅解也。专复。即希查照为荷。

此致

中国西北科学考查团

（231）

在中瑞西北科考团中涉及白万玉的资料之二

晚年的白万玉

（1965 年作者摄）

在白万玉的故乡村委会前合影

（左起：作者丈夫吴氏、作者女儿姗珊、作者、作者外甥女玲子、作者表姐白桂荣）

在白万玉的故乡祖碑前合影

（左起：作者女儿姗珊、作者表姐白桂荣、作者外甥女玲子、作者、作者丈夫、作者侄子王斌、作者侄子白玉胜、白玉胜之孙）

作者少年时和母亲合影

作者和作者姐姐、丈夫合影

作者和姐姐儿时合影

作者与自故乡来京定居的表姐白玉英合影

定陵发掘现场指挥 白万玉

陈仲华 著

學苑出版社

图书在版编目（CIP）数据

定陵发掘现场指挥——白万玉 / 陈仲华著．—北京：学苑出版社，2012.4
ISBN 978-7-5077-3981-7

Ⅰ．①定… Ⅱ．①陈… Ⅲ．①白万玉（1899 ~ 1970）—生平事迹
Ⅳ．① K825.81

中国版本图书馆 CIP 数据核字（2012）第 052923 号

责任编辑： 杨　雷
封面设计： 兰亭数码
出版发行： 学苑出版社
社　　址： 北京市丰台区南方庄 2 号院 1 号楼
邮　　编： 100079
网　　址： www.book001.com
电子邮箱： xueyuan@public.bta.net.cn
销售电话： 010-67675512　67678944　67601101（邮购）
经　　销： 新华书店
印 刷 厂： 河北三河灵山红旗印刷厂
开本尺寸： 710 × 1000　1/16
印　　张： 13.25
字　　数： 200 千字
版　　次： 2012 年 4 月第 1 版
印　　次： 2012 年 4 月第 1 次印刷
定　　价： 30.00 元

序

“文革”后期，我师从夏鼐先生学习考古，他寄给我一册20世纪50年代出版的《考古学基础》，系当时一些名家给考古培训班学员上课的讲义。书后有一篇《文物修复与保护》的文章，作者署名白万玉，那时我初知道白先生是位能给残损古董文物看病的“郎中”。

后来读了中国徐炳昶（字旭生）、裴文中、苏秉琦和瑞典安特生、斯文·赫定等一些中外学者的著作，字里行间常有白先生出现，安特生还为他拍了不少工作照片。白先生跟随安特生、斯文·赫定十余年间，辗转于长城内外、大河上下、楼兰瀚海，无论是探矿、考古还是地理测量，都获得许多宝贵的知识和经验，有不少重要的建树。例如，早年他受安特生委派，独身一人在天水，首次发现三处史前遗址。

近年又阅读冒受白先生指导的庞中威、赵信先生的著作，内有一些对白先生重要事迹的回忆。新中国成立后白先生在众多考古发掘工作，例如黄河水库考古等，尤其在明定陵重大发掘工作中，出色履行了发掘现场指挥之职，都有赫赫贡献，获得交口赞誉，我才知道他人品高尚、阅历广泛、知识渊博，是值得称道的中国考古界百科全书式的老前辈。就是这么一位令人肃然起敬的考古专家，却在人妖颠倒的“文革”中惨遭迫害，也没有留下遗著，真是留得一些遗憾事，千秋同感属斯人。

近年我和刘晓龙与瑞典斯德哥尔摩东方博物馆合写了《安特生评传》（瑞方只提供照片），又见到一些白先生的资料。安特生博士是他的开山恩师，又带他多年探矿考古硕果累累。中国至今不少地方仍有“天地君亲师”五福碑，而且有“一日为师，终身为父”之说，所以我在《安特生评传》一书中，加进了我特地撰写的有关既是他的学生又是得力助手的白万玉先生的两篇文章，以昭示后人不要忘记白先生对中国现代考古事业所作出的贡献。

想不到拙作被白万玉的后人陈仲华女士及其先生吴若茂阅读，立志要为白老著书立传。我有幸拜读由陈仲华女士执笔，实际上是由他们夫妇俩合写的《定陵发掘现场指挥——白万玉》一书的初稿，又让我了解了白老许多鲜为人知的事迹，洋洋洒洒文贵真实 20 余万字，如同言之凿凿的白老重现于世，使人感慨不已。作者又嘱余作序，谨然为之。

刘大有（中国安特生博士纪念馆馆长）

2010 年 4 月 21 日

于上海浦东杉林小楼

白万玉现场主持发掘定陵

在50年前，单位派遣我们几个先后到定陵参与发掘工作，包括与发掘本身密切相关的清理、绘图和照相等工作。那时虽然条件艰苦，生活枯燥，但我们还是愉快的，默默而不分昼夜地勤奋工作着。时至今日，我们对定陵仍是有感情的。

50年前为发掘定陵作出贡献的夏鼐所长、朱欣陶主任、白万玉（白老）这些老前辈早已作古，但是他们所作出的贡献永存史册，我们永远怀念他们、思念他们。

白老的亲属陈仲华女士，写了《定陵发掘现场指挥——白万玉》一书，邀我们写点东西附在她的书里。我们义不容辞，大家聚在一起写，凑成这篇小文。

科学发掘皇帝陵，是前人没有做过的大工程，在实际发掘中，有三大支柱：

1. 中国科学院考古研究所夏鼐所长任总指挥；

2. 北京市文化局文物组主任朱欣陶，领衔代表北京市文化局参加发掘工作；

3. 夏鼐所长委派考古研究所白万玉（白老，技佐）现场具体主持业务发掘。

夏所长是我国杰出的考古学家，也是当代世界著名的考古学家之一，在国内外考古学界享有很高的声誉。夏所长是新中国考古工作的主要指导者与组织者，他以毕生的精力献身于中国的考古事业：考古队伍的建立、考古规划的制定、田野考古工作的提高和自然科学方法在考古学上的应用等等，在诸多方面都作出了重大的贡献。发掘定陵时，他是业务上的总指挥。夏所长人品高尚，德艺双馨。对自己要求很严格，无论是做人的人品方面，还是在弄文的文德方面，都是我们学习的榜样。发掘定陵时，夏所长把在田野发掘方面有丰富经验的白万玉（白老）派去主持发掘，夏才放心。

这项工程，是周恩来总理批下来的，带有政治性；主管文化的副总理陈毅，又把这项工程交给科学院主持发掘，谁敢不重视？

白老接受任务后，他向技术室主任赵铨作了说明。赵听后对白老说："发掘皇帝陵，工程太大，没有前人的经验可借鉴，困难不会没有，您千万慎重小心，有问题及时向夏所长汇报。您先去，我要向夏所长建议，再派一些业务人员去协助您。"白老也是技术室的人员，所以作为技术室主任的赵铨对此事非常关心。

朱欣陶主任作为北京市文化局的派出代表，在发掘定陵的整个过程中协调各方面工作上起到很重要的作用。吴晗副市长对定陵发掘工作催得很紧，要求在1956年雨季到来之前抓紧时间开工发掘；又由于明十三陵属北京市管辖，发掘定陵必须有北京市文化局参加，朱主任代表市文化局，尽地主之谊，带领文物组的人马打前站，做开工前的一切准备工作。

朱主任在北京市昌平县有关部门大力支持下，不分昼夜地忙碌着：盖简易的木板房子、建立伙房、招雇发掘工人、准备发掘用的一切工具……吃的、住的、用的等等，一切的一切，都得操办妥当，工作量和劳动量是很大的，也是很辛苦的。朱主任是一位资深的老干部，人品高尚，待人谦虚和蔼，工作负责，严己宽人，是一位难得的好领导。在那艰苦的岁月里，朱主任和我们年轻人同吃同住，操心费力，他把定陵发掘前的一切工作准备得有条有理，使发掘工作得以顺利进行，为发掘定陵创造了有利的条件。吴副市长和夏所长对朱主任所做的工作非常满意。朱主任工作经验丰富，知识渊博，始终在定陵坚持工作，并首任定陵博物馆馆长，他的这种精神难能可贵。去世后，他的骨灰也埋葬在定陵附近的山坡上。

白万玉，人称白老，发掘定陵时，任现场主持者。民国时期，白老跟随瑞典学者安特生，游走于甘肃、青海、新疆、内蒙、河南、河北、辽宁等省，足迹遍及大河上下，安特生为其拍了不少工作照片；随后白老还跟瑞典学者、探险专家斯文·赫定一起工作多年，可以说是中国考古界的老前辈了。

现在科学界已经形成了这样的共识，认为最先意识到周口店遗址重要科学价值的就是那位世界著名的瑞典考古专家安特生。两枚北京猿人牙齿的发现和他随后首先向世界公布了周口店北京人遗址的发现，犹如一颗重磅炸弹，震撼了当时的科学界；白老在周口店整个发掘和发现过程中始终紧跟安特生，全身心地投入，并作出了重要贡献。他们所做的所有这一切细致而艰苦的前期工作为后来北京猿人头盖骨化石的出土奠定了坚实而可靠的基础。

新中国成立后，开始筹建中国科学院考古研究所，白老从原中央研究院历史语言研究所合并而来考古所，任技佐。

1950 年 10 月，白老与夏鼐等 12 位专家学者，在河南辉县琉璃阁进行发掘，这是新中国成立后，考古工作者第一次进行田野发掘工作，其中有：夏鼐、郭宝钧、苏秉琦、安志敏、石兴邦、王伯洪、马得志、徐智铭、魏善臣、王仲殊、赵铨、白万玉。

在这期间，白老受北京大学之邀，几次去北京大学讲考古发掘与古物修复和保管课，名曰：“考古杂谈”，内容多为白老多年来的实践经验之谈。

登上北京大学的讲台授课，白老起码已达到讲师或副教授的文化水平。白老的发掘实践经验丰富。

白老来定陵主持发掘时，朱主任非常高兴，对他特别优待，当时工地住房十分紧张，两三个人住一间房，朱主任给白老安排一个单间住，还给他配了一个服务员孙宪宝，为白老打扫卫生，还要不时到长陵村合作社给白老买香烟；冬天给白老生火炉子，另外再干些杂事等，他不参加工地实际发掘工作，只为白老服务，杂事不少，他早来晚走，也很辛苦。

1956 年 5 月 17 日，60 余名发掘工人到齐后，白老给他们开会，讲了发掘的基本常识，特别讲了安全问题，白老着重强调，在发掘工作中，有什么异常情况要及时报告等。

吴晗副市长特别关心这项工程，他常来视察，一来就找白老了解工程的进度，经常询问在工作中有什么困难？白老就如实向吴副市长详细汇报。

夏所长作为定陵发掘的总指挥，承担第一责任人重担，责无旁贷，如履薄冰，所以他对定陵的发掘特别关心，在百忙之中，常来定陵视察指导工作，并亲自到工地现场。有时兼作秘书工作的李遇春副研究员也陪夏所长来。有一次夏所长让李遇春转告我们几位参加定陵发掘工作的年轻人说，科学发掘皇帝陵史无前例，是一次学习的好机会；白万玉先生是工地指挥，田野工作经验非常丰富，希望你们在他的具体指导下积极地配合协助他做好工作，更好地完成发掘任务；希望你们做好本职工作，搞好团结，更要注意安全；今后所里可能还要派业务人员来等。后来，柏志忠、时桂山也被派来定陵工作。

综上所述，当年十三陵考古发掘总指挥是夏鼐所长；而白老（白万玉）则是夏鼐亲点的定陵发掘现场指挥；当年有关十三陵发掘统一以“长陵发掘委员会”名义对外，没有设立“定陵发掘考古队”，因而也就没有所谓队长和副队长之类职务，其他与此相左的说法都是不真实的。近期，为纪念明定陵发掘55周年，《中国文物报》于2011年6月24日发表了“夏鼐与定陵发掘”（《夏鼐日记》摘抄），在其“编者按”中，有一段是这样表述的，“日记没有记载定陵发掘领导小组和发掘队的组成情况，但确切地表明：发掘是在夏鼐本人的直接领导和实际主持下进行的”，即可佐证。

定陵这项偌大的工程，参加发掘的各种人员不下100余人。挖探沟找地宫的大门，通过一年多的努力工作，清出了金刚墙，基本的工作有了眉目，大家松了一口气。在发掘的过程中没有塌过土方，也没有出现伤亡事故，这是白老现场指挥有方。接着在金刚墙上方拆洞、下地宫探险、打开地宫14吨重的大石门，这些关键、危险、神秘的场面，都是白老设计、指挥着大家干的。

白老严己宽人，善于动脑筋，工作认真负责，实事求是，从不争名争利，人品高尚，对人虚心和蔼，很受同事们的尊敬。

科学发掘皇陵的成功，是通过大家的辛苦劳动而完成的，成绩是大家做出来的，但是夏所长、朱主任、白万玉（白老）更是作出了特殊的贡献！他们已经仙逝，我们永远怀念他们，纪念他们！

赵　铨（中国社科院考古研究所原技术室主任　高级工程师）
李树兴（在定陵工作十余年，后调颐和园任文物部主任）
李遇春（中国社科院考古研究所副研究员）
赵　信（中国社科院考古研究所副研究馆员）
曹国鉴（中国社科院考古研究所副研究馆员）
冼自强（中国社科院考古研究所副研究馆员）
庞中威（《定陵发掘亲历记》一书的作者）

2011年7月15日

怀念白万玉先生

白万玉是考古界的一位老前辈，他将毕生的心血都倾注在考古事业上。在考古队伍中，他参加工作最早，据我所知他十几岁就跟随瑞典考古学家安特生从事考古发掘工作。后又随国内早期考古学家黄文弼工作多年。他在考古发掘工作中经历了数十年的实践与考验，积累了大量有形、无形的知识与经验。我与他曾同在考古所技术室工作，朝夕相处，也曾并肩在同一个发掘工地上工作过较长时间。他是一位平易近人、和霭可亲的长者，经常向青年人讲述他的生活经历，还为考古工作人员训练班学员及北大考古专业的学生们讲过“考古杂谈”，大家都饶有兴趣地了解到在课堂上学不到的知识与趣闻逸事。

在行业中，无论老少都称他为白老，他的生活十分俭朴，除了是一位“烟民”外其他都不讲究。我曾多次去西直门老虎庙他的住处拜访他，向他求教。见他家住在一个北京最普通的小院落里，低矮的小平房，他和家人都睡在炕上。他讲话时，总离不开吸烟，但多半是拿在手里，还不住地按着烟蒂，把烟蒂越按越短，一支烟吸完了再换一支。他是从旧社会过来的，对许多往事了如指掌，所以讲述起来颇引人入胜。

他在考古工作方面涉猎较广，他在室内时主要从事文物的修复工作，但更多时间是在田野进行发掘、清理工作，田野工作比较繁杂，他能带领工作人员及部分技工有条不紊地处理好各项事务。为此，1956 年考古所承担发掘明定陵这项较大规模的帝王陵墓时，考古所夏鼐所长特派白老作为领班人，带领几位年轻学员进驻到陵区工作，在工作实践中找到了墓穴口，最终发现陵墓的整体建筑。在他的指导下，年轻人积极上阵，小心谨慎地进行了发掘和清理的全部工作。使定陵的发掘工作得以顺利完成，白老是功不可没的。白老在发掘定陵的工作过程中还培养了一批新手，使他们成为考古战线上的尖兵与骨干。直至今天，他们都念念不忘白老的教诲，把白老看成是他们的恩师。

白老已经离开我们40多年了，他为中国考古事业的发展，作出了较大的贡献，今天考古工作队伍在不断壮大，但我们永远不会忘记那些老前辈们，他们在创业时期付出的辛勤劳动，为考古这门新兴的科学奠定了基础，他们的业绩是永垂不朽的。

赵铨（高级工程师　原中国科学院考古研究所技术室主任）

2011年10月16日

目录

导语

我最近写了一本书《定陵发掘现场指挥——白万玉》，主要记述我的舅舅——被誉为“一代考古田野发掘大师”白万玉的传奇经历。

舅舅离开我们已经整整40年了，在他逝去的岁月里，我经常想念他，他的音容笑貌深深地印在我的脑海中。为了表达思念之情，我决定用我的笔来书写他不平凡的一生。

舅舅是一个地地道道的农家子弟，他的出生地是被大山环抱的小山村，平凡而独特。舅舅文化程度不高，只读过几年私塾，但他所从事的工作却富文化气息，一生与文史为伴，专于考古。他16岁时有幸结识了瑞典地质、考古学家安特生。由于这种机缘，舅舅走出了大山，跟着安特生等人登上了地质、考古这辆“战车”，走南闯北、不辞辛劳、刻苦钻研、终有所成，深得安特生和斯文·赫定等人的喜爱和好评，由此得到了他们的真传，使舅舅受用终生，并因此为中国的考古事业作出了应有的贡献……与舅舅在考古工作中结下深厚友谊的爱徒和同事庞中威先生在他的《定陵发掘亲历记》中这样评价他：“白老是考古界前辈，一辈子干考古，经历曲折坎坷，充满了神奇色彩。他跟瑞典地质学家安特生、斯文·赫定在河南、陕西、新疆、甘肃等地调查发掘过；跟着徐旭生先生任中方团长的中瑞西北科学考察团跑过新疆；……在周口店发掘过北京猿人化石；跟苏秉琦调查发掘过宝鸡斗鸡台……这些在中国考古史上有着深远意义的大事，他都曾参与过。”这段话提纲挈领地描述了他不凡的一生。

考虑再三，本书名定为《定陵发掘现场指挥——白万玉》，即截取我舅舅一生中最后也是最耀眼的事迹点题，其实这只是他多棱体的一生的一个侧面而已，但具有高度的代表性。本来打算在“白万玉”三个字后面再加上省略号，意指并非仅涉“定陵”而已，还有许多相关经历以及有关其他的人和事，围绕“棋杆院”这一特指主题，即体现中华传统优秀品德的传承和发扬这一主线展开。但转念间又考虑到作为书名这样做会过长而作罢，最终启用现名。

本书在写我舅舅的同时，还用了一些笔墨介绍我的几位亲人。我舅舅和他们都是芸芸众生中的一员、茫茫大海中的一滴、连绵沙丘中的一粒，再普通不过了。“是金子总要发光的”，我有义务捕捉其“闪光点”，体现对事实的尊重，对理性的尊崇和对道德的遵守。他们确有可写之处，我有感要发，有情要抒，因而书写的激情如滔滔江水流淌笔端，我之所感所想系真实感情的自然流露。他们虽然没有做过什么大事要事，但也在各自的工作岗位上做出了值得书写之事，甚至在某些方面成了“第一个吃螃蟹的人”而值得讴歌，有位报告文学纪实作者这样写道：“历史学家喜欢追溯首创和第一，其意义显而易见，因为只有第一个吃螃蟹的人才能称得上勇敢者”。诚者斯言，形形色色的“第一”应运而生，而有实际意义的第一更应肯定。有鉴于此，我为他们而歌。

总的来说，概括我舅舅的一生，可以用“万玉闪光”来形容。当然，白璧不能完全无暇，但瑕不掩瑜。由于特定的原因，玉光曾被迷雾笼罩，我有义务拨开迷雾，还历史本来面目。舅父生前过于低调，我有义务为其“扬名”，让万玉闪光，翡翠争辉。

第一章 弥补遗憾

在人生的道路上有欢歌，也有遗憾，遗憾使人自责和后悔，而我的一个遗憾却非同一般，它使我自责之重而刻骨铭心，有时我总是责备自己当初为什么那么不懂事？！即便以自己当时年纪小为由而开脱，我也不能原谅自己。

事情是和我舅舅白万玉联系在一起的。

我的舅舅——白万玉（1899—1970），字蕴山，河北宣化庞家堡汤池口村人。他在中国科学院考古研究所组建伊始（1950）即任技佐，一辈子搞考古。从16岁起就跟随瑞典考古专家安特生学习探矿、考古发掘及文物修复技术；20岁刚出头，就跟安特生下河南、到山西、赴辽宁、进甘肃、奔青海等地，积累了田野发掘、文物考古、天文气象等大量的第一手资料和经验；1927年又随另一位瑞典考古探险家斯文·赫定及中方徐旭生为团长的“中瑞西北联合科学考察团”穿越内蒙、新疆等地，冒险挺进人迹罕至的楼兰、罗布泊探险、发掘……解放后，随着国家的新生，我的舅舅也焕发了工作的青春，在他所挚爱的考古事业中有众多建树。在常年艰苦的田野发掘工作中，舅舅的足迹几乎踏遍了大半个中国，可以说他是考古界的老前辈了，而在业内备受尊敬，大家都亲切地称他“白老”。

舅舅的一生颇具传奇色彩，不了解他的人，通过我的上述介绍，一定会认为他学富五车、才高八斗，实际情况并非如此。虽然他一辈子与历史文化、名人专家打交道，包括倾听专家讲解各种知识，久而久之，对历史文化知之不少，受益颇多，甚至后来他多次应邀登上北京大学历史系考古专业的讲堂给天之骄子们授课……但其实他只读了几年私塾，文化程度不高，故自己不能将积累的知识与经验书写出来。

在我大概九岁的时候，有一天，舅舅来我家，母亲对我说："你舅舅叫你呢"，"舅舅，什么事啊？"，"仲华呀，你能不能给舅舅帮帮忙呀？"，"帮什么忙啊？"，我怯生生地回答。"我呀，想写点古人的故事，你能行吗？要不，我说你写，行不？"，他刚一说完，我噗嗤一笑，回答说："舅舅，我可写不了。"俗话说，童言无忌，我就这样一句话回绝了舅舅。那时的我，也就是能把造句造好了就算不错了，我也确实写不了。随后，舅舅又说了几次，面临同样结果。现在想起来，那时他是多么希望有人能够给他搭把手，帮帮忙。但因为我年纪小，帮不上忙，而我也确实做不到。

慢慢地，我长大了，学习也紧张了。记得在我上高中的时候，舅舅再次对我提及此事，但是紧张的学业、繁重的功课压得我实在无暇顾及其他。就在我上高三快毕业的时候，毕业考试已经结束，准备参加全国统一高考，我迈着青春的脚步，怀着美丽的幻想，憧憬着考入自己理想的大学时，"文化大革命"爆发了，那是一段不堪回首的岁月。每个人都自觉或不自觉地被卷入政治漩涡中，根本无暇顾及其他。

由于种种原因，我始终未能给舅舅帮上忙，舅舅一肚子的知识和他的才华以及丰富的阅历没有给世人留下多少著述，他是带着深深的遗憾离开这个世界的。每当想到这里我总是很遗憾，很难过。

可能是受到舅舅的影响，随着年龄的增长，我也对历史，尤其是明史颇感兴趣。记得舅舅曾经对我们说过，要想学好明史，你首先就要把明朝的 16 个皇帝的帝名、陵名、庙号、谥号、年号以及在位年数等都要熟背，这样你才能对明史感兴趣，明朝的历史你才能渐渐搞清楚。按照他的教导，我把这些都熟记于心。我的工作与历史无关，但我对历史知识都很感兴趣，这对于我的精神世界是一种充实，这不能不感谢我舅舅对我的关心与教导。

我开始系统记事的时候，正是我舅舅大讲明史，大讲十三陵很多故事的时候，因为那时我年纪小，听到的故事也是断断续续、朦朦胧胧的，很多情节依稀且不连贯；但由于舅舅的不断灌输，加上当年发掘定陵前后舅舅经常绘声绘色地描述，使那些情节深深刻在我的脑中而留下印记，现在回想起来，还是那样清晰，犹如发生在昨日。

为了发掘定陵，舅舅付出了大量的心血，也是他多年累积知识集中迸发的时刻。

自定陵 1959 年正式对外开放以来，每年都会迎来数以百万计的来自全国乃至世界各地的游客。人们无比赞叹地下宫殿建筑之雄伟和中国古老文物之精美，同时也对发掘此皇陵的工作人员怀有由衷的敬佩之情。

作为一名北京市民，我曾多次到定陵参观游览，学生时代是参加学校组织的春游或秋游去；有的时候是陪亲人或朋友出游；也有时是陪国际友人游览。这期间，我总会适时骄傲地向大家介绍，我舅舅就是在定陵现场主持发掘工作的，别人也总是表现出极大的兴趣，并希望我能向他们介绍发掘时的经过或奇闻逸事。说实在的，我只能讲一些皮毛的东西，因为我不是发掘现场的亲历者。舅舅让我记述的事我没有做，许多事情和细节我不甚了解。这些都是我深感遗憾的，所以我想设法弥补遗憾于万一。

最近十几年，市面上有关发掘定陵的书相继问世，如《风雪定陵》、《定陵发掘亲历记》、《定陵探险第一人》、《考古追踪》等等，因为人们对神秘的地下宫殿及相关考古、鉴宝等事越来越感兴趣，故这类书籍发行量喜人。

我最先看到的是《风雪定陵》，我舅舅白万玉的名字曾多次出现在书中。因为是有关定陵的书，尤其是看到白万玉这三个字，我就感到特别亲切。由于我不是当时发掘现场的亲历者，所以对书中出现的场面我总感到似是而非，模棱两可，但我只记得当时第一个下定陵地宫探险的人叫庞中威，这是我曾亲耳听我舅舅说的，并记忆犹新，至于书中所提汉白玉大门是赵其昌所发明的“拐钉钥匙”开的之类说法我曾因不明真相而将信将疑。

世间许多事情有时是非常巧合的。2008 年 5 月 6 日，在电脑前，我无意间在搜索栏里打上了“白万玉”三个字，当我打开页面时，竟出现了香港凤凰卫视中文台文化大观园节目采访庞中威先生的新闻。我以极大的热情和好奇心往下看，心中竟产生莫名的激动。庞中威先生是我舅舅的徒弟，他跟随舅舅六年多，从河南黄河水库发掘现场就在一起工作，发掘定陵时又在一起“并肩战斗”，几乎形影不离。他们关系密切，形同父子。我虽没有见过庞先生，但是对于庞先生的名字我还是很熟悉的，因为我舅舅常常提到他，尤其讲述了舅舅当年派庞中威第一个下地宫后的后悔心情，他曾说过：“让小庞第一个下地宫探虚实，我真是有些后怕呀！万一有个三长两短该怎么向他的家人交代呀？！”想起这些发自肺腑的话语，舅舅当年说话时的情景立刻浮现在我的眼前；我有一种特别想见到庞中威先生的冲动，希望能从他那里多了解一些舅舅当年工作时的情况。感谢凤凰卫视中文台大观园栏目的工作人员，当我把我的诚意向他们表明之后，他们帮助了我，我很快便与庞中威先生取得了联系。当年二十几岁的小伙子如今已是两鬓斑白的老人，但他精神矍铄、思维敏捷、谈吐诙谐幽默。他给我们详细地介绍了舅舅在十三陵定陵工作时的情况，许许多多事情是我们作为亲人所根本不知道的，同时他送给了我们一本他写的书，就是《定陵发掘亲历记》。

回到家中，我仔细地拜读了《定陵发掘亲历记》，同时我也认真阅读了晨春生先生所写的《定陵探险第一人》以及当年和舅舅一起工作过的赵信、曹国鉴、冼自强、王杰、王振江等诸位先生所写的描述当年发掘定陵现场的有关文章（载于赵信先生《考古追踪》）；我惊奇地发现《风雪定陵》的内容与我上面提到的诸位先生所描述的情况反差太大，仅打开定陵 14 吨重的汉白玉大门一事两者之间就南辕北辙，我该相信谁呢？我不是亲历者，但众多健在的亲历者都言之凿凿、异口同声地印证同一客观事实，所以我相信他们说的话是真实的。

为此，为了完成舅舅的心愿，也为了弥补我的遗憾，我要用我的笔来书写舅舅的人生。我有一颗真诚的心和满腔的热情，我要站出来替舅舅说出以前他想说而未说的话，并讴歌他、赞美他。安息吧，亲爱的舅舅，我正如您所愿而为。

为了写这本书，我翻阅了大量的图书，多少天来几乎天天泡在国家图书馆里，去查阅那些尘封多年的资料，追寻舅舅曾经走过的足迹。

我还是从舅舅最辉煌的一章写起吧，时间回到 1956 年。

第二章 临急受命

1956 年 4 月下旬的一天，在河南开往北京的列车上，一位年过半百，两鬓已斑白的人坐在车厢中间位置，他的双眼似睁似闭，双眉紧锁，时而又睁开双眼不住地看着列车急驰过后眼前一片片春意盎然的绿地，并不时地询问列车员火车是否能正点到达北京，略显急促的他似乎有急事要马上赶回北京。

当他坐累了站起来活动一下子身子的时候，周围的人对他上下打量了一番：眼前这位先生显然已经 50 开外，尽管带着疲惫，但精神矍铄。他腰板笔直、身材高挑、额头宽阔、鼻梁高耸，尤其那双眼睛在眨动时如流星在天空划过一样炯炯有神，透着聪颖和才气……

他，就是我的舅舅，中国科学院考古研究所技佐——白万玉，在中国考古界被尊称为“白老”。

他有什么重要的事情急于赶回北京呢？

那时他一直在河南黄河水库搞考古发掘工作，紧张而繁琐的发掘和修复文物工作正在有条不紊地进行，突然他收到了共事多年的领导，中国科学院考古研究所的夏鼐副所长的加急电报，内容是有紧急工作请他速回北京，“能是什么新的工作？莫非是大家都在议论纷纷的发掘十三陵的事？”舅舅心中纳闷，但既然是夏鼐先生亲自所发，一定是非常重要的事情在等着他，于是他立刻放下手中的工作，匆匆打理行装，乘火车急速回京，列车到京时已是半夜时分。

那时北京的交通不像现在这样发达，没有夜班车，更没有出租车，出了站台，周围一片漆黑，只有少量的路灯闪着微弱的光，一派静寂景象。舅舅坐在火车上本来就很累，加上又是半夜，出了一身冷汗，暗自寻思：夏所长这么着急，肯定任务重大，干脆赶紧直奔夏宅，问个究竟再说；但转而一想，这三更半夜的到夏先生家去行吗？别说他身居高位，就是一位普通朋友这夜访也不合适呀，这样打扰不太好，最后他打消了这一闪念。到底去哪儿呢？回自己家？西直门离前门太远，不行。思来想去，舅舅的脚步开始向我们家移动，因为我们家住在虎坊桥，离前门火车站较近，步行的话，20多分钟就可以走到，就这样，满身疲惫的舅舅敲响了我们的家门。4月份的北京，天气乍暖还寒，半夜时分，更显冷意，熟睡中的我们被意外的敲门声惊醒，听到是舅舅的声音，父亲和母亲立即起床为他开门，母亲用诧异的目光打量着舅舅并问："哥，你怎么这会儿来了？发生了什么事情？"询问间忙为他倒水问候，于是舅舅把事情的来龙去脉简单地叙述了一遍，之后，父亲和母亲马上安排他休息。舅舅心中惦记着工作，虽然很累可就是睡不踏实，听母亲说，舅舅只歇了几个小时，天亮之后，他就迫不及待地直奔考古所。

夏所长在办公室热情地接待了他，两人互道问候后，舅舅单刀直入，边喝水边问："什么任务这么紧急？是不是大家都在议论的要发掘十三陵？"

"正是如此，周总理已经同意了，正式发掘长陵前，先搞试掘，取得经验后再开发长陵。"夏答。至于这期间发生了什么事情夏鼐只字未提。"试掘对象未最后确定，……一个原则，能为开发长陵提供经验即可，不必贪挖大陵，旨在减少损失"，夏鼐补充着，一口气将工作重点讲了出来。

后来事实证明：夏鼐先生不向舅舅透露前期的曲折过程是有意为之，其目的是让舅舅只领会精神实质而不带任何框框，在以后的勘察中不戴有色眼镜，免受无谓干扰，以求客观公正。

第三章 发掘十三陵的起因

发掘十三陵的起因，说来话长。中国传统有厚葬习俗，身份显赫的人更希望死后能享用生前喜欢与生前一样奢华或希望来世能享用之物。这也客观上为我们提供了了解历史的证物，同时也激发了历代盗墓者的非分之想，铤而走险发不义之财，清东陵的被炸被盗就是明证。墓葬中藏有宝物最多者当属历代皇陵，但这类陵墓都隐而秘闭，寻找难度大，且今天技术水平达不到要求，一般不主张挖掘出土；有的则根本找不到，如成吉思汗墓，因为按蒙古人习俗，人死后葬所不留痕。偶在基建施工中发现墓葬挖掘而出土大量宝物和其他随葬品，使国人大开眼界，看到了希望，如马王堆墓之类，因而有人得到启发，主张最好赶在盗墓者之前进行缜密的开发性发掘，使众多历史文物重见“天日”，替历史“说话”，相对损失会较小，但对具有重大历史价值且被盗可能性较低者，还是主张“暂且无为”，如秦始皇陵、武则天墓之类。

发掘十三陵的起因，有一定的必然性和偶然性，而最终落定“定陵”则是集必然和偶然于一身。千百年来，皇陵众多，唯明陵较集中完整、声名在外、未曾被盗，且又处京城。明十三陵，是明成祖迁都北京以后13位皇帝的陵墓群，陵域面积约120平方公里。巍巍的燕山山脉自西北逶迤而来，在陵域周围形成天然屏障。环山之内，是洪水冲刷形成的小盆地，山壑中的水流在平原中部交汇曲折东去。绿树浓荫之中，一座座红墙黄瓦的陵园建筑，檐牙交啄，金碧辉煌，坐落在东、西、北三面的山麓上。其中，成祖陵位于北面正中位置，余陵分列左右。整体布局庄严和谐，主次分明，在青山绿水掩映下，显得格外肃穆幽雅。

明十三陵建筑规模宏大，作为中华民族古老文化的一部分，就像一颗璀璨的明珠，镶嵌在北京的大地上。

在明十三陵的开发过程中，有一位促进者起了关键的作用，他就是赫赫有名的原北京市副市长、明史专家吴晗。是他将必然和偶然有机统一起来，并使偶然向必然转化，最终促成了这一项目的实施。此事的机缘带有某种偶然性，是吴晗的突发奇想和临场发挥促成了一桩大事件的展开。这件事说来话长，时间回转到半个世纪以前，首任中国科学院院长郭沫若秘书王廷芳先生在《郭沫若与定陵发掘》一文是这样回忆的：

读了《北京晚报》连载的杨仕、岳南先生的报告文学《风雪定陵》，引起了我对定陵发掘的一些回忆。

1955年10月9日，星期天，国务院机关事务管理局余心清局长邀约了邓小平、李富春、郭沫若等同家人一起到十三陵郊游。同时还邀约了其他一些人，我只记得有吴晗先生和新凤霞女士，大概连同工作人员有三四十人。10月上旬的十三陵，秋高气爽，气候宜人；点缀在群山绿树中的一座座红墙黄瓦的明皇陵，景色宜人。国务院膳食科的科长带着几名工作人员开来一辆大卡车，为大家准备了丰盛的野餐。

参加郊游的人先后到达长陵后，或一家人，或三五结伴，主要在长陵漫游参观；有些人还参观了附近的陵墓。中午所有的人都集中到长陵东侧的地上野餐。这里遍地都是硕果累累的柿子树，柿子已开始泛黄。人们有坐有站，边吃边谈，欢声笑语，气氛很是热烈。大家自然地谈论起十三陵，尤其是长陵。吴晗作为明史专家、北京市副市长，谈得最多，情绪也十分激动。谈着谈着，他突然当着邓、李两位副总理的面大声地和郭老说：“郭老，长陵这样雄伟，里面一定很宏大，肯定会有很多珍宝陪葬，说不定还会有很多壁画和绝版的古书，咱们把它发掘开，搞个地下博物馆好不好？”郭老表示完全赞成，两位副总理和在场的其他的人也都表示拥护。郭对吴说，你就负责起草一份报告给总理请求批准吧。吴爽快地说：“好，好。”在离开长陵前，吴晗就和郭老商量了给总理报告的内容和由哪些人署名的问题。

1955年10月13日，吴晗给郭老写了封信，信中说，发掘长陵事，和各方面谈，都表示同意。拟一报国务院稿，可用否？请斟酌改正。并请郭领衔在报告上签名。郭当天对报告做了一些文字上的修改后，签了名。第二天，沈雁冰、张苏、范文澜、邓拓4人，都在报告上签了名。报告稿是吴晗亲笔写的。15日，经修改后的报告，即打印上报。

周总理11月3日批示：原则同意……，并批示由陈毅、彭真、习（习仲勋，当时任国务院秘书长）阅办。陈毅11月9日也做了相应的批示。至此，长陵发掘问题就定了下来。

总理批准发掘长陵不久，就成立了'长陵发掘委员会'。委员除给总理写报告的六人外，又增加了郑振铎、夏鼐、王昆仑三人……

就这样，开发十三陵的序幕在不经意中徐徐展开，其推动者乃明史专家吴晗。关键人物吴晗之所以赫赫有名，是与其历史背景及在"文革"中的遭遇分不开的。

吴晗（1909—1969），字辰伯，浙江义乌人。杰出的历史学家和社会活动家。1928年考入上海中国公学，受到校长胡适的赏识；1931年考进清华大学历史系，在胡适的推荐下，吴晗决定专攻历史，1934年毕业后留清华历史系任教；抗战开始后，1937年应昆明云南大学之聘，任该校历史系教授；1940年开始任西南联大历史系教授；1943年加入中国民主同盟，坚决反对国民党的黑暗统治；1946年抗战胜利后，随清华大学回迁北平任清华大学历史系教授。解放后，任清华大学历史系主任、文学院院长、校务委员会副主任等职。1949年11月，当选为北京市副市长，主管北京市的文教工作。

吴晗在明史研究方面有诸多建树，是我国当时少有的明史专家，曾出版《朱元璋传》、《历史的镜子》、《史事与人》、《读史札记》等；他还以极大的热情和充沛的精力，倡导历史的普及工作。

"文化大革命"初期，吴晗因新编历史剧《海瑞罢官》而首当其冲地成了批判对象，遭受非人待遇。他的全家也受到株连，无一幸免。吴晗的夫人袁震（历史学家，共产党员）被戴上"反革命"帽子，当身患急性肺炎时，因其是吴晗之妻被拖延治疗，饮恨而死。1979年，党和人民为吴晗彻底平反昭雪。1984年，吴晗75寿辰之际，清华大学在原名"荒岛"的荷塘旁建造了一座花园，名为"晗亭”，由邓小平同志亲自题写了“晗亭”二字，表达了老一辈无产阶级革命家对吴晗一生的肯定。

自从10月初定下挖掘明十三陵的意向以来，吴晗一直在马不停蹄地工作。从10月9日建议发掘皇陵到10月15日上书国务院，吴晗仅用了7天时间，可谓神速。

科学发掘、文物的妥善保护离不开坚实的考古知识；科学发掘、文物的妥善保护等一系列错综复杂的实际工作，也必须在有关方面权威人士指导下方可顺利展开。为此，吴晗想到请教中国科学院考古研究所所长郑振铎以及他清华大学的同窗好友、中国科学院考古研究所副所长夏鼐，他要把10月9日以来关于发掘明十三陵的来龙去脉告之他们，希望也能得到二位考古界重量级专家的认可和支持。

夏鼐何许人也？也许现在的年轻人对其不太熟悉，他在中国考古界可是个响当当的人物。

夏鼐（1910—1985），字作铭，浙江温州人，1934年毕业于清华大学历史系。早年留学英国。曾任北京大学教授、中国科学院哲学社会科学部委员、中国社会科学院副院长、中国科学院考古研究所副所长、所长等职。他是著名的考古学家、社会活动家、中科院院士，曾主持并参加了河南辉县商代遗址、北京明定陵、长沙马王堆汉墓的挖掘工作，对中国各地新石器时代文化的年代序列做过全面研究，创造性地利用考古的资料阐明过中国古代在科技方面的卓越成就。夏鼐治学严谨，是中国现代考古学的奠基人之一。

郑振铎（1898—1958），字警民，笔名西谛，祖籍福建长乐，生于浙江永嘉（今温州）。他是著名的文学史家、文物考古学家、作家。他1917年考入北京铁路管理学校。1919年1月，与瞿秋白等人创办《新社会》，宣传“五四”新文化思想。1921年到上海，先后主编《时事新报》、《学灯》和《文学旬刊》，1923年起主编《小说月报》，1925年，与叶圣陶、胡愈之等人合编《公理日报》，揭露和抨击帝国主义暴行。1931年9月后任暨南大学文学院院长，创办了大型文学丛刊《世界文库》。抗日战争爆发后在危险艰难的条件下，与许广平等人组织复社，出版《鲁迅全集》、《列宁文学》。新中国成立后，任国家文物局局长、文化部副部长兼中国科学院社会科学部委员、中国科学院考古研究所、文学研究所所长。1958年10月17日率领中国文化代表团出访阿富汗等国时因飞机失事遇难。写到此，尽管半个世纪过去了，我们仍对郑振铎先生的不幸逝世表示深深的惋惜和怀念。

至于郑振铎和夏鼐对发掘皇陵的态度和意见，由于每个人看问题的角度不同，加上所处位置不同，所以，难免有观点相左和意见分歧情况发生，这是自然的，不足为奇，因为这毕竟是新中国成立以来由国家正式核准开发皇陵的第一个项目，他们站在文物保护的角度提出意见和建议也是可以理解的。接下来的主要任务就是在提高认识、统一思想的基础上把这一项目做好。经过不断切磋和磨合，大家的思想认识逐步趋于统一；但在具体执行过程中仍有不同见解和看法。

总理的决策，揭开了新中国文物考古事业崭新的一页，而此后发生的种种难以预料的情况则又增添了复杂性，其中的是非功过，只能留待历史评判，经验是十分宝贵的，教训也是十分深刻的，人类的历史就是在不断总结经验和教训中前进的。

以国家行为主动发掘皇陵这是中国历史上的第一次，当时关于这方面的田野发掘亦毫无经验可谈，纯属历史空白。领导之所以决定发掘皇陵，意在通过实践取得经验，填补历史空白。

第四章 最初拟永陵为试掘对象

自从发掘明陵的报告被周总理批准以后，吴晗等发起人的兴奋和憧憬是可想而知的，但这种兴奋很快就被沉重的思想压力和纷繁的工作安排所取代了。毕竟运用现代科技手段妥善发掘帝王陵在中国历史上尚属首次，没有现成经验可以借鉴，面对祖先丰厚的文化遗产，谁都不敢轻举妄动，必须慎之又慎，方可保万无一失，这种如履薄冰的压力感可谓当事者清。另外，围绕这一特殊工作的各种安排既繁重又细致，要面面俱到，又要分清轻重缓急，总之颇费思量。作为该项目的领头人，为了明陵的发掘，吴晗可以说是操碎了心。作为明史专家，他比别人更清楚这次发掘的重大意义，未来神秘地宫出土文物价值无可限量，弄不好，可是上对不起祖宗，下不能向后代交代啊，吴晗深感肩上责任重大，他在做好人事和行政安排的同时，考虑到长陵为十三陵之首，情况比较复杂，为慎重起见，他在邀约科学院、文化部有关同志商量后，决定对长陵进行实地勘测。拟在正式发掘长陵之前，对永陵进行试掘。具体细节在吴晗给习仲勋秘书长的请示中有所阐述：

习秘书长：

关于拟定明十三陵的长陵开发计划问题。遵照总理批示，我于十一月二十三日邀约中国科学院、中央文化部的有关同志，进行了初步研究，就以下几个问题，取得了一致意见：

一、组织长陵发掘委员会。拟由余心清（常务委员会副秘书长）、尹达、夏鼐（中国科学院考古研究所副所长）、王冶秋（中央文化部文物局局长）、张季纯（北京市文化局局长）、刘仲华（北京市园林局局长）、吴晗（北京市人民委员会）等七人组成，负责拟具体开发计划。委员会由中国科学院召集。

二、鉴于长陵已经有六百余年的历史，地层很可能起了变化，发生土壤淤积，顶部下陷或流入地下水等现象。因此，在正式开发以前，应该进行一次科学的勘测工作，了解目前地下实际状况。商定在发掘委员会的领导下，由中国科学院考古研究所、中央文化部文物局各抽调两个有业务经验的干部，由北京市抽调一人，组成勘测小组，由北京市负责召集。组织人力，进行一次初步勘测，必要时，拟请中央有关业务部门协助进行，在年底提出勘测结果的书面报告。

三、根据勘测结果和我们所掌握的资料，先在永陵（规模比长陵小，一部分地下门道已露出地表）进行部分试掘，深入了解陵墓结构、地形和安全情况，取得经验，以便拟定开发长陵的详细计划和编制概算，经国务院批准后，再正式进行长陵的发掘工作。

四、今后进行发掘工作的具体分工时：业务技术领导工作由中国科学院和中央文化部负责，必要时，可请一些历史、考古和建筑工程方面的专家协助，提出意见；行政、保卫、日常联系工作，以及劳动力的安排，均由北京市负责；目前勘测用款也暂由北京市垫支，待正式预算报请国务院核拨专款后，再行归还。

拟即日起开始进行工作，特此报告。是否妥当，请指示！

吴　晗

一九五五年十一月二十三日

抄送：

中国科学院、中央文化部、北京市人民委员会佘心清、尹达、夏鼐、王冶秋、张季纯、刘仲华同志、刘仁同志、张友渔、薛子正副市长。

从上文中可知，试掘对象拟为永陵，主要理由有二：一是规模比长陵小；二是部分地下门道已露出地表。事实上，永陵的规模只比长陵略小，但整个规制都相当宏大。

永陵是明朝的嘉靖皇帝与其三位皇后的合葬陵寝。嘉靖皇帝在位 45 年，不但生前极力享受，对其身后陵寝也倾注大量心血。永陵的营造在其登基后的 15 个年头起就着手进行，嘉靖皇帝原打算按照长陵规模进行营建，却又碍于礼节，不便挑明，下属心领神会，于是就费尽心思地为讨好他把设计图规划得堪比长陵，但看起来又略小，以遮人耳目，嘉靖帝欣然同意。永陵营建，耗时 11 年，营建人员多达 4 万余人，耗费大量国库银两；永陵用料考究，规制宏伟，明隆庆《昌平州志》称其“重门严邃，殿宇宏深，楼城巍峨，松柏苍翠，宛若仙宫，其规制一准于长陵，而伟丽精巧实有过之”。据《大明会典》记载，永陵宝城直径 81 丈，祾恩殿为重檐 7 间，左右配各 9 间，其规制仅次于长陵。其祾恩殿门面阔 5 间则与长陵等同，其后仅定陵与之同制。另外，永陵方院和宝城之外，尚有一道外罗城，为前 7 陵所没有。此外，永陵砖石结构的明楼，造型新颖的圣号碑、别具一格的宝城城台设计以及宝城花斑石垒砌的城垛、祾恩殿、祾恩门“龙凤戏珠”图案的御路石雕也是以前各陵所没有的，而为后来的定陵所效法。

由于永陵规制堪比长陵，加上文物部门也有不同看法，试掘永陵之议只存“闪念”之间，从此未再提及。

第五章 众说纷纭，举棋难定

郭沫若院长一直密切关注着明十三陵发掘项目的进程，为此多次与吴晗联系，研究工作的具体安排和落实情况。在尘封的档案中，有一封吴晗写给郭老的信，在信中吴晗首次提出试掘定陵，内容如下：

郭老：

遵照您的指示，我在二十八日约集了科学院秦力生、王崇武、考古所夏鼐、文化部陈滋德等同志及市文化局的负责同志研究开发长陵的具体计划。大家都同意所需科学技术专家，由科学院和考古所负责抽调，一般技术人员由各方面调派。但由于考古所的科学技术专家现不在京，需在七八月间才能回来，夏鼐同志不久也将公出，如最近施工，乃无人负责技术领导。同时，没有挖掘古墓的经验，目前，虽然提出具体计划也难于实施。基于以上情况，大家意见是趁夏鼐同志在京期间，最近即先开发定陵。因为，定陵已显露在外，有洞能入，虽然规模较小，但与长陵比较，估计构造大体相同，能为开发长陵取得一些经验。俟取得经验后，再制定开发长陵的具体计划。这样，预计开发长陵工作需延至今年七八月才能进行。可否这样办理，请决定。手此，致以

敬礼！

吴 晗

×月×日

据庞中威先生介绍："这时，究竟先挖哪个陵作为试点，还没有最后定下来。说定陵有洞能入，这与实际情况不符，如果定陵有洞能入的话，地宫里的金银财宝早被拿光了……实际情况是：在此之前的勘测中，曾发现南侧外墙皮有几层砌砖塌落，里面有砖砌券门的迹象。而这种迹象，被误认为是定陵的墓道（实际上这并不是墓道，而很可能是运土的券门，这为 4 月 14 日北京市文化局的调察报告所证实）报告给了吴晗，遂有试掘定陵之议。可以想象，正为选择试掘对象一筹莫展的吴晗听到这一消息当时的心情。这真是天赐良机，吴晗首先想到的是要将这天大的喜讯告诉一直关注事情进展的郭沫若。他抑制不住内心的兴奋与激动，用略微有些颤抖的手给郭老写了这封信。"

就在郭沫若收到吴晗告知他定陵有洞能入的信后，内心十分兴奋和激动，于是立即将其转交给时任国务院秘书长的习仲勋，习马上就试掘对象定为定陵请示了周总理，周总理一言九鼎，同意在步骤上先试掘定陵，然后再发掘长陵。以下是有关的往来信件。

1956 年 4 月 11 日，习仲勋秘书长发出两封信，一封是给郭沫若院长的，一封是给吴晗副市长的。

给郭院长的信

郭老：

四月二日来信敬悉，关于发掘明陵事，我已请示了总理。他同意您的意见。我已函请吴晗副市长办理。

谨致

敬礼！

习仲勋

1956 年 4 月 11 日

给吴副市长的信

吴晗副市长：

你四月二日给郭老的信，他已转来我处。关于发掘明陵事，我请示了总理，他同意在步骤上先发掘定陵，然后再发掘长陵。发掘明陵的组织工作和将来的陈列工作都由市文化局负责，现在郑振铎副部长兼考古所所长又不在京，所以有关发掘明陵工作会议的召集和主持，总理和郭老的意见还是由您担任为宜。除写信给您外，同时我将总理和郭老的意见也告诉了张友渔副市长。

敬礼

习仲勋

1956 年 4 月 11 日

4 月 12 日，吴将这封信送张友渔副市长处。张收到这封信后，在信的天头上批有：

请造具体计划和预算，送国务院核示。

张友渔

14 日

4 月 14 日，张友渔副市长将此信退给吴晗，当天吴晗又将此信送文化部、文物局和市文化局，并写有：

梦庚、承佩，欣陶同志传阅。

吴　晗

4 月 14 日

1956年4月11日，郭沫若院长接到习仲勋秘书长的信后，特别高兴，他于4月12日给吴晗副市长写了一封热情洋溢的信，内容如下：

吴晗市长：

您给我的信，我转给了习仲勋秘书长，他并请示了总理，得到同意，是很愉快的。习秘书长已有信给您，要您负责处理，今后就可以放手做了。我望您趁早再召集文化部和科学院有关同志，商讨进一步的具体措施。

祝成功！

郭沫若

一九五六年四月十二日

几乎在同时，阴错阳差，半路杀出个程咬金来。为什么这样说呢？因为郭老当时是“通天”的。他接到吴晗的信后，就马上转交给国务院秘书长习仲勋，而习立即就此事请示了周总理，获得批准：在步骤上先试掘定陵，然后再开发长陵；而北京市办事按部就班，所以步调上就慢了半拍。

1956年3月30日，市文化局已责成朱欣陶主任派文物组干部前往十三陵调查，调查结束后，市文化局于4月4日给王昆仑副市长写了报告。这份报告，是北京市文化局呈王昆仑副市长的，同时，也给吴晗抄送一份。

这份报告是这样写的：

北京市文化局

关于开发明十三陵的试掘意见

王副市长：

一九五六年三月二十八日，吴副市长代表中国科学院郭沫若院长召集有关部门会议，讨论了明十三陵开发的问题，指定我局文物调查研究组先行调查，选定试掘对象。三月三十日已派该组干部三人前往，现已调查完竣，兹将初步意见列后，请考虑决定。

一、十三陵中，以长陵最大，思陵最小（思陵系用田贵妃墓穴），从陵园外部的建筑制度来看，各不相同，我们开发明陵，以长陵为主要目标，从时间上讲，献陵（朱高炽）的营建年月距长陵最近，陵墓内部建筑结构和祭祀制度，当变化较小，对定陵的开发可提供正确的材料，且仁宗（朱高炽）的统治年限很短，陵墓不大，便于发掘。

二、试掘工人，从当地农业社很难抽调，必须从北京或昌平区带去，这样工人食宿必先有适当安排，献陵离长陵最近，便于和十三陵管理处联系。

三、传言定陵已露出墓道，故有试掘定陵之议。经我局文物组调查，虽然定陵封土围墙西南隅，露出有券门，但并不是墓道，很可能是运土的券门（在墓室建好后，运输封土，不能从陵墓正门出入，所以围墙另开旁门出入，全部竣工后，便又把券门砌好。砖券在墙内表面不显）。神宗（定陵、朱翊钧）统治最久，达四十八年，因之陵墓规模很大（仅次于长陵），不适于试掘。

四、定陵距长陵较远，又隔一道河滩，当地同志谈，夏季山洪暴发，常数口不能通行，所以试掘定陵，不如献陵方便。

五、十三陵中（长、景、永陵外）明楼、方城、围墙的保存，献陵比较完整（定陵情况和献陵差不多），发掘后，修复开放，所费不大。

是否可行，请批示。

附件：十三陵示意图一份。

北京市文化局（公章）

一九五六年四月十四日

抄送：吴副市长办公室

联系人：邢以春

北京市文化局文物调查研究组的复查决定似在本不平静的湖面上突然落下了一颗重型陨石，让吴晗、夏鼐、朱欣陶等人顿感不知所措。

话分两头。自从总理批准试掘对象为定陵后，吴晗遵照郭老的建议，召集文化部、科学院和北京市有关同志，于1956年4月13日，主持召开了开发长陵会议。这次会议本来拟讨论三个问题，其间北京市文物组的报告引起的波澜使问题一时难以解决，这份报告，无疑在吴晗、夏鼐等人的心中蒙上了一层阴影，试掘定陵的请示总理已经同意，不料又冒出新的议题，这可急坏了大家，该怎么办？况且眼看就要过五一节，雨季即将来临，如不及早决定，对挖掘工作将十分不利。

面对以上局面，大家寝食难安，举棋难定。

最后，在夏鼐的提议下，大家想出了一个没有办法的办法，在试掘定陵后面加个括号（或献陵），即：试掘定陵（或献陵）。于是在4月27日由吴晗主持的开发长陵会议上通过了下列决议：

讨论开发长陵会议纪要

时　间：1956年4月13日（星期五）上午9时

地　点：市人民委员会二楼中客厅

出　席：吴　晗、夏　鼐（科学院考古研究所）、陈滋德（文化部文物局）、翠　丹（市文化局）、朱欣陶（文化局文物组）、吴　瑜（王副市长办公室）。

主　席：吴副市长

决　定：

一、在开发长陵前，先试掘定陵（或献陵），成立试掘定陵3人小组，由夏鼐副所长、陈滋德处长、朱欣陶主任组成。负责具体领导试掘工作。

二、在试掘定陵（或献陵）工作的分工方面，陵外除土工作由市文化局文物组负责进行；陵墓内部工作由中国科学院考古所负责进行；发掘出来的文物的整理、修补和保管工作由中央文化部文物管理局负责进行。

三、试掘定陵（或献陵）工作应立即着手进行，全部试掘工作在1956年雨季来临以前完成，并请试掘三人小组即做出开发工作计划和预算报核。

1956年4月27日

主意倒是有了，可是他们自己都说服不了自己，别说送呈周总理了。试掘定陵（或献陵），你到底试掘哪一个？连试掘对象都确定不了，定陵规模大于献陵，财政部按哪个下达拨款？试掘人马到底是驻扎定陵还是献陵？这都是悬而未决的问题。4月14日以后，时间在煎熬中度过。

吴晗接着召开会议，议题为：一是讨论向中央财政部报预算款；二是讨论在雨季到来之前争取在五月开工；三是研究开工没有资金怎么办。

经协商讨论，取得一致意见：

一、向中央财政部报预算款21万余元（这是个概数）。

二、财政部的预算款未批下之前，由北京市财政局先垫款，等财政部的款批下来之后，再还款于市财政局。

三、立即筹备，争取在五月份开工挖掘。

回顾开发十三陵动议开始至今整个过程，一波三折，充满变数，令人不知所措，还是应了那句名言：好事多磨。

从 1955 年开始

10 月 9 日	吴晗首倡发掘长陵
10 月 15 日	六人上书国务院
11 月 3 日	周总理批示：原则同意发掘长陵
11 月 22 日	议试掘永陵

1956 年

3 月 28 日	改试掘永陵为试掘定陵
4 月 2 日	吴晗致书郭老试掘定陵
4 月 11 日	周总理同意试掘定陵
4 月 14 日	北京市文化局文物调研组否定试掘定陵，建议试掘献陵
4 月 27 日	吴晗召集长陵开发会议，决议试掘定陵（或献陵）……

因为快过五一节，也为了稳妥起见，4 月 27 日形成的会议纪要暂时搁置，择机上报。正当大家高高兴兴准备过节之际，吴晗等人却因有关事宜未决而心事重重。

第六章 关键时刻解难题

当开发明十三陵的一系列举措正在紧锣密鼓筹划之际，又遇到重重难题之时，舅舅正远在河南黄河考古现场，突接夏鼐急调回京电报，冥冥之中似乎感到有一种使命在召唤着他。

据庞中威先生介绍，当时，开工发掘的担子自然落到中国科学院考古所身上，也就是落在了副所长夏鼐肩上。当时，由于考古所的业务人员都在河南、陕西工地工作，所里抽不出人来。这项工作当时带有政治性，夏不敢怠慢，赶紧从河南考古工地上把考古所具有田野发掘经验的白老急调回京。白老回京后，夏交代任务，白老又马不停蹄、风尘仆仆地去十三陵考察……

据我舅舅回忆，考察完毕，他立即来到夏所长办公室汇报考察结果。坐定后，夏鼐所长开门见山地说："周总理已批准开发皇陵，这项工作非常艰巨，而且带有政治性，不敢怠慢，该项工作已由陈毅元帅批给了科学院主持。我考虑来考虑去，派你去主持发掘比较放心，但是困难不会没有，因为也没有前人的经验可借鉴，最主要的问题是安全问题。我已向朱主任介绍了你的情况，他很高兴，你去，朱主任有安排。"舅舅边听边频频点头，对领导的信任和重托深感责任重大，并当即表示一定不辜负上级领导的期望，坚决圆满完成任务。紧接着舅舅汇报了这几天的考察情况，要点如下："十三陵我都跑遍，也走访了周边一些农家村民，从全局考虑，我认为试掘定陵最好。长陵是一个开放的公园，游人很多，我们要挖长陵就得封闭，况且谁也没有发掘过皇帝的大墓；如果把长陵公园挖个乱七八糟，找不到门怎么交代？我负不了这个责任。所以，我有个想法，咱们是否先挖一个别的陵？如定陵，取得经验后再挖长陵。我和十三陵公园李主任谈了，他也建议，综合各方面因素，试掘定陵较好，我的想法和他的建议正好不谋而合，人家李主任长年待在十三陵，了解情况，所以我心里更有底了……”

我舅舅曾说过夏所长接着问他，那从你的角度看，试掘永陵、定陵、献陵，究竟哪个效果会更好些呢？舅舅当年是这样回答的：永陵和定陵规模和长陵差不多，例如永陵的祾恩殿的大柱子就好于长陵，如果试掘永陵，万一有个闪失，损失重大，就如同挖了两个长陵一样；另据李主任讲，如挖永陵，吃水问题不好解决，同时交通也不便；而试掘定陵，能为正式发掘长陵提供经验。即便只挖定陵，不挖长陵，一样达到预期效果；献陵是个小陵，仁宗在位仅十个月，遗诏丧事从简，所以规模较小，献陵离长陵最近，它又最小，如果发掘，可能方便、省事一些，但发掘意义不大，不能达到试掘的目的，如果试掘献陵，难以取得像定陵这样一举两得的效果。

夏鼐不是一个感情外露的人，而是一个非常稳重的学者。他认真地听了舅舅的汇报，刚开始并没有急于直接表态，也没有提出任何异议，只是微笑着频频点头，作为一位德高望重又谦虚谨慎的学者和负有重大责任的决策者，他当时持有这种态度是自然而正常的，而从当时他的举止和眉宇间似乎又使人能感觉出他内心的喜悦，真正做到在大事拍板面前喜于内而不形于外。舅舅的话一言中的，使夏所长最后下了决心：从试掘定陵开始。

据庞中威先生回忆：“事后，白老跟我们说：‘当时，我的为难情绪可大啦，如果把长陵公园挖个乱七八糟，找不到门，不但没法交代，丢人也就丢大了’。白老提出建议后，不到一两天的时间，先挖定陵做试点就定了下来，开明仁厚的仁宗皇帝逃过了一劫。”

回顾以上一波三折的过程，既难熬又充满变数：1956 年 4 月 13 日，吴晗刚开会安排试掘定陵；4 月 14 日他又收到北京市文化局的考察报告，否定了已经找到定陵墓道的说法，并提议试掘献陵，这份报告，无疑在吴晗心中蒙上一层阴影，因为试掘定陵的请示已获总理同意，不料半路杀出个程咬金，这可怎么办？使吴晗进退两难……原先提出试掘定陵的建议源于道听途说，以为墓道已经找到，实为讹传，因此遭考察报告否定，造成被动；而我舅舅的建言产生于细致调查研究的末尾，所以经得起推敲而能为所提建议提供充实的佐证，故从表面看，落脚点似乎都一样，其实讲话的底气就大不一样了，这也就是夏所长一听到舅舅的建议就欣然采纳的原因。

我舅舅的建议及时地由夏所长传递给有关领导，获得认可和赞许，并使吴晗摆脱了尴尬的境地，他终于长长地出了一口气。

历史就是这样，定来定去，发掘的目标就定在了万历皇帝的定陵上，从各方面考虑，发掘定陵最合适。舅舅的建言，如同一颗卯钉，钻在了最关键的部位，他使夏鼐先生的心情似沐浴了春雨，解除了他多少天来的烦闷，为即将进行的挖掘工作打开了必经之门；也似一缕阳光，照亮人们的心田；同时也帮吴晗等同志排忧解难。

由此可见，舅舅在这种事举棋不定而又需要适时抉择的关键时刻起了关键作用。

第七章 四合院忆旧

自从中央定了正式发掘明十三陵定陵的决议之后，舅舅的工作就与定陵结下了不解之缘，而我们家也几乎成了他的讲堂。他肚子里的故事不知为什么那么多，总是能吸引许多邻居坐在他的身旁，听他眉飞色舞地讲历史故事。这些事，就如同发生在昨天，舅舅的音容笑貌仍历历在目，倍感亲切而更加怀念他。

我舅舅虽然只读过几年私塾，但他身怀考古绝技，在该领域颇有造诣，这得益于他常年跟随那些专家、学者一起工作，耳濡目染，所获甚多；加上他从小就很聪明，爱动脑筋，爱学习，又善于积累，因此学了不少知识；况且他记忆力又好，这使他对所学的知识记得牢，所以，说起历史尤其是考古他都能侃侃而谈，如数家珍。他应邀去北京大学考古专业授课时，北大师生们都很爱听他的课，对他评价很高。柏拉图说，人的知识来源有两种：一种是授之他人；一种是来得自学，尤其后者最为重要。我舅舅丰富的知识来源兼而有之，但主要是靠自学和实践，触类旁通，举一反三，领悟琢磨，终有所获，不断提高。

在20世纪70年代初之前，我们家一直住在虎坊桥大街48号，距有名的山西晋阳饭庄仅隔两个门。我们这个院子因为以前是个湖北宜昌会馆，所以别人总称呼它为宜昌会馆（现已被拆除）。

我们这个院子可大了，共分三个大院，大家称之为前院、中院和后院，院子里的住户以湖北宜昌人居多，因为我爷爷是宜昌人，所以从我爷爷那时起，我们家就一直住在这个院子里达七八十年之久。那时，我们家住在后院的北房，有好几间，房屋宽敞、居室明亮；院子也很大，房多人少，院子里有两棵大枣树，结出的枣是两头尖中间圆的长枣，特脆、特甜且甜中微带酸，在市面上根本买不到。院中那棵高大的枣树特别显眼，它的树荫能遮半个院子，夏天，小孩在树荫下尽情地玩耍；大人则在树荫下纳凉、聊天，别有一番情趣。中院与后院之间有个月亮门作为界限，在中院还有一块巨碑，那块碑石永远横卧在中院的中间，上面有字，谁也没有留意上面写着什么，如果保留到现在也许是一件珍贵文物。

我印象最深的就是舅舅一来到我们院子，马上就会有邻居告知我母亲："五哥来了！"因为我舅按大排行是第五，所以我母亲叫他五哥，邻居也就这么跟着叫，我呢，就称他为五舅。

每逢夏天，如果舅舅来了，邻居必定拿上几个小板凳，备上"恒大"烟（我舅舅只抽"恒大"烟），沏上一壶茶，放在那块大石碑上，大家或坐、或蹲、或站，听我舅舅讲历史及有关奇闻逸事。

如果到了冬天，只要我舅舅来了并且有时间，也必定有人来串门，大伙儿围坐在火炉旁，抽着烟，喝着茶，还是听他讲故事。那时的邻里关系很亲热，有空就爱聚在一起，或相互串门"侃大山"，尤其是夏天，现在回忆起来，那时的人们生活非常简单，但相处十分融洽，倒也优哉。

我舅舅这个人很有特点，嗓门特大，声如洪钟，往往未见其人，先闻其声，比如，从前院刚进中院，就能听到他又在发表"长篇大论"呢！还有，他特爱抽烟，不过，我早就发现其真正吸进去很少，我记得特别清楚，他抽的是清一色的"恒大"牌烟，他抽烟的姿势别具一格，为什么这样说呢？因为我看到别人抽烟总是先吸一口，然后再吐出烟雾来，可我舅舅却总是把烟放在嘴边轻轻地吸一下，然后就用食指不停地弹烟卷，一根烟卷其实抽不了几口，与其说是抽烟，还不如说在弹烟；而且他还有个习惯，就是那烟卷还剩差不多一半时，他就往鞋底上一捻就不要了，真有点浪费，连我们小孩子都有点看不过去，记得我和母亲说："妈，我舅舅太浪费了，那烟头还那么长呢，他就不要了，多可惜！""没辙，多少年的习惯，他就是改不了"，母亲无奈地说。有一次，我童趣突发，和院子里的小伙伴偷偷将舅舅抽剩下的烟头捡起来抽了一口，"哇！太苦！太辣！太呛了"，这实在不能抽。这是我人生中唯一碰过的一口烟。

我舅舅喜欢谈古论今的习惯保持一生，无论在家中或者在其他场合，例如庞中威先生在书中就有过这样的描述："定陵地处远郊，白天发掘工地一片喧闹，夜晚又静得出奇。在定陵工作的那段时间，最开心的事情莫过于在这样的夜晚，在工棚明亮的汽灯下，一群年轻人，围坐在白老的周围，静静地听他讲述趣事逸闻。而这些，多半都是他亲身的经历”。

刚刚出版的《夏鼐日记》，具有较高的史料价值，值得研讨。它客观记录了当时历史瞬间的具体人和事，但夏先生较少发表评论，偶有例外，例如：1953 年 10 月 9 日（星期五）日记是这样记载的“晚间俱乐部开会，请白万玉君谈其考古经历，由 7 时至 10 时，由初次遇到安特生，到沙井挖墓被捕止，谈得有声有色”（我舅舅侃侃而谈，历时三个钟头，意犹未尽，足见其经历之丰富多彩及引人入胜）和 10 月 13 日（星期二）日记“晚间白万玉君在俱乐部讲考古杂谈”……从上述文字可以看出，夏先生对我舅舅极为敬重，对所讲内容极感兴趣并给予高度评价。

从小到大，直至“文革”前，我上高中的年代，就是通过这许许多多耳濡目染的细节逐渐了解舅舅，同时也了解历史的，在日常不断灌输中逐步了解定陵的发掘过程与进展情况的点点滴滴，它使我能近距离地触摸到我在课堂上学不到的知识。

第八章 由定陵说起，五味杂陈品历史

始于 14 世纪的明朝，其历史早已封尘，有《明史》等著作为其“盖棺论定”。每当我目睹南京和北京那些明代雄伟的地上和地下宫殿，包括金陵皇城，北京故宫、太庙、天坛以及明孝陵，十三陵等浩瀚建筑就激发我探访历史足迹的冲动和追寻历史隧道的联想。如今，这些雄伟壮丽的文物静静地屹立在那里，似乎在诉说那既辉煌又显惨烈的往事，连同善于讲故事的舅舅不时勾画的那一段段看似不甚连贯但却有机连接在一起的历史碎片，明朝的历史轮廓一下子就清晰起来了。

明朝从 14 世纪中叶 1368 年太祖朱元璋登上皇帝宝座至 1644 年思宗崇祯皇帝上吊死于煤山（景山）上，时间跨度达 276 年之久。这在中国几千年封建王朝统治的历史长河中，既称不上长久，也算不上短暂。明朝的皇帝从太祖朱元璋始，凡 16 代，分别是：太祖朱元璋、建文帝朱允炆、成祖朱棣、仁宗朱高炽、宣宗朱瞻基、英宗朱祁镇、景泰帝朱祁钰、宪宗朱见深、孝宗朱祐樘、武宗朱厚照、世宗朱厚熜、穆宗朱载垕、神宗朱翊钧、光宗朱常洛、熹宗朱由校、思宗朱由检。这 16 位皇帝在执政期间故事颇多，既纷繁复杂，又异彩纷呈，给后人们留下了说不完道不尽的话题。

经过永乐（成祖朱棣）、洪熙（仁宗朱高炽）、宣德（宣宗朱瞻基）祖孙三代的精心经营，一个堪与强汉、盛唐比肩的“永宣盛世”又一次出现在中华大地上，其辉煌鼎盛之势令世人刮目相看，并为即将呈现的资本主义萌芽提供了沃土、奠定了基础。可惜这次盛世局面持续的时间并不太长。宣宗朱瞻基的儿子朱祁镇即位后，在宦官王振的怂恿下，亲自出征蒙古瓦剌，以效仿前辈永乐大帝御驾亲征的气魄。这种没有审时度势的蛮干，注定以失败告终，结果被敌国俘虏，堂堂一国之君被俘的确使明王朝颜面顿失。当时朝廷一片慌乱，为稳定人心，众臣拥立其同父异母弟朱祁钰取而代之，即景泰帝。明英宗朱祁镇复辟后，对在他流亡期间帮其弟即位称帝的大臣于谦等人一直耿耿于怀，伺机报复，遂以莫须有的“谋逆罪”将于谦残忍诛杀，据《明史》载，于谦“死之日，阴霾四合，天下冤之”。可叹一代忠良成了权位斗争的刀下鬼，伴随着两袖清风而去，一同随风而去的还有那大明王朝日渐衰败的国力。史学家通常认为于谦被杀是明王朝由盛而衰的转折点。于谦去了，只留得“千锤万凿出深山，烈火焚烧只等闲，粉身碎骨全不怕，要留清白在人间”的千古绝唱于世间。后人深感于谦忠义，将其安葬于杭州西湖湖畔，同岳飞同眠一地。

都说“明之亡，始于万历”，这种说法其实并不全面，准确地说，是始于武宗正德朱厚照。朱棣一脉传到朱厚照时，已呈亡象。武宗在游戏人生的同时也在游戏江山，是典型的败家子，最后游戏得只剩孤身一人，朱棣一脉从此结束，这是朱棣始料未及的。匆忙接班的嘉靖皇帝朱厚熜还未进入角色就陷入“礼仪之争”而不能自拔，从此终其一生阴影缠身。他在讲究名分方面的老到和执政方面的粗放形成强烈的反差，以致发展到怠政误国的邪路上去。嘉靖帝甚至做出了让尚处于盛年却罢朝而专攻炼丹修身、却让其只有几岁的太子“监国”的极为荒唐的决定，令全朝上下哗然，反对之声不绝于耳，嘉靖对这些逆耳忠言不但听不进去，反而以梃杖、牢狱甚至是杀身之祸回敬……他仍我行我素，一意孤行。在这一方面，嘉靖没有带上好头，子孙们也竞相效尤，人们在万历怠政的所作所为中仿佛看到了其祖父嘉靖的影子。就这样，明王朝在这些怠政误国的执政者们的恣意妄为中一步步走向衰亡。可以肯定地说，经过明武宗朱厚照和嘉靖这两位堂兄弟长达一个甲子的折腾，明王朝元气大伤。

俗话说，雁过留声，人过留名。武宗和嘉靖没有留下什么好名声，倒是留下两出戏，一出叫《游龙戏凤》，专门描写武宗“采集野花”的风流韵事；另一出就是《海瑞罢官》，专门描写海瑞刚直不阿的正直气概和嘉靖帝朱厚熜专横跋扈的残暴嘴脸。这实在是一种历史的悲哀！

正当嘉靖皇帝死后明王朝面临岌岌可危的紧要关头，他的儿子隆庆皇帝朱载垕在他执政的六年期间决心扭转局面，从而使国家发展比较平稳，经济比嘉靖朝有了很大改观；史称“隆庆开关”。这也使民间私人的海外贸易获得了合法地位，各地尤其是东南沿海对外贸易进入了一个新时期，明朝出现一个比较全面的开放局面，但是，这个过程毕竟比较短暂，他的儿子万历登位后，在张居正力主改革的最初十年呈现了暂时的繁荣，但充其量也只是明王朝走向衰落过程中的“回光返照”。

明中叶（上溯至明武宗）以后的历史，呈现了封建统治者的日益腐败，也呈现了社会生产力的提高，社会经济的发展和商品货币经济的空前繁荣，资本主义萌芽的出现和封建社会生产力的进一步发展交织在一起，经济的繁华与政治的腐朽形成鲜明的反差，勾勒出一幅极不调和的历史画卷。

万历皇帝的登场就是处在这样的年代。万历的登场本来有望将明王朝滑下衰落的历史逆转，多少人曾经寄以厚望。然而，这种期待转瞬即逝，令人欷觑不已。

定陵的主人万历皇帝之所以有名，不是因为他的勤政，而恰恰是因为他的怠政，乃至误政；还因为他的陵墓是第一个被科学发掘的皇陵，也在于他是第一个在“文革”那个特殊年代被“钦定”为“地主阶级头子”而被焚尸扬灰的皇帝。对于这样一位历史人物，人们本来对他了解不多，但随着有关他的故事的不断传播，人们对其认识不断深化，并进而急切地想了解更多涉及他的种种“历史掌故”。

随着定陵发掘工作的最终确立和发掘工程的进一步展开，我舅舅的日常考古工作逐步融入其中，并逐步融为一体，可以说已经完全“进入角色”，表现在他的日常话题中更多地谈及定陵和万历，并乐此不疲。当时我父母和我们姐妹俩包括街坊四邻等“忠实听众”都乐于倾听他滔滔不绝、绘声绘色的讲述。虽然随着岁月的流逝，当时的某些细节稍许有些模糊，但总体印象还是清晰而深刻的，至今仍时常闪现在我的脑海中。当我动笔写本书时，它立即触动我敏感而激动的神经，顿时写作的冲动如泉涌，欲罢不能；同时，作为读者，定陵这个地下玄宫的神秘和精彩所吸引他们的，还不仅仅在于这个玄宫本身，还应该有围绕这个玄宫本身所展开的一系列史实、传说，乃至奇闻逸事等。我想将我所听、所闻和所知的一系列有关定陵的史实以及由此演绎的诸多故事和盘托出，与读者共享。

万历皇帝，即明神宗朱翊钧（1563—1620），明穆宗长子。在六岁时被立为太子，穆宗死后，十岁的朱翊钧即位，改年号万历。朱翊钧虽然寿命不算长（仅58岁），在明朝相对短命的皇帝中还算是高寿的，但他在位却长达48年，是明朝在位时间最长的皇帝。

朱翊钧从小聪明过人，按现在的说法他的智商很高，悟性极强，所学经史领会很快，深得父皇和母后的喜爱，受到着重栽培；虽然贵为太子，但他的童年几乎没有童趣，甚至还要承受巨大的精神压力，每天与纷繁复杂的四书五经等经典为伍，不仅要死记硬背，而且要求掌握要领，这对于一个儿童来说，实在是勉为其难。巨大的压力使他喘不过气来，老师张居正过分的严厉和刻薄的责备更使他痛苦万分。除此之外，生母李太后的严厉管教使他幼小的心灵蒙上阴影，且备受煎熬。

李太后出身贫寒，被选入宫后，侍奉当时尚是裕王的朱载垕。一次偶然的机遇，她被临幸，怀上龙种，第二年生下儿子朱翊钧，“母以子贵”，一跃而成为皇妃。她很看重这一得来不易的名分，并加倍对儿子倾注了大量的心血。儿子登基时才十岁，机遇难得，因此倍加珍惜。她再也不把他当孩子看待，而是快马加鞭，精心栽培，严加管束，希望使其早日具备贵为天子的特质，如每逢上朝的五更时分，李太后总是急匆匆地带领哈欠连天的小皇帝去临朝听政，其望子成龙，可谓用心良苦。

但是年轻的太后这种严格管教在取得一定积极效果的同时，也带来不可小视的负面作用，这为万历皇帝日后不健全的人格和品质埋下了伏笔。

万历登基后由大学士高拱、张居正、高仪辅政。张居正接任首辅后，在李太后的支持下，于万历元年（1573）进行政治经济改革。在政治上整顿吏治，实行考成法，对各级官吏进行考查，作为升迁、黜陟依据；在军事上整饬军备，加强边防，选用能征善战的将领，对蒙古采取安抚睦邻政策；在经济上清丈全国田地，推行一条鞭法等，这些措施使社会矛盾有所缓和，国事渐见中兴，当时太仓的积粮可支用十年，国库钱财充裕，使处于统治危机之中的明王朝出现了短暂的复苏和繁荣。张居正担任内阁首辅以后，除了日常的军政要务以外，所做的第一件事就是辅导他的学生——年轻的皇上。他非常注意对小皇帝的教育，小皇帝也与他建立了深厚的师生之情。实际上，当时的张居正，已成为教育年幼的皇帝和处理军政要务、身兼内外双重职务的万历一朝最为瞩目的重臣。

1582年，张居正去世，万历曾下诏赐谥“文忠”。

张居正大刀阔斧的改革，给奄奄一息的明王朝带来了转机，但是，在施政过程中，他也出现了很多失误，比如独揽朝政，结党营私，打击异己等等；他的改革还不可避免地触犯了一些豪门贵族地主阶级的利益，在大权在握的同时，他为自己树立了许多政敌；待他一死，这些政敌蠢蠢欲动开始酝酿反攻，很快，在朝廷上形成了亲张与反张的两派。万历皇帝对于张居正的感情是非常复杂的，张居正是他的老师，同时也是独揽大权的臣子，在万历心里，他对张居正既有对德高望重者的尊重，也有对张居正独揽朝政和飞扬跋扈的不满，其实他心里早已埋下反抗和仇恨的种子。张居正对于小皇帝过于严厉的管教，大大地伤害了作为皇上的自尊，例如有一次，小皇帝和身边的两位太监一起喝酒大醉，结果受到皇太后的严厉斥责，张居正硬是自作主张，把皇帝身边那两位太监全部调走，还硬逼着皇帝向全国百姓发布了一篇《罪己诏》，措辞十分严厉。由皇帝向全国发布《罪己诏》，是一件很严重的事情，不到万不得已是不会这样做的，例如建文帝和崇祯帝在危难时刻才发布《罪己诏》。可想而知，小皇帝虽小，他也是皇帝，他有强烈的自尊是毋庸置疑的。强行剥夺其自尊而让其发布《罪己诏》，就等于逼着皇帝自己打自己的脸，使小皇帝实在咽不下这口气。就这样在一次次打击中，万历皇帝对张居正的感情慢慢由敬畏转变为怨恨，甚至仇恨。

反对派抓住了皇帝的心理，“上纲上线”地把张居正那些阴暗面予以放大，暴露在万历的面前。到了 1582 年底，张居正去世仅半年，他已被定论的罪状有欺君毒民、接受贿赂、卖官鬻爵、任用私人、凌辱士绅等，归根到底，就是结党营私，妄图把持朝政大权，居心叵测等。所谓居心叵测，就是“谋反夺权”的代名词，罪名吓人，以致举家获罪，并遭抄家，害得张家子孙十几人被关在屋子里活活饿死。结果，仅查出黄金万两，白银几十万两，跟万历原先估算的数目相距太大，被派去办理此事的太监觉得这个结果不好向皇上交代，遂把张居正的长子、礼部主事张敬修抓来严加拷问，酷刑之下，张敬修屈打成招，无中生有地“承认”还有 30 万两银子藏在其他三人家里，结果这三家也成了这次抄家的牺牲品；张居正的一个儿子被逼自尽，另一个儿子两次自杀未遂，其惨状令朝野震惊；张居正本人被剥夺了“上柱国”、“太师”荣衔，并被剥夺了“文忠公”谥号；还差点被开棺戮尸，幸好看在曾是皇上“恩师”面上，躲过一劫。

我认为，对张居正推行的改革，应进行比较客观的评价，正如对他本人的评价一样，不能过分地抬高或贬低。张居正是一位复杂的悲剧性的历史人物，封建社会的历史大背景和他本人修身养性的欠缺造就他的多重性格。当他的表象被剥开以后，人们看到那个正襟危坐，满口仁义道德的张居正其实绝非完人。当然，我们不能单纯以成败论英雄，对他进行的改革本身总体上还是应该予以充分肯定和正面评价。

万历十四年（1586）发生的“国本之争”是万历朝的又一个大事件。所谓“国本”就是太子。按照中国君主专制时代的规矩，皇帝与皇后生的儿子是嫡子，与其他妃子生的是庶子，嫡长子是当然的皇位继承人，如果没有嫡子，则以庶子中最年长者为皇太子，即所谓“有嫡立嫡，无嫡立长”。万历的皇后没有生过儿子，即无嫡。

万历十年，皇帝偶尔临幸一王姓宫女，致其怀上龙种，生下皇子，就是后来的光宗朱常洛。万历皇帝对王宫女的临幸只是一时兴起，他对王氏母子并没有什么感情。与此同时，他还有一个更宠爱的郑贵妃。郑贵妃不仅通达诗文，而且多情善感，各方面都别有一番风韵，深得万历皇帝宠爱。万历被她迷得神魂颠倒，对其言听计从。郑贵妃工于心计，先处心积虑，当上皇上宠妃，然后说服万历帝立自己的儿子朱常洵为太子（朱常洵系朱常洛的同父异母弟），为此可谓借口多多，办法种种，但都遭到正直大臣们的极力反对，因此始终未能得逞，这使万历大为恼火。照理说，立太子之事，是皇帝自己的事情，他想立谁就立谁，但是，明朝的大臣，似乎正直得可爱，一定要按祖训铁律办事。他们引经据典、慷慨激昂、据理力争，接二连三地上书责问万历皇帝：为何不依宗法行事？

令人称奇的是，众臣平时在幕后总会钩心斗角，但唯有在这件事情上出奇地团结，因为他们认为，太子的设立关系到国家根本利益，面对我行我素的皇上，他们只好齐心协力，据理力争，冒死进谏。

就在万历和大臣们在立储问题上争论不休、僵持不下之际，万历的生母慈圣太后在关键时刻出面干预，一锤定音。她坚定地站在众臣一边，坚持按宗法行事，主立朱常洛为太子。迫于太后的威严和众臣之巨大压力，万历皇帝只得在 1601 年 10 月立朱常洛为皇太子。郑贵妃的儿子朱常洵封为福王，封地洛阳。

至此，前后争吵达 15 年的“国本之争”终于落幕。

被列为明宫三大疑案之一的“梃击风波”可以说是“国本之争”的余波，指的是郑贵妃为了能使自己的儿子继承皇位，所做的孤注一掷的努力。“国本之争”

中众大臣的势力占了上风，郑贵妃心中极度不甘，因此暗中盘算自己夺位图谋，遂使出一个损招，指派其心腹太监雇人行刺太子朱常洛。当被雇的杀手在太监的配合下，顺利到达了太子寝殿的门口，准备手提木棒杀将进去的时候，被守门的太子宫中太监当场抓住而未遂，这就是著名的“梃击案”。

“国本之争”以众臣僚的胜利而告终，有某种积极意义。它说明万历帝已经开始吸取前朝的某些经验教训，前所未有地宽待言路，没有因大臣与之作对甚至谩骂皇帝、贵妃而杀掉一人，是相当宽仁的。万历最终能依从众臣提议，做到“少数服从多数”，在封建社会是极为罕见的。

万历帝新立太子朱常洛之弟朱常洵未被选上不仅因其“幼”，还因其“劣”，其“不称职”的表现不被大家看好。他后来在洛阳当“福王”时称霸一方，鱼肉百姓，为非作歹，终被农民起义军煮而食之，不得善终，证明众臣的眼光是雪亮的。

清算张居正的同时，慈圣太后在万历大婚之后就很少再干预万历的生活，万历甩开了一直以来压在自己头上的“三座大山”，犹如脱缰的野马，享受到了自由翱翔飞鸟般的快乐。

少了监管的万历（时 20 岁左右），像要补偿自己这么多年来压抑似的，开始了荒唐生活。在张居正等人的精心辅导下，万历总的说来已经具备了管理国家的素质。如果他在清算张居正以后能够拨乱反正，利用自己年富力强、头脑清醒的优势，如他的先辈那样奋发有为，一振朝纲，他完全有可能成为一个好皇帝。然而他没有，在没有张居正之后他却渐渐懈怠了。他虽贵为天子，但几乎每次争斗总是处于劣势，因此他开始心灰意冷，消沉不振。在消极怠工的同时，他为满足各种私欲而不惜横征暴敛，企图将以前的损失都一一补偿。不枉此生，不枉为王，及时行乐，是他的人生信条，因此，他最终滑进了不思进取、混混沌沌、浑浑噩噩的邪路上去。

长达 15 年的“国本之争”以万历的屈服而告终，其作为一个皇上的尊严受到严重的挑战和蔑视，这让他感到无奈和气愤，但他又不能如其前辈们那样都通过罢官、杀头泄愤，于是他选择了消极对抗——怠政。

从 1592 年到 1620 年，万历完全不临朝长达 28 年，这 28 年间，万历是另类的有所为有所不为，他所为的绝不是人们所希望他为的，他所不为的也绝不是人们所希望他不为的。有人用“六不做、六做”，十分精确地概括了万历在那些岁月里的所作所为，所不做所不为。“六不做”指的是不郊、不庙、不朝、不见、不批、不讲，例如以前皇帝十分重视的祭天、祭祖等重要环节他都以各种借口不为；万历不仅不郊不庙，他还连续 28 年不朝、不见、不批、不讲，例如不参加经筵、讲席，经筵是专为皇帝研读经史而举行的御前讲席，也是君臣共同探讨治国理念的场所，但他一律不再参加。

万历在“无为”的同时，他的“有为”也是出了名的，对此有人把他的“有为”如实概括为“六做”，即缠绵酒色、贪敛钱财、乱封滥赠、肆意挥霍、大兴土木、胡作非为。他成年亲政后，不仅不勤政，反而不常视朝、甚至长期不临朝，而是深居内宫，荒淫无度；不仅在世时贪图享乐，还想到为身后营建极乐世界，早早就筹划陵寝，建造定陵耗时达六年之久，花费巨大。他还有一个不择手段、亲自敛聚钱财的恶习，提倡官吏向他进奉，把进银多少作为衡量官吏是否效忠皇上的标准。为了在全国搜刮民财，他派出大批宦官，分赴各地矿、税等监管，肆意掠夺民脂民膏，这使得人心鼎沸，民变纷起，社会越发动荡不安。由于他不理朝政，大臣的奏章、他的谕旨，全靠内侍传达；册立太子之事久拖不决，导致官僚集团各派之间对立严重，党争也愈演愈烈，明王朝一天天走向没落。

对万历另类的“作为”和“不作为”，不少大臣不断地进行了规劝，如大理寺左评事雒于仁就曾上书《酒色财气四箴疏》，历数其错，把他描绘成一个好色、贪婪、残暴、昏庸、无能、懒惰之君……总之五毒俱全，一无是处；还有人说，这样下去，国家会有“陆沉之忧”。万历对此毫不在意，继续着自己的怠政生涯。虽然大臣们对国事极为担忧，但万历却稳坐皇位，整个明王朝的机制也照样运转，万历年间并没有发生篡夺皇位或覆灭国家的事件。这些都只是表面现象，因为各种矛盾、纷争正在聚集、酝酿之中，各种小震不断，虽然不至于动摇明王朝的根基，却预示着一场大震即将到来，当达到某一个点的时候，“陆沉之忧”是不可避免的了。

当然，在万历执政的 48 年中，他还是做了一些好事的，不上朝不等于不上班，不少大小事情还是在他亲自过问、指挥下处理并取得了较好的效果，例如他指挥了史上比较有名的“三大征”，即平息叛乱的宁夏之役、播州之役和支援朝鲜抗击日本侵略的朝鲜之役，即史称壬辰战争，并取得了胜利，这是万历当政 48 年中唯一可圈可点的政绩。

在明朝为抵御倭寇而全国海禁的大背景下，虽然其父“隆庆开关”宣布解除海禁已有一些时日，但当时基本格局仍未完全改变。万历能在对外开放方面主动开一些“口子”，在客观上也促进整个对外开放，东西方文明得以交流，万历是起到相当大作用的。

另外，关于派太监设立矿监一事，也要进行具体分析。税监敛财肯定有不好的一面，万历下旨天下可以开矿，初衷并非与民争利，但太监趁机敛财是因为他们见利忘义，把经念歪了。万历政策的出发点还是好的，无疑从此促进了资本主义经济萌芽的发展。矿禁取消对促进社会经济发展是不言而喻的，特别是在当时西方工业文明已经大踏步发展，而中国已经明显落后的情况下能够做到这一点还是应该予以肯定的。

尽管如此，万历的一生是令人遗憾的。他在明朝的皇帝中在位时间最长，但他的政绩却寥寥无几，基本上是在浑浑噩噩中度过的。相对于他的先辈永乐皇帝，在位仅 22 年，做出众多可圈可点之事，简直不可同日而语。

万历临终前对自己的荒唐行为进行了忏悔，但已无济于事，此时明王朝积重难返，气数将尽，加上后继者也没有多大的作为，1644 年在李自成领导的起义军和新崛起的清政权双重夹击下，统治全国近 300 年的明朝灭亡，此时离万历逝世仅 24 年。虽然明朝不是亡于万历手上，但明之亡，始于其前，但主归于万历怠政，这是史界达成的共识，是比较客观的。

或者是历史的偶然，或者是历史的必然，想不到在万历去世了 337 年后，他的陵墓——定陵被打开，也许是由于他生前过于关注身后陵墓的营建，以至于超过祖制而备受指责，但他仍满不在乎，我行我素；也可能是由于建造得太好，又不能太过超于祖制，使他的陵墓不大不小，适中“达标”，阴错阳差地被选中开掘，10 年后，也就是万历去世 347 年后，中华大地的一场浩劫也使其遗骨遭殃，万历这位“地主阶级头子”及两位夫人的遗骨被批斗，游街、示众，最后被烧为灰烬。

其中最无辜的，就数朱常洛生母王夫人了，相对于其他众多默默了其孤寂一生的宫女而言，她还算幸运，然而虽贵为太子之母，她生前并没有享受应有的福分，死前境况十分凄惨，死时也没有得到万历的重视，仅谥为“温肃端静纯懿皇贵妃”，草草下葬，其他一概不问。儿子朱常洛即光宗登基，下诏追谥孝靖王氏为“皇太后”，但朱常洛帝位还未坐热，不到一个月就驾鹤归西，后续追谥礼仪由刚刚继位的孙子熹宗朱由校完成，尊王氏为“孝靖温懿敬让贞慈参天胤圣皇太后”，总算圆了与夫君同葬“共眠”的心愿，但后人刻意撮合的这一精心安排不一定符合万历生前的愿望，有一点强加于人的味道。尽管如此，先辈们能够合葬在一起，总算了却了子孙们的心意。虽然这一切是做给世人看的，来得有点晚。谁承想，几百年后王氏竟要无辜陪伴夫君受难挨斗并被焚尸，陪伴变陪绑，哀哉！

万历皇帝去世后，宫廷斗争愈加激烈。

苦熬了39年的太子朱常洛登基不到一个月便撒手人寰，令人叹息，最终没有留下什么有用的政治遗产，只留下三大悬案和两位接班人：长子朱由校误学误教、慌乱登台、不务正业、游戏人生、大权旁落、误国害民；五子朱由检有心中兴却无力回天，悲壮报国却难赞其绩，谱写了帝国衰亡的哀乐。

由于宫廷斗争的激烈，使朱常洛的长子朱由校被耽误了及时册立为皇太子的时机，同时也错过了受教育的最佳时机，16岁时还是个文盲；也由于封建世袭制的局限，使朱由校这位不具备君临天下素质的太子在一片慌乱中上台执政，其局面和效果可想而知。这对一个文盲少年来说，当此重任，切实勉为其难。

朱由校对于主业即操办国家重大事务不感兴趣，却有一个特殊的嗜好，专爱干木工活，不但会用斧锯，还能盖房子，刷油漆，尤其精于雕琢制作小型器件。他干这些活的时候，全神贯注，所有事情都全然不顾。魏忠贤就利用他的这一特性，每逢他兴致勃勃地做木工活计时，就拿出一大堆奏章文件请他审批，故意惹他不耐烦。这时，朱由校便脱口而出：“朕都知道了，你就看着办吧。”就这样，大权便落在魏忠贤手里。

朱由校玩物丧志，最后也死在“玩”上，1627年8月的一天，他在心腹魏忠贤和客氏的陪同下乘船游玩，对酒当歌，游性正浓时，可能上苍不容，忽起一阵狂风，刮翻游船，朱由校不慎跌入水中，差点淹死，惊吓不已，医治无效而逝，年仅23岁。

明史这样评价：“熹宗在位七年，妇寺窃权、滥赏淫刑、忠良惨祸、亿兆离心，虽欲不亡，何可得哉？”总而言之，明熹宗朱由校的所作所为加速了明王朝走向衰亡。

历史往往有惊人的相似之处，明熹宗朱由校同宋徽宗赵佶可以纳入同类项。二者都不是当国君的料，却阴错阳差被推上皇帝宝座。宋徽宗或许是中国帝王中艺术天分最高的皇帝。如果没有坐上皇帝宝座的话，他可能成为中国历史上一位相当完美甚至伟大的艺术家，至少在中国书法史和中国美术史他都会享有无可争辩的崇高地位，其国画造诣之高在历代画家中鲜有人能望其项背，他独创的“瘦金体”书法独步天下，据说直至今天也没有人能超越，他的草书书法炉火纯青，可称大师……若不是早早被俘，他定能创作出更多的传世之作，但话又说回来，若那样，他的字、画也就没有今天那样值钱了，这就叫“物以稀为贵”；而这位对木工活情有独钟的天启帝明熹宗朱由校如果不当皇帝的话，他可能成为一位名扬天下的能工巧匠。封建世袭制成全了他，使他有机会当上皇帝，封建世袭制也害了他，使之“扬短避长”而背负骂名。说不清这是历史的错还是个人的错。说是历史的错，因为历史做出了错误的选择，说是个人的错，是因为这些不适为君者都没有扬长避短，却在帝位的巨大诱惑下勉为其难地从事自己不能胜任之事，最后误国害民。北宋徽、钦二帝甚至沦为亡国奴阶下囚，受尽人间煎熬，最后枉死他乡，结局极为悲惨，教训尤为深刻。

明思宗朱由检从其兄朱由校手中接下来的是一张徒有象征权利的龙椅，而他面对的是一个千疮百孔的烂摊子。要着手收拾破旧山河，谈何容易。千头万绪如何下手？他深知，当务之急就是要首先清除作恶多端、危害深重的魏忠贤、客氏集团，拨乱反正，以得民心，因此，他采取比较明智果断的措施，及时地摧毁魏、客集团及其大小爪牙；他还深知要将畏罪自杀的魏忠贤碎尸万段相对不难，但要将一切邪恶势力清理干净，并消除其影响就很难了，但他知难而进，既大刀阔斧，又缜密行事，稳妥处理，对魏、客集团迫害的人员该平反的平反，该起用的起用，大快人心，使大家似乎看到了希望。

面对满目疮痍、百废待兴的复杂局面，他深知身为天子的重任，他有中兴的强烈愿望，因此他很自信，总觉得自己一定能力挽狂澜，撑帝国大厦于不倒；作为帝王，他比较自律，他比历史上任何帝王都勤政，工作时废寝忘食，繁忙时，夜以继日；他带头厉行节约，生活俭朴，不尚铺张浪费，不讲排场，个人没什么特殊嗜好，吃、穿、用、住概不讲究，声、色、犬、马也不沾身，他的嫔妃很少，与历代帝王反差很大，尤其与不肖哥哥相比较更不可同日而语……总的来说，他具备了作为一位好帝王的优良品质，实际上，他是有作为的，他身上具备了成为明君的素质，只可惜他生不逢时，上台时机遇不佳，此时的大明江山已是穷途末路。

朱由检的性格并非完美，他是一位复杂的历史人物，在他身上体现了多重性格，有不少人格缺陷在他身上表现得非常充分，如性格古怪、刚愎自用、猜忌心重等。由于性格复杂，加上飘忽不定，在决断和办事上就有前后矛盾和互相冲突之处，东一榔头西一棒槌，头痛医头，脚痛医脚，例如他清除魏、客氏集团时表现沉着、果敢、机智，平时施政过程中能够勤政节俭，但在处置某些事上又令人不敢恭维，如频繁更换战将，使军队长期处于不稳之中，不利于军队形成合力和统一调度指挥，这种状况在危机状况下表现尤甚。数次战略决策失误贻误战机，使自身弱点暴露无遗，给对方可乘之机：一会儿派李建泰“代朕亲征”，煞有介事，表面文章，隆重热烈却以失败告终，损失巨大；一会儿令驻守宁远的总兵吴三桂守卫京城，由于互相扯皮，抽调令迟迟未能执行，直至执行却又造成宁远空虚，等于将关外之地拱手送给后金（满清政权），而且行动也已晚矣。多疑性格害了他，为此付出了沉重代价。他不做调查研究，中了皇太极的反间计，心中有疑仍一意孤行，残忍地下令将屡立战功的名将袁崇焕凌迟处死，天地不容，也犯下了临阵杀将的大忌，自毁长城。

除此之外，以其人格欠缺和性格怪异决定他在执政中多变游移，无可适从而屡铸大错：如前期铲除专权宦官，后期又重用宦官误政；在当时国虚民穷，需要国家出台休养生息政策扶持经济发展时，崇祯却反其道而行之，不断地横征暴敛，以充国库，民间称之为“重征”以代替“崇祯”，结果适得其反，国家没有得到多少实惠，旧病新病无从弥补，反致“中兴”无望。无奈前几朝积重难返，造成民不聊生，陕西饥民甚至以观音土充饥，换子而食的惨剧也在上演，民怨沸腾，民心尽失，民变不断，农民起义军风起云涌，李自成乘势揭竿而起，被封为“闯王”，以“均田免赋”为号召，民谣以“迎闯王，不纳粮”歌之，对应崇祯的非明智重税政策，故响应者众，对明朝构成巨大威胁。

严重的内忧外患使崇祯帝陷入了焦头烂额、四面楚歌的境地。面对满朝文武醉生梦死、结党营私、冷漠不为的行径，他只能无奈面对而无力治理，此情此景，内心极度苦闷自责，他变得多疑、乖僻、暴躁、易怒，甚至于不可控制的神经质，在这种氛围中他的精神压力也达到了顶点，整个身心都快崩溃了。

崇祯十七年（1644），是三力（明、大顺、清）决逐的关键之年。新年伊始，即呈不祥之兆。正月初一，京城突然昏天黑地，狂风大作，令人压抑，要在今天，春天偶有一点沙尘暴之类也不算什么，但在迷信观念浓烈的明代，这可是不得了的事情。“无可奈何花落去”，崇祯现在唯一能做的就是无奈地引领着大明王朝走向末日。紧接着，皇帝的老巢凤阳的祖陵发生地震，不但惊动先祖，也震撼人心，使人们如惊弓之鸟，惶惶不可终日。大家都预感到大明末日将至，议论纷纷，谣言四起，很多人抓紧筹谋退路，朝野上下成鸟兽散状。

也是正月，李自成在陕西称帝，定国号“大顺”；同样正月，清政权正虎视眈眈，随时准备入关，定鼎中原。

正月初十，李自成逼近京城，消息传来，一下子就炸开了锅。崇祯帝手执奏疏，浑身颤抖，竟泣不成声：“朕不是亡国之君，可每件事情都是亡国之象，老祖宗的天下一旦丢在我的手上，我有何面目去见列祖列宗？！”形势急转直下，明朝已危在旦夕，崇祯帝只好两次发表《罪己诏》，向天下宣示承担一切罪责，以博人心，并下令停止一切加派，以稳民心，鼓舞士气，图扭转局势。所有这一切都为时已晚，也无济于事，这可以说是最后一步棋了，皇帝从来自认一贯正确，一言九鼎，到了发表《罪己诏》，已预示来日无多了。想当初，建文帝在危机四伏，左右为难的危急情况下也是这样做的。

三月十五日，大顺军进攻居庸关，守关明将投降；三月十六日，崇祯正与朝臣议事，忽接急奏，昌平失守，李自成率 40 万军围京城，崇祯闻之大惊失色，不知如何是好，二话不说，立刻回宫，留下满朝一脸茫然的大臣。此时京城已乱成一锅粥：守军杂乱、号令不一、各自为政、后勤供应无从谈起、饥寒交迫、士气低落……一派兵败如山倒景象。

三月十七日，早朝时，眼见京城即将陷落，崇祯帝情绪十分激动，他时而对着群臣哭泣，责怪自己不能书写大明辉煌，时而怒斥群臣，指大明江山就是败在他们手中。此时的崇祯又一次情绪失控。当日中午，广安门、阜成门、西直门等处炮声大震，李自成开始攻城；三月十八日，李自成亲临广安门，派人劝降，遭拒。下午，崇祯再一次受到打击，他最信任的太监曹化淳竟然偷偷打开广安门迎农民军进城。危急时刻，崇祯急召大臣商讨对策，却无一人进言。此时他心如刀绞，想到生死攸关时刻似乎所有人都要弃他而去，他竟忍不住哈哈大笑起来，他笑得极度疯狂与凄凉，整个大殿似乎都被他的笑声震动。而那些大臣也似乎看到了明亡的景象。

听到外城陷落的消息，知道大势已去，崇祯怅然若失，率领一群太监在城内胡乱转了一圈并登上煤山（景山），看到外城烽火连天，不由得长叹一声，潸然泪下。

他默默地站了一会儿，最后看了一眼金碧辉煌的皇宫即将离他而去，痛心难以言状，不忍再看，便回宫处理后事。

此时绝望已慢慢向崇祯逼近，城破之日，便是他家破之时。他想到和他共患难过的皇后和宠妃，想到他的三个王子和两个公主，但是他不敢想象那些疯狂的农民军破城之后将如何对待他们。于是他在绝望中做了决定，宁愿他们死于自己手中，也强于死在敌人之手。随后，他命侍从传来周皇后、袁贵妃和三个王子，交代后事。

他令身边的太监向各宫传旨，皇后嫔妃速速自裁殉国，周皇后首先响应，表示愿意选择光彩而节烈的死，“妾身跟随陛下 18 年，今日一同死于社稷，死而无憾”，崇祯看着自己的结发之妻，随自己 18 年，最后竟落得如此下场，心里愧疚无比，但也无可奈何。

为了给朱家留后，崇祯决定让三位王子自我逃生。在一片慌乱之中，崇祯还保留了一丝镇静，这时的他集严父与慈母于一身，谆谆教导他的儿子们如何处事做人，并最后语重心长地交代一句：“万一你们大难不死，将来定要报亡国之仇，复兴大明，千万不要忘了我今日的告诫”。这是崇祯作为一个父亲对儿子的临终嘱托，教他那在深宫之中长大，不了解外界世俗民情的皇子，如何在这个乱世中安身立命。父子亲情中流露出无限的感慨，崇祯终于爆发出来，大吼一声：“你们三人为何不幸生在我家啊！”说罢崇祯与他们抱头大哭，左右的侍卫都被这生离死别的情景感动得失声痛哭。接着，他命取来旧衣服，亲自给他们换上，系上衣带，最后，周皇后拉着孩子与崇祯的手凄声泣别，痛苦着返回坤宁宫；临别时挥手让太监将弟兄三个送到周、田二位皇亲家中避难，依依惜别，难舍难分。

之后，周皇后，懿安太后（天启皇后）和众嫔妃都领旨殉明。接着，崇祯帝又忍痛刺杀自己的爱女，16 岁的长平公主和三女昭仁公主，最后只留下一句绝望的哀鸣：“你们为什么要生在我家？！”

此时的崇祯已万念俱灰，觉得所有的人都离他而去了，剩下的只有拼死一搏，他借酒壮胆，准备拼命，但各处城门紧锁，他无能为力。走投无路的崇祯又折回乾清宫，他亲自敲钟召集群臣，但毫无回应。当钟声在空荡荡的紫禁城上空回荡，却未见一人前来相应时，崇祯彻底地绝望了，此时的他成了彻头彻尾的孤家寡人。在此悲情时刻死神也逐渐向他袭来，他决意以死抗争，死前应向列祖列宗和世人交代，于是立下遗诏：“朕凉德藐躬，上干天咎，致逆贼直逼京师，皆诸臣误朕。朕死，无面目见祖宗，自去冠冕，以发覆面，任贼分裂，无伤百姓一人”。

凌晨，天空一片黑暗，崇祯在司礼太监王承恩的陪同下，爬上了煤山（景山）。四周如死一般的寂静，崇祯看了一眼四处烽火连天的京城，一片兵荒马乱，这就是明朝亡国的景象。怅望黑压压的紫禁城，他百感交集。17 年的呕心沥血，17 年的惨淡经营，如今毁于一旦，他只能以死向祖宗赎罪。随后崇祯在太监王承恩的引导下走到一棵歪脖树下对王说，朕死后你可以自行离开，但王承恩断然表示不可，执意随主殉国。此情此景，令崇祯帝十分感慨，他说：“平日总有人奏你不检，但朕见你一向忠心耿耿，所以都不加理会，看来朕是看对人了，最后只有你还随在朕身边”，王承恩忙叩头谢恩，想要说什么，却已泣不成声。紧接着崇祯坦然地走向那棵歪脖树“以发覆面”上吊自尽。王承恩不停地叩头，接着号啕大哭，随之也上吊殉葬，场面十分凄惨。

就这样，年仅 35 岁，心怀大志的崇祯以别样的方式告别人世。他的死，既不壮烈，也不屈辱，只是有些悲凉。虽不壮烈，也够爷们。在最后关头，遗诏里每个字都饱含血泪，完全发自内心。当一个男人在关键时刻挺身而出，拍着胸脯说出“我负全责，都冲我来，与他人无关”时，人们都会投去赞许的目光。崇祯帝作为一个真爷们，他够格。

当日中午，城破，李自成入城，明亡。276 年的明朝划上句号，但不会一笔勾销。

之后李自成由德胜门入京，经承天门（清改天安门至今）进宫，以武英殿为办公处，标志着明朝正式结束。

李自成在武英殿举行了登基典礼，称大顺皇帝，封妻子高氏为皇后，派宰相牛金星到天坛祭天，当天夜里，李自成下令放火烧宫。凌晨大顺军退出北京，经山西撤往西安。李自成在北京前后仅仅停留了 40 天。1645 年 6 月，这位在紫禁城里只做了一天皇帝的农民起义军首领，在湖北通山县九宫被乡兵袭杀。

朱元璋领导的农民起义，推翻了元帝国，建立了最后一个汉族王朝，历经 276 年，16 位皇帝之后，又被李自成农民起义所推翻，不知道这是天意还是历史的巧合？看来两者兼而有之。这也是一种“生态平衡”，上苍不会把一切好处让某个个人、某个家族、某个集团长久地把持，长江后浪推前浪，也是自然法则，所以朱元璋精心筹划的朱家后代传承用名规划只是一相情愿，痴心妄想而已，就不足为奇了；

而李自成最后失败也是意料之中的了，如前所述；同理，清朝也只延续了267年就寿终正寝了。两组数字不变，只是顺序排列有别罢了。它印证了黄炎培在延安同毛泽东有关“周期律”的著名谈话，以前那些朝代“其兴也勃焉，其亡也忽焉”，一部历史，“政怠宦成的也有，人亡政息的也有，求荣取辱的也有，总之没有能跳出这周期律”，其时毛泽东自信地应答：“我们已经找到了新路，我们能跳出这周期律，这条新路，就是民主。只有让人民起来监督政府，政府才不敢松懈。只有人人起来负责，才不会人亡政息”。经过“文化大革命”的洗礼和改革开放的磨炼，中国人民更深刻地悟出了这样一条颠扑不破的真理：要真正走出周期律，就必须确实实行民主法治。这四个字通俗易懂，但要真正做好，难上加难，唯有其难，更要迎难而上；而只有切实做好了，人民才会拥戴支持，国家才能长治久安。

明朝的皇帝都各有特点，有的神经都多少带点偏执，令人难以捉摸。这些众生相都做了充分表演，但对每个个体应进行比较客观的分析和评价，而历史唯物主义则是评价的标尺。只要做出合乎历史潮流的，符合广大人民大众利益的好事、善事就应给予充分肯定，反之则应批判，甚至声讨。

正如明史专家张显清先生所言：“历史是纷繁复杂的。明中叶以后的历史不仅呈现了封建统治者的日益腐败，而且呈现了社会生产力的提高、社会经济的发展和商品货币经济的空前繁荣。经济的繁华与政治的腐朽形成鲜明的反差，勾勒出一幅色彩极不协调的历史画面。随着商品经济的发展，城镇的兴起，至嘉靖、隆庆、万历年间，资本主义生产关系萌芽有了明显增长，与此相适应，在思想意识、文学艺术、社会习俗等方面也发生了深刻变化。因此史学家将这个历史时期称之为中国社会由古代向近代转型的开始”。定陵出土的文物充分证明了这一点。“它全面直观地反映了明中后期社会物质文明的高度发展水平，特别是丝织工艺、金属制作工艺、建筑技术等可谓登峰造极，无与伦比”（同上）。

总之，明代留给我们的历史遗产是极为丰富的，无论是物质的，还是非物质的，尤其是建筑技术方面更是特点突出、影响广泛，而值得特别提及。

由于中国建筑的特点（木质结构为主），加上多年风化和人为损坏，明以前的建筑所剩无几，那金碧辉煌的唐大明宫也只剩下传说而无实物可考。我们现在所能见到的大多数古建筑主要还是明代打下基础并流传至今，其中不少已被列入世界文化遗产名录而成为全人类的共同宝贵财富，例如故宫、天坛、明十三陵……

以及遍布全国的众多古朴厚重且美妙绝伦的明代建筑（包括城门、城墙、宫殿等），都散发着独特之美。那时，这些都全靠人工建造，真不得不佩服先祖们那非凡的意志力和创造力。

最近偶睹学苑出版社刊出的“历史文化地图系列”之“天坛清代全盛图”，小小画页，传达始于明而盛于清之天坛精彩，如窥全貌，美轮美奂。如现全景，定令人震撼！诚如斯言：“感受传统文化之意蕴，见证中华文明之沧桑，中华民族几千年积累的所有智慧都在这里得到最完美的呈现”，寥寥数语，高度概括，毫不夸张。重现辉煌谈何容易，然决心加恒心，再造辉煌，指日可待。

可惜的是，由于种种原因，这些宝贵的明代建筑正在不断“减员”，令人遗憾。以北京为例，在频繁的战乱和政权更迭中，北京经历了无数次的战争浩劫和人为破坏；后来的某些决策失误和短视做法又使其深受其害。当城门、城墙存废争论同团籍、党籍挂钩时，就注定要以破坏古都风貌为代价。当梁思成奔走呼号却顿感无助、无奈而痛泣哀鸣时，一切都已注定而无可挽回了。

值得欣慰的是，我们已经认识到问题的严重性，开始反思并吸取教训，而且已经采取一系列行之有效的措施，着力保护祖先留给我们的极为宝贵的历史遗产，以图弥补损失于万一。

让我们怀着护宝之心，反思历史，吸取教训，全力保护好先祖们创造的一切历史财富，以告慰先祖，造福后代。

定陵棂星门、明楼

第九章 明朝的后事

改朝和人亡一样，都要办理后事。改朝之“办理后事”系指“修史”和“建陵”。

按照中国封建社会传统，一个朝代灭亡以后，一般由下一朝为其“修史”。清顺治二年（1645 年），设立明史馆，康熙十八年（1679 年），开始修明史，由张廷玉等撰，雍正十三年（1735 年）定稿，乾隆四年（1739 年）刊行。由以上可以看出，清朝统治者对此极为重视，而且花费了不少时间和人力、物力办成此事，因为他们要从中吸取对其有用的经验教训，以巩固其统治。也正因为如此，经官方认可的“修史”，每有隐瞒，或扩大或缩小，可见“盖棺论定”之作，其实也不一定就能“论定”；况且人们看问题角度不同，观点又各异，故见解不同是自然而正常的。《明史》用词和观点都古旧，一般人难解，仅供参考和研究。

今呈盛世之况，百花齐放，百家争鸣，学术空气空前宽松、繁荣，而对于明史的研究目前仍不尽如人意，正如明史专家王熹教授所言：“明朝是中国历史上的重要朝代，从洪武元年（1368）建立，到崇祯十七年（1644）灭亡，共跨过 276 年。其盛世之态、激昂江山，其纵横壮举、鸿猷远略，足以令后世感慨万千。但相对于清史研究，明史是建国后研究较为薄弱的领域”，所以，目前形成的“明史热”，对于促进明史的探讨和研究是大有好处的，众多明史专家和一般民众加入到明史的探讨和研究的百花园中互相学习和切磋，对于提高这一领域的繁荣定有裨益。

我是一般民众，对明史略知一二，为融入“百花园”中而不禁跃跃欲试。我将就我所知整理而成的明朝皇帝“后事”的有关故事奉献给读者是为了方便阅读，增加可读性。我十分理解读者的迫切心情，在接触了解明陵状况时定然会急于了解逝者生前活动情况；而皇帝又是一个特殊群体，居于深宫，生活隐秘，且距今年代久远，故所载所述史实或欠详或隐瞒，一孔之见而难窥全貌，或挂一漏万。我只能尽量将“故事”讲好，我极力主张尊重历史，拒绝戏说，并尽量将“故事”讲得生动有趣，引人入胜，使人在欢愉的气氛中感知历史。诚如此，我将甚感欣慰！

至于这些陵寝主人本身的“后事”之一，系针对这些主人的陵寝本身而言，即为“建陵”。

中华民族历来都有祭祀祖先的美德，非常重视死者的埋葬和祭祀，这样做不仅仅是为了缅怀和纪念祖先，同时也希望能给后代子孙带来庇护。在中国封建帝王们看来，陵寝的修建是一件关乎国运兴衰和朝代长久的大事，所以不惜耗费大量人力、物力和财力来修建他们的陵墓。中国历史十分悠久，封建帝王的陵墓也是非常之多，陵寝制度也是很发达的。这些陵寝都反映出当时的社会思想、伦理道德观念，还有民族信仰等，是中国丧葬的最高表现形式。

中国人历来有厚葬的传统，人们对此褒贬不一，贬者认为铺张浪费；褒者认为幸好祖先埋下不少绝世佳品，使后人得以领略历史，让尘封的地下文物“说话”。不管褒贬如何，这一传统也已成为历史的一部分而让后人乐于探访。

明太祖朱元璋登位后就着手营建规模宏大的明孝陵，洪武十五年，马皇后死后，先期入葬孝陵；但对朱元璋死后（洪武三十一年）是否入葬孝陵仍有争论，现在比较普遍的看法仍坚持认为他的确葬于明孝陵；建文帝朱允炆“靖难之役”后下落不明，无陵（朱允炆结局有两说，一说死于南京战火，一说出家当了和尚，甚至有说郑和下西洋系奉永乐帝旨意追寻建文帝下落，目前仍未有定论）；明成祖朱棣迁都北京，死后葬于北京昌平北天寿山，为长陵。从成祖朱棣到思宗朱由检 14 帝，除景泰帝朱祁钰因故别葬外，其他诸陵都在天寿山附近营葬，共 13 处，成为明代成祖以后诸皇帝的陵墓区，总称十三陵。十三陵三面环山，南面两侧龙山、虎山相对，形成了一个天然的门户。背山面水，藏风聚气，山走龙蛇，明堂广大，地蕴王气，是一块形胜之地，被姚广孝说成是龙脉，他对明成祖说可埋藏圣朝的万子千孙。从军事上讲，这里是易守难攻的天然屏障，是北京的重要门户，因此，明成祖看中了这块风水宝地。

十三陵诸城营建各不相同，凡皇帝生前精心策划、细致营建者，规模较大的如长陵、永陵、定陵等，其他如奉旨简约或营建较匆者规模就小，如献陵、景陵、康陵等，思陵，葬思宗朱由检，因是亡国之君，使用贵妃田氏墓草草埋葬，规模最小。

十三陵陵寝构成的皇陵建筑依山为陵，规模宏大，气势磅礴。明十三陵从明永乐七年（1409）营建长陵始建，到清朝顺治初年营建思陵时止，筑陵时间长达200余年，各陵名称以营建的顺序依次为长陵、献陵、景陵、裕陵、茂陵、泰陵、康陵、永陵、昭陵、定陵、庆陵、德陵、思陵。

陵又名宫。各陵宫皆背山而建，方向虽然不同，但地面建筑布局形式基本一致；前有宫院，后有宝城，宫院建围墙与宝城相接。宫门前有无字碑，碑前建石桥与神道相接；宫门内依次为祾恩门、祾恩殿、棂星门、玑筵，后接明楼、宝城。祾恩殿是祭陵时的殿堂，两侧又各建廊庑（读 wǔ，古代堂下周围的屋子）。宝城是陵宫的最后部分，城中填以黄土，下为帝后葬身之所，明楼建于宝城上前侧，楼檐下设榜额。题陵名，楼内立石碑，刻皇帝庙号、谥号（谥读 shì，系指我国封建时代，在最高统治者或其他有地位的人死后，给他另起一个称号，如“武帝”、“哀公”之类，也叫“谥”号）。

长陵建于永乐七年（1409），先葬徐皇后，下距永乐二十二年（1424）朱棣之葬长达 15 年。长陵坐落在天寿山中峰之下，建成于明永乐十一年（1413），是明十三陵中修建最早、规模最大、保存较为完整的一座陵墓。埋葬的是明朝第三个皇帝朱棣和皇后徐氏。整个陵园由三道大院和两组建筑组成。主要建筑有陵门、神库、祾恩门、祾恩殿、棂星门、宝城、明楼、地宫等。祾恩殿最为壮观，占地1958 平方米，全殿由 60 根金丝楠木巨柱支撑，黄瓦红墙，垂檐庑殿顶，是我国现存最大的木结构大殿之一，明楼匾额上写有“长陵”二字；碑上刻有“大明成祖文皇帝之墓”字样。最为醒目和壮观的乃是那高耸入云的明楼，是长陵最显著的标志。

神道位于长陵前，长达七公里，原是通向长陵的一条大道，后为各陵所共用，也称陵道。石牌坊是神道的起点，往北依次是大红门、碑楼、龙凤门，这组建筑的两侧是以巨石雕琢的 24 座石兽和 12 座石人（石像生），为神道增添了几分威严的气氛。神路是明十三陵的第一个景点，由石牌坊、大红门、碑楼、石像生、龙凤门等组成。

石牌坊为陵区前的第一座建筑物，建于嘉靖十九年（1540）。牌坊结构为五楹、六柱、11 楼，全部用汉白玉雕砌，在额枋和柱石的上下，刻有龙、云图纹及麒麟、狮子等浮雕。这些图纹上曾饰有各色彩漆，因年代久远，现已剥蚀净尽。整个牌坊结构恢宏，雕刻精美，反映了明代石质建筑工艺的卓越水平。

过了石牌坊，即可看到在神道左、右有两座小山。东为龙山（也叫蟒山），形如一条奔越腾挪的苍龙；西为虎山（俗称虎峪），状似一只伏地警觉的猛虎。中国古代道教有“左青龙，右白虎”为祥瑞之兆的传说，“龙”、“虎”分列左右，威严地守卫着十三陵的大门。

大红门坐落于陵区的正南面，门分三洞，又名大宫门，为陵园的正门。大门两旁原各竖一通石碑，上刻“官员人等至此下马”字样。凡是前来祭陵的人，都必须从此步入陵园，以显示皇陵的无上尊严。大门两侧原设有两个角门，并连接着长达 80 华里的红色围墙。在蜿蜒连绵的围墙中，另设有一座小红门和十个出入口，均派有重兵驻守，是百姓不可接近的禁地。现在这些围墙都早已坍塌，有些残迹尚依稀可辨。

碑亭位于神道中央，是一座歇山重檐、四出翘角的高大方形亭楼，为长陵所建。亭内竖有龙首龟趺石碑一块，上题“大明长陵神功圣德碑”，碑文长达 3500 多字，是明仁宗朱高炽撰文，明初著名书法家程南云所书。该碑碑文作于洪熙元年（1425），碑石却是宣德十年（1435）才刻成的。在碑阴面还刻有清代乾隆皇帝写的《哀明陵十三韵》。碑文详细记录了长、永、定、思诸陵的残破情况。碑东侧是清廷修明陵的花费记录。西侧是嘉庆帝论述明代灭亡的原因。碑亭四隅立有四根白石华表，其顶部均蹲有一只异兽，名为望天吼。华表和碑亭相互映衬，显得十分庄重浑厚。在碑亭东侧，原建有行宫，为帝后前来祀陵时的更衣处，现已无存。

石雕群是陵前放置的石雕人、兽，古称石像生（石人又称翁仲）。从碑亭北的两根六角形的石柱起，至龙凤门止的千米神道两旁，整齐地排列着 24 只石兽和 12 个石人，造型生动，雕刻精细。其数量之多，形体之大，雕琢之精，保存之好，是古代陵园中罕见的。石兽共分六种，每种四只，均呈两立两跪状。将它们陈列于此，赋有一定含义。例如，雄狮威武，而且善战；獬豸为传说中的神兽，善辨忠奸，惯用头上的独角去顶触邪恶之人。狮子和獬豸均是象征守陵的卫士。麒麟为传说中的“仁兽”，表示吉祥之意。骆驼和大象，忠实善良，并能负重远行。骏马善于奔跑，可为坐骑。石人分勋臣、文臣和武臣，各四尊，为皇帝生前的近身侍臣，均为拱手执笏的立像，威武而虔诚，在皇陵中设置这种石像生，早在2000多年前的秦汉时期就有了。主要起装饰点缀作用，以象征皇帝生前的仪威，表示皇帝死后在阴间也拥有文武百官及各种牲畜可供驱使，仍可主宰一切。

棂星门，又叫龙凤门。由四根石柱构成三个门洞，门柱类似华表，柱上有云板、异兽。在三个门额枋上的中央部分，还分别饰有一颗石雕火珠，因而该门又称“火焰牌坊”。龙凤门西北侧，原建有行宫，是帝后祭陵时的歇息之处。

定陵是明十三陵中所营建的第十座陵墓，又是十三陵中最大的三座陵墓之一。定陵地面建筑总布局呈前方后圆形，含有中国古代哲学观念“天圆地方”的象征意义。陵墓建成时万历皇帝只有28岁，到1620年正式启用，该陵墓整整闲置30年之久。它的地面建筑共占地18万平方米，前有宽阔院落三进，后有高大宝城一座。陵正门前方是三座汉白玉石桥，过了石桥是高大的碑亭，亭周围有祠祭署、宰牲亭、定陵监等建筑物300多间，再往后就是陵园外的围墙——外罗墙。

雄伟壮观的明楼黄色琉璃瓦顶上，镶嵌有一块高大的石榜，刻有“定陵”二字，四角及台阶都用巨石拼砌而成。明楼内石碑上刻有“大明”和“神宗显皇帝之陵”。明楼的正后部是陵墓的主体——地宫。

定陵的地宫距地面约20米，全部用石砌成，多为青石，面积约为1195平方米，内无梁架，为石拱券，相当高大。地宫有七座四吨重的汉白玉大门，设计巧妙，开闭灵活。地宫中又分正殿、配殿、前殿，和地上建筑完全一样。中殿原状陈列着祭器。那是三个汉白玉座，座前各有一套黄色琉璃五供和一个青花大瓷缸，缸中原来盛满长明灯油，供点长明灯用。后殿的棺床上停放着万历皇帝和两个皇后的棺木，棺旁放着装满奇珍异宝陪葬品的26个红漆木箱。

定陵的规模、形制，全部仿永陵。永陵是由世宗嘉靖帝生前亲自主持营建的。其规模宏大、坚固华美。定陵在营建的过程中有些地方甚至超过了永陵。对此有些大臣曾表示“非所安”，但万历帝对超过先帝之制一事全然不予理会，仍我行我素，足见其刚愎自用本性。

这从另一侧面也说明了，发掘定陵的成功，实际上为挖掘长陵、永陵积累了实战经验，基本上实现了预期目标，是考古发掘较为成功的范例。

定陵是万历皇帝朱翊钧和他的两位皇后的陵墓。始建于1584年，1590年建成。耗时六年整，浩大的定陵建筑工程造价达白银800余万两，动用民工不计其数，所用的木材、石料无法计算。建造定陵殿宇梁架用材主要是楠木，因楠木味香、质地坚硬、耐腐蚀、材质细实，这种木材主要产在今四川、贵州、湖北、云南等地，且生长在深山老林，进山采伐条件极为艰苦，寒暑饥渴、蚊虫叮咬、瘴疠气重、死者累累，故有“入山一千，出山五百”之谚。不仅环境险恶，而且运输极为困难，通常要先在山中采伐，等雨季到来山洪暴发时利用洪水冲出深山，然后结筏由水路运至京郊张家湾，最后经半日之程的陆路运至崇文门外的神木厂和朝阳门外的大木厂，以备工程之用。在《明史·食货志》有“采造之难……最巨且难者曰采木”之记载。而大量的石材从房山采用过来，花斑石来自河南滑县，甚至封土都要从几十里以外运来……经过了寒冬酷暑六个年头，一座宏伟壮观的陵墓完工了。高大的门楼耸入云霄，斗拱、额坊完全用石头雕成，宝城的垛口也全部装砌了磨平的花斑石，为了使明楼更加坚固，还浇灌了铁汁，这些是其他陵墓所不及的。

明十三陵在历史上曾遭到不同程度的破坏：早在1644年3月，李自成起义军攻克昌平后，下令焚烧十三陵地面上的建筑，大火三日不息。长陵祾恩大殿有幸保存下来，据说是因为李自成驻扎于此而幸免；清军入关后，为报复明朝毁其祖坟房山金陵之恨，对十三陵也进行了大规模的破坏，其中受害最重者为定陵，因为毁其祖陵的始作俑者正是那位万历皇帝，在他当政的时候，后金正在崛起，努尔哈赤在东北广聚人马，声势日益强大，屡屡南侵，对明朝构成巨大威胁。正在这时候，万历听信了诡诈巧辩的阴阳家术士们的话，称清兵入侵与陵寝有关，何不去毁掉其祖陵，从源头上“泄王气”、“火锋芒”；并且还应在上面盖一座关帝庙，以镇住“王气”。万历还真就这样做了。这样一来，万历帝与金代后人，即自称后金的清代当权者之间便结下了不共戴天之仇，于是攻下北京城的清代统治者采取了近乎疯狂的报复手段，把泄愤的目标直指明代祖陵——十三陵，被毁最厉害的就是埋葬万历的定陵：定陵的宝城垛口、明楼地面的花斑石被推翻捣毁，外罗城也被拆毁，围墙的砖石雕刻，能打的便打，可拆的便拆，只剩下孤零零的明楼；另外，1914年左右，又遭遇了一场大火，祾恩殿烧毁了，祾恩门也只剩下了两壁。日本帝国主义侵占期间，再次给了它不少破坏。

十三陵通过两次较大的焚烧破坏后，地面上的殿宇等建筑几乎荡然无存了，使一座近600年的辉煌雄伟、艺术精湛的古建筑群面目全非，幸好长陵保存还算较完整。清政权建立后，为了笼络汉民族及其汉民族的官员，重修了十三陵的部分建筑。在这方面，清朝的乾隆皇帝起了至关重要的作用。

20 世纪 50 年代后，人民政府为了保护文物，建立了十三陵公园管理处，并斥巨资修缮了长陵、景陵和永陵，使之恢复了原先的宏大磅礴之气；同时大力植树造林，绿化环境，使这里再现昔日恢弘，成为古建和森林互相映衬，游人喜闻乐见的游览区。

定陵的开发，更为十三陵景区锦上添花，每天中外游客慕名而来，络绎不绝，昔日满目疮痍的定陵，仿佛焕发了“青春”，成为一颗耀眼的明珠。它在叙说历史的同时也已成为一条人们友好交往的纽带。看到今天这样欣欣向荣的大好局面，我们更为那些开发定陵所作出的不懈努力而歌。

第十章 万事开头难 受命挑重担

回溯过往，我舅舅的中肯建言使领导最终下定决心：开发十三陵从试掘定陵开始。围绕这一决策，各有关方面领导和人员都做了紧锣密鼓的准备，其中，开发定陵这副重担最终落到了中国科学院考古研究所身上。而由国家行为主动开发皇陵史无前例，更使这位即将担任定陵发掘总负责人的夏鼐倍感责任重大；与此同时，作为科学院考古研究所副所长，他还要主持其他日常考古业务工作，因此难以脱身专抓定陵现场发掘工作，所以他急于物色一位能够代表他胜任现场发掘指挥的人选，经过多方面慎重筛选考虑之后，他最终把目标锁定在富有田野发掘工作经验并被誉为“一代田野考古大师”的白万玉身上。接到这个重任以后，舅舅诚惶诚恐，多次和我们诉说这个任务和责任“甭提有多大了”。这是一项十分浩大的工程，尽管舅舅走南闯北，在田野发掘方面见多识广，但在这座壮丽无比的皇陵面前，就说他是“田野考古大师”，也感到压力不小，责任特别重大，哪怕有一小点闪失，谁都担当不起，但他最终还是把心静了下来，决心迎着困难上，敢咬硬骨头，一定要把这个艰巨的任务完成好，决不辜负领导和同志们的殷切期望！

1956 年 5 月 17 日，经过多方研究，几经论证，酝酿达七个月之久的定陵发掘工作的大幕徐徐拉开。北京市文化局文物组主任朱欣陶代表北京市文化局常驻定陵主持全面工作，但在业务上他不多干涉，其他的问题都得请示他；受到各方领导极度信任与重视的舅舅，在他几近花甲之年作为中国科学院考古研究所副所长夏鼐亲点的代表被派往定陵发掘第一现场。他不是队长，也不是副队长，只是因为他德高望重，经验丰富而受命代表中国科学院考古所常驻定陵主持现场发掘工作的指挥。跟随舅舅多年的庞中威先生一再证实，当年定陵发掘现场的指挥是白万玉，千真万确，其他自封“队长”之类说辞，都是子虚乌有，不可信的。据赵信先生回忆，在他和王杰被派往定陵发掘现场工作之前，夏鼐所长曾语重心长地对他们说：“发掘定陵一定选派精兵强将。这次请你们来，主要任务是参加定陵发掘工作，白老做了几十年的野外考古工作，经验非常丰富，希望你们在白老具体指导下好好工作”；据中国社会科学院考古所编审徐元邦先生回忆，他曾以自己年龄最大，以老大哥的诚恳语言对当年还都是年轻小伙的庞中威、赵信、王杰说了以下一番话：“定陵是在史学家和考古学家领导下进行的，现场指挥是白老，希望你们好好学习，好好工作，千万要注意安全”；另据中国社会科学院考古所副研究馆员曹国鉴和冼自强等先生证实：“定陵考古发掘现场具体指挥是由中国科学院考古所田野考古专家白万玉先生担任的”；又据中国社会科学院考古所副研究员，原夏鼐秘书组成员之一的李遇春先生回忆，距正式开工发掘定陵一年多以后的 1957 年夏天，在打开金刚墙“圭”形门前夕，他曾随夏鼐到发掘现场指导工作，期间他向庞中威、赵信、王杰等同志传达夏先生的嘱托，其大意是，白万玉先生是工地指挥，田野工作经验非常丰富，希望你们在他的具体指导下，积极工作，更好地完成发掘任务……。以上事实足以佐证，经得起历史检验。

据庞中威先生介绍，朱欣陶主任对我舅舅特别优待，定陵工地的住房十分紧张，他还给舅舅一个单间住，同时还配备了一位服务员孙宪宝。孙为我舅舅打开水、倒洗脸和洗脚水，还给舅舅到合作社买香烟，让舅舅省了不少的事，就连中午饭，孙宪宝都把它端到舅舅的面前；到了冬天，他还给我舅舅生炉子取暖，另外还要干些杂事；孙没有在工地干过挖土发掘的活，他是献陵村招来的民工，我舅舅很信任他，不少具体事务都让他操办，例如买狗、买鸡做实验等，我舅舅都派他去。孙宪宝为我舅舅服务近两年，对他照顾非常周到，舅舅常对我们说对此很满意，在此我也代表舅舅众亲属感谢他。

第十一章　苦熬时光　300余天有花无果

据庞中威先生回忆：“1956年5月17日开工发掘。在开工前，白老给民工们开了一次会，在会上讲了考古发掘的基本知识、注意事项，特别强调了要注意安全，有什么异常情况马上报告，并选出民工组长四人，他们是：王启发、郝喜文、许崇义、刘怀珠。”在此前提下，要想尽一切办法保证发掘工作顺利进行，首当其冲的就是要准确找到门的入口并办妥一切后续工作，其中包括发掘出土后的遗体、棺木，全部陪葬品以及砖、墙、门等一系列历史遗存，都要令其完好无损。他常念叨这句口头禅：“这是国务院、周总理亲自批准的工程，责任重大，绝对要保证质量，慎之又慎，不能有丝毫马虎，否则我将无法交代。”

当然，工作的难度会是相当大的，这一点舅舅早已做好了思想准备。

谁都知道，找到地宫的大门，一切都迎刃而解，但难就难在如何准确地找到大门。记得舅舅当时常对旁人说：“定陵这么大，谁能知道门在哪？皇帝为了死后陵墓不被盗墓者发现，可能会巧设迷宫，让其他人怎么也找不到。恐怕光凭力气，别说挖地三尺，就是无目标地挖一丈，也未必能找到门的踪影；也许你坐在定陵宝城的某一个地方，那下面就是门……”越说越神秘，越说越引人入胜，使人不能不驻足聆听。

总之，定下门的方位，是打开地宫最最关键的一环。

发掘定陵，在舅舅的建议下首次采用了“探沟法”，这可以说是我国考古史上科学发掘皇陵的首创，正如庞中威先生所说：“发掘墓葬采用探沟法，用科学的手段进行发掘，这在考古史上也没有过。”“探沟法”是舅舅在多年的田野发掘实践中所掌握的方法，尤其是他得到瑞典考古学家安特生的真传，早在 20 世纪 20 年代初在发掘河南仰韶遗址中就曾大量使用过；舅舅认为以往采用此法进行考古发掘，实践证明还是成功的，不妨一试。

为什么发掘定陵时要用“探沟法”呢？舅舅曾说：他挖过多年的墓葬，就是没有挖掘过皇帝的陵墓，不知道地宫大门确切的位置，也不能把皇帝陵挖得乱七八糟，在这种情况下，他和朱欣陶主任等商量只能挖一条探沟，切开宝顶试着找。在挖皇帝陵时用此办法是为了更准确找到地宫的大门。后来，舅舅又请示了夏鼐所长，获准后，在明楼后挖了一条探沟，长 50 米，宽 30 米，探沟的右侧没有挖到头，左侧挖到近两米深处就切住了陵墓隧道。

在挖掘现场，需要大量的劳动力。在开工前，朱欣陶主任与昌平的有关领导商量，在定陵附近的村庄，雇请农业合作社社员 61 人（其中女社员 10 人）。每人每天补助 1 元钱。

刚开始，这些民工还是挺配合发掘工作的，大家挥汗如雨，在探沟里一锹一锹很卖劲地挖着。眼瞅着几个月过去了，只见探沟旁的黄土在慢慢变高，但仍觅不到地宫大门的踪影，正如赵信先生所介绍的：“不料方案实施 200 多天，除一堆堆黄土外，竟然颗粒绝收。因此白万玉坐卧不安……”朱欣陶主任把有关情况及时向上级领导汇报，同时也从郭沫若、吴晗、夏鼐等领导反馈回来的信息中获得领导同志对挖掘现场的热切关心和亲切安慰，这些都使所有现场工作人员感到鼓舞，对鼓劲起一定作用，但作用毕竟有限。

由于工作仍无头绪，民工们的情绪开始波动，而且越来越大，于是有的人开始找借口今天请半天假，明天请半天假，有的人索性就不来了。留下来的只见仨一堆，俩一伙，散散漫漫歪在探沟旁，即便干活也是有气无力……

据赵信先生回忆：“有一天庞中威陪着白万玉出方城前转到发掘现场。只见雇请的民工三五成群，散漫在探沟土堆旁，无精打采地休息。

为首的一小伙子用眼光上下看了看白万玉：‘白老先生……’

庞中威向白万玉低语说道：‘他就是刘怀珠，民工四大组长之一……’

刘怀珠：‘我不姓刘！’

白万玉一愣。

刘怀珠：‘我姓白，叫白干！’

白万玉：‘你像个小白干儿，酒性还挺烈。’

刘怀珠：‘别打岔！’他用拳一捶黄土堆，胸脯气得一起一伏：‘这叫挖掘吗？别说金银财宝了，连尿盆子都没挖出来！没意思……一天给一块工钱也没意思……打明儿起，回家放羊去。’

民工一阵哄笑：‘是啊，年轻力壮，哪儿挣不来一块钱？’

白万玉哈哈一笑：‘刘领导，你的人马不少啊，一大片呢，我这里只有个庞中威，你人多势众啊！你想放羊去？明天就有个放马的来顶替你。’

民工的笑声歇止了。

白万玉又说：‘皇帝洗脸用的金盆子，你找尿盆子干什么？定陵就是个聚宝盆，你们就住在这宝盆里。守着宝盆子，还能就着凉水啃窝头？那得天天吃饺子，饺子都叫你吃腻了……’刘怀珠撇撇嘴。

白万玉兴致不减：‘你们想啊，不挖出聚宝盆，穷山恶水的，能招来人吗？……有了聚宝盆，连外国人都得来看……赶明儿你有了孙子，孙子都自豪：我爷爷挖过聚宝盆！说不定百年之后这块长眠地，还是个旅游景点呢！别老想着赶明儿放羊！你要是铁了心赶明儿放羊，别赶明儿，今天我就放你这只羊回去……’

刘怀珠：‘白老先生咱再咬牙干个十天半拉月的，要还是只出黄土不出金，咱还得拍屁股放羊去。’

民工们附和：‘是啊，谁愿意在这儿白耽误工夫没收成？……’

白万玉：‘你们记住我姓白的话，在定陵，有你们和洋人握手的那一天’……”

又据赵信先生回忆，此后有一天他奉舅舅之托接待吴晗副市长时，“吴晗突然问：‘小赵啊，现在还有叫白干的吗？’

我顿时吓了一跳：‘那是句气话。您怎么都知道了？’

吴晗得意：‘不是气话，是趣话，有趣的话容易记住。你们这儿的朱欣陶、白万玉……还有一时叫不上名姓的发掘人员，不都是我们的耳目吗？如此这般，我和郭沫若、郑振铎、邓拓、夏鼐等各路诸侯才不至于两耳塞豆、闭目失聪呢。现在，连白老呼吸的急缓，我在电话中都有所感受。如果你们都改称白干了，我就得叫吴望了。吴望，无望也，没有希望。’

我说：‘原来我们呼吸牵动着您脉搏呢！我们能没希望？’

吴晗点点头：‘咱们在做前无古人的工作，从中央到地方都没有先例，为什么叫试掘定陵？就是为正式发掘长陵积累正反两方面的经验’……”

赵信先生感慨：“原来，在这艰辛的工作后面，却有着‘前无古人’‘划时代’‘开创性’的辉煌！和吴副市长走在一起，我似乎也比从前的自己‘高大’了许多。”

有上级领导的重视支持和同志们的团结协作，舅舅心里是有底的，他坚信眼前的困难虽然很大很多，但终究是能够被克服的，曙光就在前面；与此同时，他也很理解跟他一起并肩战斗的民工们的怨气，都苦干了300来天还有花无果，发点牢骚，讲点怪话，完全可以理解，我舅舅常说他本人也是个粗人，干活时累了不顺心也会发点脾气，所以他很体谅这些民工们；但是作为现场指挥，他深知，不能让这些牢骚怨气无限制地姿意扩大，因此他要设法因势利导，采取拉家常的方式，和民工兄弟们谈天说地，但要紧紧围绕主题。他经常在探沟旁以聊天的方式和那些农民兄弟们谈心，用最浅显的道理、最广阔的视野，给大家谈到了美好的未来，同时恩威并重，压住了乱局。舅舅这些发自肺腑、动人心扉之言，还真的灵验，它深深地打动了那几十号民工，都表示，白老都这么大年岁还领着大家干，也是为了让自己今后过上好日子，没有理由不好好干，从此以后，再也没有发生消极怠工现象，而是踏踏实实听从指挥，大家配合得相当默契。舅舅终于压住了乱局，稳住了阵脚，顺利平息了这场不大不小的“风波”。

写到这儿，我真是佩服舅舅在20世纪50年代就能够高瞻远瞩，已经具有很强的文物保护意识，例如，多次强调不能随意挖掘皇陵和其他古墓，不能把长陵这个很漂亮的陵寝公园挖个乱七八糟；对国家批准发掘的定陵，一定要按照既定规划发掘好，建个陈列馆，保护好出土文物，以此吸引游客，增加旅游收入，从而将文物保护同提高经济效益挂钩，使两者相得益彰，实现双赢并能预见未来美好的发展前景。舅舅当年的设想已经同今天不谋而合了。回忆过往，令人感慨万千。

回顾这场不大不小的风波，虽已过去几十年，却如同发生在昨日一样令当年与舅舅一并战天斗地的爱徒庞中威先生有感而发赋诗一首，题目是：

白老主持发掘定陵的压力

发掘皇陵世无先，千斤重担压在肩。

没有经验可借鉴，白老压力夜难眠。

所长多次来指导，吴君关心问长短。

偌大工程难度大，六十工人战暑寒。

就怕工伤事故出，业务人员轮班站。

一年辛苦出成绩，见到金刚墙上檐。

注：所长指夏鼐所长，吴君指吴晗副市长。

在发掘现场，舅舅首次提出了“五字方针”，即“难、险、巧、细、真”。据庞中威和赵信先生回忆，他们曾熟记这五字，并在工作中真正领会了它的重要性；细细品味这五个字就是：找地宫大门难、下地宫险、开石门巧、清理棺椁要细、写发掘报告要真。

朱欣陶主任对我舅舅提出的五字方针曾予以高度评价：“白老头脑清晰，思路明确，对试掘定陵全过程有一个通盘的考虑，环环相扣，有条不紊。‘难、险、巧、细、真’，是贯穿地滚乱珠、万事如麻的一条红线……。”

舅舅早已料到找地宫大门难，这种难包含了各层含义，比如稳定住民工的情绪也是一道难关，如果劳动力出现了问题，后续工作将不好开展，当然，在他苦口婆心的安抚下，民工的问题解决了；可是大门还是找不到，将近七八个月过去了，他将如何向信任他的上级领导交代？据庞先生回忆，舅舅住的房间经常是已经很晚了还亮着灯，屋里常常是满地烟头，他的双眼也总是布满血丝……，大家经常劝他要注意身体，毕竟他已是年近六旬的老人了。可就是这样，舅舅仍信心百倍地履行着自己的诺言，在困难面前决不低头，带领大家闯难关。听他周围同事们回忆，那时，经常看到他坐在宝顶上苦思冥想地在考虑着什么，在宝顶周围来回踱步中测量着什么，谁也不知道他的脑海里在运转着什么样的方案。

这期间，他专程去过紫禁城，曾仔细品味宫殿的布局与结构；也去过景山，特意站在景山的制高点万春亭上凭栏远眺，向南望去，紫禁城数千间红墙黄瓦的宫殿在太阳光的映照下泛着耀眼的光芒并错落有致地排列着，煞是辉煌与威严；都说北京城是围绕一条中轴线而建，不站在最高点是感觉和体会不出来的，自神武门、乾清宫、保和殿、中和殿、太和殿、午门、端门、天安门、正阳门、祈年殿、永定门，笔直的一条线贯穿始终，一览无余，再往北瞧，地安门、鼓楼、钟楼也像串起来一样与这条中轴线连成一线，遗憾的是：地安门城楼早于 20 世纪 50 年代因所谓妨碍交通而被拆除，最近欣闻为恢复古都风貌，特别是中轴线上“九门”的完整性而决定重修地安门，听之甚慰！由此可见，中轴线可谓北京古都风貌的灵魂，是完整统一而神圣不可侵犯的。

回味北京中轴线的建筑风格，让舅舅受到了极大的启发，回到定陵的发掘现场，他再一次仔细思量，自神功圣德无字碑、外罗城、陵寝重门、祾恩门、祾恩殿、明楼、宝顶、宝城墙不也是一条中轴线吗？

舅舅思绪万千，他想，既然清朝继承明制，后来清乾隆、慈禧墓被盗后，地宫入口正对明楼、祾恩殿、石碑一线，明定陵亦当如此；还有，崇祯帝死后葬田贵妃墓，地宫被打开，其入口恰与石碑、明楼走向平直……。那么，综合以上的种种现象与实际情况，舅舅更加认定：在中国的帝王历史上，阴宅反映阳宅，帝王活着时有的，死后也不能少，所以他们死后人们不惜将无数价值连城的金银财宝、绫罗绸缎，甚至他们的宫女都成了殉葬品埋入地下；皇帝死后入土也不能走旁门左道，以显示皇帝的威严与高贵，这就给予舅舅极大的启发：地下宫殿的正门会不会就在这条中轴线上？他将这一研究成果及时汇报，立刻得到夏鼐、朱欣陶、陈滋德三人领导小组和七人发掘委员会的赞同、认可和支持。

第十二章 柳暗花明 小石碑里藏玄机

以上方针既定，并获各方认可，大家便按要求各司其职，因此工作进展日趋乐观，工人们干劲十足，工作氛围日渐和谐并取得了可喜进展，目睹眼前的乐观场面，舅舅的心情好了很多。开始时因为堆土方太多，进度不太快，是用小铲一点一点地挖，直到 1957 年的 4 月，探沟挖到两米深的时候，探沟的左侧终于切住了陵墓的隧道，并在隧道内挖出一块小石碑，这时大家如获至宝，急于想知道石碑上会传达什么重要信息。经仔细辨认，石碑上显露出以下文字："此石至金刚墙前皮十六丈深三丈五尺。"

据当年参与现场发掘工作的庞中威先生描述："当所渴望的一件不容易做到的事情真的变成了现实时，常被人形容为'像做梦一样'。参加发掘的同志们就曾这样想过：假如有一天能掘出一块石碑来，那上面写明了到达地宫的方向、距离，那该多好啊！可居然就有这样的事情。可以想象，发现小石碑时大家兴奋、激动的心情。有人爬在那里用竹签一点一点地拨开它周围的土，只怕它受一点损坏。大家一夜没睡觉，都在谈论着这把'钥匙'，这的确是打开地宫的一把钥匙啊！

小石碑的出现，又引起了大家的争论。有的说，这是一块迷路碑，皇帝故意埋下的；有的说是大臣捣的鬼……大家最终一致同意了朱主任的看法：从小石碑上记载的详细数据来看，可能是皇帝死后下葬时进入地宫的标记。从明代的习惯看，寿宫预营后，如果帝后没有死去，隧道仍要用土填好。但是，帝后何时去世又不是人们所能预料的。因此，负责陵墓营建的工匠就不得不考虑到：帝后一旦暴卒，隧道如果不能按期开掘，这将会给自己的家族带来多大的灾难。所以聪明的工匠，自己留下记号，以便于日后的工作。正因如此，小石碑的设置，连一般大臣也不可能知道。泄露了统治者地宫的秘密，会被抄家灭族的。”

以后的事实证明，这块小石碑确实就是打开地宫的指路牌，就是暗藏玄机的一把“钥匙”。

不过，小石碑上刻的“金刚墙”三个字，让所有人包括我舅舅心中感到迷惑不解：莫非门的入口被铜汁浇了不成？让后人无法打开？否则为何称为“金刚墙”呢？问题一个接着一个，有紧张、有兴奋，也有疑惑。难道真的是铜墙铁壁、坚不可摧？谁也给不了确切的答案，只能摸着石头过河，走一步看一步了。寻找“金刚墙”的攻坚战即将打响，好在小石碑的出现，犹如久旱逢甘霖，使考古人员看到了希望，更坚定了必胜的信心。为了赶在雨季之前完成任务，指挥部调来了卷扬机，这就加快了挖掘的进度，使探沟顺着小石碑指示的方向迅速向既定目标——“金刚墙”靠拢。

功夫不负有心人，在大家齐心协力下，“金刚墙”的大幕一点点被拉开了。从挖掘开始到金刚墙露真容整整用了一年多的时间，在这几百个日日夜夜里，发掘现场的所有工作人员无论是干部还是工人都以百倍的信心，十足的干劲努力工作着，用他们的聪明才智和艰辛的工作，克服着重重困难，为考古事业奉献着自己的一切，的确值得赞叹和歌颂！

当庐山真面目出现在大家面前时，人们看到的“金刚墙”是这样的：它不是金做的，也不是铜铸的，而是以巨大条石为基，石基上面以青砖垒砌，高达四五十层，灰浆勾缝；墙高二丈有余，黄色琉璃瓦为顶部飞檐，飞檐距地面约四丈；“金刚墙”的中央，是一个“圭”形的门，由于陵道填土多年的侧压力，“圭”形门的砌砖向里凹进去两厘米。“圭”形门上砌砖没有用灰浆填缝，是干垒起来的。舅舅曾经对我们说：“看到这干垒起来的‘圭’形门，我真是长舒了一口气，不难了，进入地宫为时不远了。”对此，赵信先生曾描述：“近千年的字会说话。地下宫殿的入口找到了！除了万历皇帝气得死去不能活来，白万玉等，哪一个不兴高采烈？民工中不知谁说：‘要早知道有指路小石碑就美了：这可好，从开工到今天，挖了一二百天，才找到它……’白万玉：‘早知道，不是谁都早不知道吗？这世间，妙就妙在大小事情都有悬念。百年早知道，还有什么戏唱？早知道尿炕，就让你睡筛子底儿了。’工地扬起一片笑声。庞中威低声问：‘白老，这金刚墙是怎么回事？’白万玉：‘一块石头刚落地，让大家多笑几天吧！金刚墙可不是块豆腐，是块费牙的硬骨头，等着咱们啃呢。’向金刚墙的掘进开始了。为了既‘啃下骨头’，又‘不伤牙齿’，白万玉煞费心思才力。”

传神描述，跃然纸上，真实可信，并发人深省，舅舅的话语重心长，启发人们千万别当事后诸葛亮，用心可谓良苦。

指路小石碑

第十三章 关键时刻 勇者冒险探地宫

下一步怎么办？大家都在用探寻的目光看着舅舅。地宫里面会有毒气吗？会有暗箭吗？会有深渊吗？许许多多问题接踵而来。经过深思熟虑之后，舅舅决定先拆下几排砖，以让几百年的毒气散发。正当大家一起商量拆砖计划的具体步骤时，由于受到以前神秘传闻所困扰，因此第一个上去拆砖者将面临着未知的风险，所以当时民工们心中极度紧张，个个面有难色，这是可以理解的。据庞中威先生回忆："在这种情况下，白老也犯了难，发掘工人谁也不上去拆这个洞口，怕飞刀、暗箭、毒气出来伤人。有的吸烟，有的在地下蹲着不动。白老急了说：'这样吧，你们谁也不上去拆，抓阄吧！谁抓到谁上去拆！'当时还留有七个工人。白老这么一说，他们才勉强同意了。这时有个工人说：'我们每天才挣一元钱的工资，死到这里咋办？'

白老说着，顺手撅断三根一寸来长的草棍，叫我用纸包七个纸包。我拿着三根草棍，跑到明楼后面的修复室里，用牛皮纸包了七个纸包，白老还叫我拿三个口罩。我把纸包和口罩拿到金刚墙前交给白老，白老把纸包放在地下让他们抓。抓不到有草棍的纸包，活蹦乱跳，非常高兴；抓到有草棍的纸包，垂头丧气。拆金刚墙上方洞口的场面，有带口罩的照片。定陵档案里有这张照片。带棍的小包被昭陵村的赵生等三人抓到，当时这几位民工二话不说，干脆利索地带上白老发给他们的口罩，登上梯子，开始拆砖。由于紧张而着急，他们倒是三下五除二就把几块砖拆了，'圭'形门的顶端终于露出了一个小口，霎时间，封闭了几百年的地宫冒出了一股扑鼻的霉气，十分呛人，倒也安然无恙，大家悬着的心终于安定下来了。但到底有没有毒气，谁也没有把握，于是，白老做出决定，先将里面的气放放，过几天再干。

1957年9月18日上午，白老叫孙宪宝在昭陵买了一只狗，想把这只狗从洞里放进去做实验，看看地宫里到底有没有毒气。可是狗咬人，孙不敢牵，同时也怕里面的宝贝文物被狗撞坏，只好作罢；后又决定放进一只鸡做实验，当时孙宪宝爬上竹梯把一只大公鸡往里一扔，谁承想，放进去的鸡‘嘎、嘎、嘎’的叫，愣是拼命扑腾着从洞口飞了出来跑掉了。两次实验都失败了，但可以说明一点：里面没有什么传说中的毒气……整个中午，白老心事重重，一言未发。大家各有各的心事，谁也不敢问他。在异样的沉默中吃完了午饭，大家各自散去。当天下午，白老似乎已经有了主意，情绪好了很多。也许是白老的情绪感染了大家，工地上的气氛也渐渐活跃了起来。大家围着白老，听他的吩咐。‘没办法，只有找个人下去看看了。’半天，从白老嘴里挤出了这句话，他的表情很尴尬，努力要做出微笑的样子，却实在笑不出来。大家一下子又沉默了，整个工地，静得掉下一根针都能听得见。金刚墙上黑黝黝的洞口，深不可测，犹如猛兽凶残的嘴，正在静静地等待着送上门的猎物……每个人的心，像突然间被刺刀刺了一下，大家都不由自主地后退了半步。‘赵其昌，你先下去看看。’白老下了命令。大家的表情松弛了下来，而赵其昌面有难色，继而推脱了。毕竟。赵是北京市文物组的人，和白老所在的考古所不是一个系统，出了问题，白老更难交代。最终，白老那饱含期待的探询的目光落在了我的身上。我和白老是一个单位的，共过事儿，参加工作后，一直是白老带着我。当时我很年轻，毛头小伙子，性格也开朗，跟大家处得都不错，但那一刻，听到白老叫我，我脑子里空荡荡的，似乎身边所有的一切一下子都消失了，整个世界只剩下我自己……半天，我才回过神来。白老决定叫我下，白老说：‘我给你准备好了，危险是有，不会有太大的危险。’他说这话是给我壮胆子。”

话是这样说，可我舅舅真不忍让年轻人去冒险，但现实情况又迫使他不得不做出那样“残酷”的决定，真是进退两难难煞人也！舅舅是走南闯北的人，经历的事情多，因此早已将生死置之度外，此时他真想自己带头冒险去做第一个吃螃蟹的人。对此，他曾对我们说：“我什么都不怕，我这把老骨头万一有个三长两短也值了，我不忍心让年轻人先冒这个险而我在后面看着……”在此关键时刻，作为现场指挥的他，深知肩上的责任有多么重大；他也难断，如果下去的话吉凶难卜，都是年轻人，有的人尚未成家，有的成家，但妻少儿幼，他下不了决心让他们去冒这个险，思来想去，舅舅最终决定要亲自搏这一回，因此就有了赵信先生所描述的那一幕：

“白万玉就地一跺脚：‘人不拼命横竖不行了……，有烈火就有金刚！下午三点见……’白老抄起麻绳就往自己腰里围。啊？白老亲自下地宫！全场大眼对小眼，一个个目瞪口呆。我这才想起了白老的半句话：‘你们年轻人前途无量，我真不……’他真不什么？真不忍我们当中哪个去冒险拼命呀！我猛然想起他交给我的‘后事’……猛然间，庞中威出现了。我们一把抓住白老的腰绳：‘您这是干什么？’白老笑笑：‘我不得试试绳子松紧啊？’瞬间，白老的目光转向了庞中威，并说：‘那你就下去吧！’庞中威不由分说，解下白老的腰绳，三下五除二系牢腰间。白老拉拉庞中威的腰绳，长叹一声：‘没办法，只有你下去看看了’，他极力稳定了一下情绪……”

事情过了若干年之后，当舅舅重提这段历史时，我亲耳听见我母亲这样问他：“哥，你也太大胆了，人家小伙子才二十四五岁，上有父母，下有儿女，你让人家下去，万一有个三长两短，你怎么向人家交代？你负得起责任吗？”我也亲耳听到舅舅的解释，似乎胸有成竹：“庞中威是我最信赖的徒弟，从黄河考古队一直跟着我，聪明、伶俐、反应快，应该问题不大，但我也真是冒着风险呀！也真是后怕，怕万一……”

半个世纪过去了，舅舅早已离开人间。如今我终于有机会代表我舅舅同庞中威先生见面，乐何如哉！当我把我的回忆讲给他听时，也使他沉浸在对往事的幸福回忆之中，并深切感谢我舅舅当年对他的信任与关怀；同时我也有机会亲耳听他讲述下地宫探险的难忘经历：

“从金刚墙上三米高处拆开的洞口里，顺进去一个竹梯，靠在金刚墙的内壁上，外面靠两架梯子，用麻辫绳子把我的腰捆住，刘师傅拽着绳子，我背着手电筒顺梯下去，赵其昌、赵信、王杰、田福禄等人蹲在洞口上，用手电照着我，刘师傅拽着绳子，蹲在洞口右侧。这时不管在洞口里的人，还是在金刚墙下面的人，心情都极度紧张。我的心都提到嗓子眼，真是害怕。

我下到地宫后，弯着腰，曲着腿，低着头，白老喊：‘叫中威把脚步放轻点！’

他喊的目的是怕我把石条踩翻了，掉进陷阱里去。我的脚步放的轻轻的，用手电照着，小心地在地宫里转着圈走，仔细查看，地面全是石条墁地，我看见石条墁地，更害怕了，300来年的地宫，他们怎么知道是石条墁地？这时，我的心情特别的紧张，认为那些可怕的传说都是真的，吓得我两腿发抖。由于年代久远，石条上的缝已被水垢糊平了，……我围着地宫转了几圈，看没有什么危险，才喊了一声：'赵先生下来吧，没有事。'这时赵其昌顺着梯子下来。我俩一起用手电从大石门缝往里照，地下黑糊糊的，看不清是什么东西。但是看见了石门后，用一块长石顶着石门，但顶门石的形状和它的厚度看不见。到此，我俩就匆匆上来了。"

写到这里，使我由然而生敬意，当年的定陵考古发掘工作何尝不是一场像战场那样生死攸关的战斗呢！

赵信先生在《考古追踪》一书中详细介绍了本次探险的前因后果和当时上级部门所制定的种种周密部署，充分体现了以人为本，将人的生命安全列为第一要务的良苦用心，读后令人倍感亲切：

"我又猛然想起……就在前不久，夏鼐办公室秘书组成员李遇春，曾陪同夏副所长来定陵。夏鼐握着我的手说：'听白老反映，你和庞中威在定陵表现得不错，你知道所里调你来的意图吗？'我说：'协助白老的工作'，李遇春接话说：'夏所长调你来，就是为了在关键时刻能独当一面，助白老一臂之力。'夏鼐点点头……而后，我又记起白老交代的任务，简易担架……，医院救急车……，呼救电话号码……，……轻伤怎么办？缺胳膊断腿怎么办？当场死亡先通知谁？活要见人，死要见躯……，原来白老托事于我，用心周密：一防白老自己亲自下地宫遇难，现场失控；二防别人出险，自己年老，惊昏无人应急，此时此刻，我正在肩负'臂助'白老的工作啊！"

由于当时采取了积极稳妥措施，既努力争取最好的，又极力避免最坏的，使地宫探秘的第一步有惊无险，可谓功德圆满。据赵先生回忆，庞中威走出地宫时，"满脸是汗，但喜从心生，仿佛变了一个新人，他几步赶到白老面前：'白老，让您担心了……没事，地宫石条我一条条，一块块全踩遍了，没事了……。'

白万玉拉着庞中威的手：'中威……'他嘴唇只是颤抖却说不出一句话。庞中威说：'我是第二块指路小石碑。'白老被逗笑了：'你这小子，什么时候都调皮。'白老不松手，一直把庞中威拉进办公室。现场没有欢呼、没有拥抱、没有赞辞，只有发自内心的愉悦。望着师徒俩的背影，我觉得前胸后背热乎乎的，原来俩人有过别人不知内情的，生死时刻的生死之争”。

亲历者的生动描述使那些历史瞬间活灵活现，清晰感人，并定格于各类媒体中。岁月匆匆，现在读来轻松平实，在当时却是一发千钧，风险重重。这些史实确凿无疑，真实可信，不容篡改。

从金刚墙上拆开的洞口下地宫时的场景
（最上端右二为当年首下地宫的勇者庞中威）

第十四章 奇思妙想 智者巧开白玉门

1957年9月19日，工人一上班，舅舅就指挥着拆“圭”形门上的大明砖。这部分砖没有用灰浆，是干垒起来的，每块砖约48公斤重，拆下来的砖，被码在陵道的两边，一个上午就把砖拆到底了。

当大家把“圭”字墙的砖一一拆完之后，灿烂的阳光照了进来，也照进了人们的心田，久违的欢乐显现在大家的眉宇之间。几百个日日夜夜的努力，有体力的，更有脑力的，大家一起团结协作，并肩战斗，闯过了艰难，越过了险滩，困难被一个个地克服，可新的问题又出现在面前，不让大家有任何喘息的机会。

在太阳光的照射下，两扇共14吨重的大门横在了定陵发掘工作队所有队员的眼前，如同一座拦河大坝挡住了人们的视线。

不出舅舅所料，这大门是石料的，以汉白玉凿成。这两扇大门美轮美奂，面对着它，犹如看见一部厚重的历史，庄重和神圣。

当时的情况是：大门反锁，怎么办？怎么开？

在这稀世珍宝面前，人们目瞪口呆，无从下手，思绪似乎一时凝固，一筹莫展。摆在面前光是问号就一大堆，归结起来就三个字：怎么办？

庞中威先生在《定陵发掘亲历记》中有过详细记录：

“石条上设有凹槽，以辖下部门轴，便于石门启。石门的制作，不仅十分精致，而且十分合理。

石门是紧闭的，从门缝望进去，它被一条条石顶住了，从门外是推不开的。但是，人又不能进去，怎么开门呢？

白老18日晚上可能没睡好觉，他一直在想怎么打开这座大石门，既安全又不能对石门有丝毫的损坏。不知是什么时候，他叫木工田师傅刮好了几根一米来长，六厘米来宽的竹板，又准备了一根两米多长的铁丝（其实是八号铅丝），还有一根绳子，拴在铁丝的一头。

当天的下午三四点钟，记不清是谁喊了一声：‘开地宫大门去了！’这一声喊，所有的人都去地宫了，其中有朱主任、杨科长、白老、赵其昌、庞中威、赵信、王杰，刘精义上午从城里回来也去了。此外还有田师傅、刘师傅、张师傅……反正去了不少人。谁都没见过皇帝的地下宫殿，都想看看皇帝的寝宫是什么样的，都有好奇心，不约而同都去了。

田师傅背着木工兜子，胳膊夹着刮好的竹板子，白老拿着一根带弯的铁丝，一头还拴着一根绳子。我当时见了很奇怪，怎么铁丝上的一头还拴着一根绳子，白老玩的什么把戏？

这时地宫里已射进光线。站在石门前，那光亮亮的石门如同镜子，能照见人影。‘龙面铺首’做工精湛，每扇门上纵9横9镶嵌着81颗石乳钉，高约3米，宽约1.78米，重约7吨左右。把这块光滑如镜的石材取来，也不知用了多少工？费了多少的人力？当时朱主任说：‘那时没有托运这样重石料的交通工具，要在冬天，先修好路，再泼上水，路面结成冰后，是人拉人推滑来的，你看这工程有多大吧。’怪不得明史记载：‘进山一千出山五百。’

白老指挥，田师傅具体操作，其他人在周围看着。白老先叫田师傅把那根铁丝弯了个半圆形，立着从石缝里送进去（两扇大门间有道两厘米宽的缝），再转过来，套住顶石门的腰部，然后，把门外多余的铁丝用手弯，边弯边往里送，这样慢慢地铁丝圈的那个头就转回来了，形成了一个完整的铁丝圈，然后田师傅用小钳子把铁丝圈拧死了，做成了套住顶门石腰部的一个牢固的铁丝圈。

铁丝圈套住了顶门石后，白老叫人们用竹板从门缝里推顶门石的上端。

当时，我拽着拴在铁丝圈一头的绳子。白老为什么做个铁丝圈套住顶门石？因为当时里面的情况不明，怕把顶门石顶倒摔坏了，所以用绳子拽着保护它。赵其昌、田师傅、赵信、王杰、张师傅、刘师傅等人用竹板从门缝里推顶门石上端（朱主任、杨科长等人围着看）。顶门石是在里面倾斜放置的，正好顶住大门，用力一顶，顶门石就离开了大门，石门便容易被推开了。大家一边推顶门石，一边推石门，反复操作。这样，门缝越推越宽。将门缝推开一尺来宽时，有人侧着身子从下部第一个钻了进去。这个人进去后就双手抱住了顶门石，并把它扶直了。这时的门缝推开有两尺多宽了，我们就进去好几个人。进去后，几个人就把顶门石抬起，靠在左侧的石券墙上了。前后用了不到5分钟的时间，这座地下宫殿的第一道石门，带着沉重的嗡嗡声被轻轻地推开了。

地宫的石门只是后来拍电影时关过一次，以后再也没关过。”

和舅舅一起共过事的赵信先生在他的《考古追踪》一书中有以“白万玉巧开白玉门”这样的标题介绍当时开门的前前后后：

“后半夜，我起身小解，抬头一看，白万玉窗口仍是一方光明。

我悄然走过去：‘白老，还没睡呢？白老……’

‘噢，赵信呐！’白老推开门：‘你也没睡？’

我笑笑：‘没睡我都一觉醒来了。您总是这样熬夜可不行……吴晗副市长和咱们所领导，一再嘱托我们，要多关照您的健康呢。’

白老一边端详他的小模型，一边说：‘健康嘛，还说得过去。就是找入口、下地宫愁得睡不着，这会儿又高兴地没觉睡。庞中威下地宫，我真是悬着一颗心，捏出两把汗……敢下地宫探险者，说不上大智，也算大勇。’

我说：‘有民工说，要是早知道，也敢……’

白老：‘定陵事后当诸葛亮的人不少。下步正式挖长陵，问问他长陵入口在哪儿？长陵地宫谁能保证没陷阱，我先把他扔进去，让他当回事前诸葛亮。’

我说：‘您就算料事如神了，昨天庞中威和赵其昌全看过了，地宫大门果然用石材。’

白万玉：‘……你看，要开石门，先得研究石门是怎么关的……’

白老用简易的石门小模型为我演示：‘两扇石门背面必雕有突凸的石坎；石门正中地面不远处有凹槽；顶门石底部恰置凹槽正中；大石门两扇，先将一扇关上，另一门虚掩；此时将顶门石竖起，将其上端靠在半掩石门背面的石坎上；关门人把住石门，侧身从敞口处出来，回身把门拉至两门门限。顶门石在门内顺势倾斜，自然顶入石门上突起的两石坎里。至此，两扇地宫大门被顶门石由内顶死关严。’

白老说完淡然一笑，‘这只是设想和推断，不一定准确，原理也许不会有大错，我跟吴晗、夏鼐都操作过，和不少石匠、木匠不止一次地研究过，不这样，门关不上。

就在这间屋子里，我和木工田福禄师傅琢磨它，都不是一天两天了，每夜不能白点灯熬油啊。'

我急切地问：'石门怎么开呢？'

白老一指桌上：'靠它们开。'

桌上放着几条竹板，弯成半圆形的铁丝圈，小钳子，细绳子。

'就靠它们？'我有些惊异。

我自然兴奋，也睡不着觉了。

翌日，仍是金刚墙前原班人马齐聚白玉门下。

我们无从查考，几百年前，是谁侧身关上虚掩的石门，利用顶门石顶牢地宫玄关的。

事实与白老的推断恰合。自此，遂有'白万玉巧开白玉门'史话流传。"

在赵信先生主编的《考古追踪》一书中，有当年与舅舅一起共事的王杰先生的一篇文章，题目是：白老与玄关石门。

在当年现场开石门的时候，王杰先生做了如下的记载：

"夏副所长让我们坐到对面的沙发上，缓慢地对我们说：'……你们返回北京，主要任务就是参加定陵的发掘工作。白老干了几十年田野考古发掘，有丰富的田野发掘经验，希望你们在白老的具体指导下挖好定陵……。'

我们在定陵主要是领着工人进行科学发掘，如今使我记忆最清楚的是白老指挥我们打开定陵地宫石门的情景，首先是白老把弯勾形铁丝顺门缝穿进去，然后横过来套住顶门石的腰部，顶门石的形状和宽窄我们虽看不见，但套住后也觉得非常稳妥，另外在铁丝尾端还拴了根绳子，大家拽着也能集聚点力量。此外，我们还用白老早已刮好的竹板，长约米余，宽约6厘米左右，几个人把竹板也从门缝中插进去，用端部顶住顶门石的高端，反反复复地用力往前推顶门石，顶门石向前松动一下，而门缝就开大一些，当门缝打开尺把宽的时候，工人孙宪宝从门缝下部第一个钻了进去，他进去把石门戗死立稳，这时在场的白老、赵其昌、庞中威、刘精义、赵信和我从不同的侧面和角度把石门推成半开状，白老又带着我们一个一个地从门而入，几个人将顶门石抬起放在左侧的石壁上，紧接着我们就将这地宫唯一封闭的汉白玉石门全部打开了。

白老虽然离开我们几十年了，但是他在发掘定陵时，所表现出的智慧和勇敢使我们永远难以忘怀。”

当年在定陵发掘现场与舅舅朝夕相处的赵信、曹国鉴、冼自强三位同志联名写了文章《心系定陵》。在文章中，他们这样回忆舅舅是如何设计、构思打开汉白玉大门的：

“地宫的汉白玉大石门是怎样打开的呢？首先，在白老的设计指挥下，把粗铁丝从门缝插入套住了顶门石的腰部，顶门石的形状、厚度都看不见，粗铁丝的外端还拴着一根绳子，庞中威拽着绳子，另外还有赵其昌、赵信、田福禄、刘怀珠、张进起、刘精义等人动手。我们用白老早已准备好的几根竹板，长约一米，宽约六厘米，几个人用竹板从门缝里往里顶住顶门石的上端，顶顶推推，反复操作，等把门缝推开一尺宽时，孙宪宝从门缝下部第一个钻了进去，他进去后，就把顶门石抱直了，这时再一推门，门半开，随后外面人也跟着进去了，然后我们把顶门石抬起靠在左侧的石壁上，接着把大石门全部推开了，石门还发出嗡嗡的响声……”定陵地宫就这样被这座大石门紧紧封闭了几百年。

不少亲历者都以无可辩驳的事实证明了舅舅在关键时刻巧动脑筋，周密思考，用智慧巧开定陵地下宫殿汉白玉大门，才得以让封固几百年的神秘古迹重见天日，历史得以开口说话。

庞中威先生在他的《定陵发掘亲历记》一书中这样总结道：“白老奇思妙想，凭着他那丰富的经验，设计指挥，打开14吨重的汉白玉大门，大门没有丝毫损伤，这是个奇迹。”

赵信、曹国鉴、冼自强三位先生在《心系定陵》的文章中满怀深情地回顾那段峥嵘岁月：

“石门打开了，定陵的发掘初步成功了，大家欢呼，大家跳跃，主要应归功于白老高超的发掘技术。白老不仅身怀发掘绝技，而且为人也特别憨厚朴实，既善言教，又以身作则，他经常给我们谈发掘方法，不时也穿插有趣的幽默的考古故事，我们尊敬他，爱慕他，称呼他‘白队长’、‘白先生’、‘白老’。可是，他一听到‘队长’二字就不高兴了，他说：‘谁也没有封我为队长，你们不要这样叫，名副其实的定陵发掘队长是夏鼐所长。你们叫我白老多好，又亲切，又好听。’从此‘白老’称呼声不时地在我们耳边回响。‘白老’虽然离开我们已经30多年了，可是他的音容笑貌仍然萦绕在我们的脑海中，让人难以忘怀。

庞中威同志是第一个下定陵探险的人，白老是打开地宫大门的策划者和指挥者，考古工作者这种为考古事业无私无畏，勇于献身的精神可敬可佩。没有参加过定陵发掘的人，写出一些不符合实际的东西来，也并不奇怪，那仅仅是道听途说，以讹传讹而已。”

上面提到的诸位当年参加定陵发掘的亲历者都异口同声且准确无误地证明了同一史实，表明了正直的人们对事实的尊重和对道德的遵守。在这里，良知显得那么难能可贵。

正当定陵发掘处于关键时刻，又有一个新动向出现了，当时新疆考古调查工作紧急征人，于是我国汉唐考古学家黄文弼教授（人称黄老）曾力荐我舅舅参与，但由于定陵发掘工作之故我舅舅实在难以脱身，只好作罢。据赵信先生介绍，他也因此得以参与那次重要的新疆考古工作而深感幸运并在脑海中留下深刻记忆，至今他仍清晰地记着当年黄老留给他的亲切而略带诙谐的话语：“我这次去新疆的目的是为了补充《塔里木盆地考古记》一书资料的不足，你很幸运，我本来要请白万玉先生跟我到新疆，他很有经验，是个奇才啊，可是吴晗、郑振铎、夏鼐各位先生都不放他，因为定陵发掘离不开他，这才轮到你了……”

每当回忆起这些难忘的往事，当年，与舅舅一起并肩战斗的同事们就会情不自禁地回味其中。

在一起发掘定陵共过事的人中还有不少人也写文章，回忆当年与舅舅在一起工作时难忘的时刻。他们都用最美好的词语颂扬他，用最亲切的语言怀念他，对他的丰富经验，兢兢业业的工作作风以及聪明才智给予极高的评价。我读后不禁感慨万分。常言道：雁过留声，人过留名。舅舅在离开了这个世界多少年后，还有这么多人在怀念他，就没白来世上走一遭。我想，舅舅的在天之灵也应该感到欣慰吧！

舅舅文化水平不高，但他以实际行动书写了大写的“人”字，他在中国考古界的作用的确不可小视，也是有目共睹的。别的先不说，单就开启14吨重的汉白玉大门一事，就足以为他颁奖，但那个时代讲究默默奉献，只不过被大家交口称赞而已。

都说金杯银杯不如人的口碑，舅舅有这么好的口碑比什么奖都珍贵百倍！

由于当时特定的历史原因，舅舅的墓碑已经找不到了，多么令人遗憾！现在就只剩下口碑了，这也是我们唯一感到安慰的地方。

想当年，万历皇帝不惜倾注大量人力、物力、财力营建其美妙绝伦的陵寝和高大挺拔的墓碑，以图功德圆满，万世流芳，到头来却有违树碑立传之初衷，留下一座雄伟的建筑，也只是历史的一个副产品而已。主观愿望有时和客观效果是不匹配的，历史辩证法有时就是这样无情。

定陵地宫汉白玉大石门

第十五章 我看《风雪定陵》

作为当年十三陵定陵发掘现场参与者赵其昌先生同我舅舅相遇并相知是历史的机缘。

想当年，我舅舅是中国科学院考古研究所派出的代表，而赵其昌先生则是北京市文化局文物组派出的代表，共同的目标和任务使他们有机会走到了一起。

从 1956 年定陵发掘工作伊始至 1958 年发掘工作顺利完成的两年多的时间里，发掘现场的所有工作人员都以高度的使命感和责任感任劳任怨、积极进取、忘我工作，克服了一个又一个困难，取得了一个又一个的佳绩，大家彼此间也结下了情同父子、兄弟、师徒、朋友那样一种亲密关系。

在现场工作中，为了工作他们可能会争得面红耳赤，但遇到问题又会相互切磋共克难关，即便是放假回家休息，彼此间还会互相串门往来，互道珍重。在 20 世纪五六十年代，相对清贫和纯洁成了那个难忘年代的主旋律。有志而成，无欲则刚，人与人之间的关系也是纯洁而美好的。

我舅舅与赵其昌先生就是这样一对年龄跨度达 30 余年的老青组合。当时他们二人就如同发掘现场其他人一样充满战友和师徒那样亲密无间的友好情谊。

其实在看过《风雪定陵》这本书之前，我就见过赵先生了，虽然这是在很久以前。尽管那时我还年少，但是他留在我脑海中的印象还是深刻的，而且是美好的。

说来话长，就在我舅舅与赵先生共事的那几年里，我开始认识了赵先生，并从侧面对他也有些许了解。当然，当年十岁左右扎着两条小辫子带着红领巾的我，是不会被别人记住的，然而我却记得住他。虽然随着时间的推移，有许多记忆会逐渐淡化，但有些美好的记忆还会深深定格在我的脑海中而难以忘怀。

记得那是在 1957 年夏天的一天，舅舅因身体欠佳在家歇息。当时正值暑假，于是母亲带我到舅舅家去看望他。

那时他们家住在西直门老虎庙 9 号的一个小跨院，里面偏西的北房就是舅舅的家；而在进入小跨院前则是外院，这个院子很大，十分空旷，足有一个篮球场那么大，院子后方有一棵大枣树，夏天树冠能遮盖半个院子。这棵枣树枝繁叶茂，果实累累，圆圆的枣儿绿中带红，酸中带甜，香脆沁脾，观之令人垂涎欲滴，过去北京城的四合院里不少都有大枣树，夏天在树下乘凉聊天，好不惬意，现在回想起来，还令人怀念。

正当我和邻居家的小朋友在树下一边玩一边聊天的时候，一位书生模样的小伙子进院后向我们几个小孩打听："小朋友，白老住哪屋呀？"我问他："什么白老？""就是白万玉老先生"，他答道。现在回忆起来，他显得平和又有礼貌，于是我把他领到了舅舅的面前。舅舅一看到他的同事来看他，顿时精神抖擞，兴致很高，并让我快点给客人沏茶倒水……

从侧面观察，这个读书人温文尔雅，谈吐自然、大方，一口一个"白老"，对舅舅敬佩有加，深得舅舅的赏识。听他们谈话，我似懂非懂，但总离不开发掘、工程、修复、万历皇帝、十三陵定陵等这些词汇……他们如战友久别重逢，像父子一样促膝谈心，谈兴甚浓，二人一会儿高谈阔论，一会儿眉飞色舞，舅舅恨不得将其所知、所想毫无保留地和盘托出；而那位书生则极其虔诚地随声附和，他们一唱一和，舅舅绳床陋室的家中顿时充满了欢乐，俨然一幅美妙的油画，一曲欢乐的乐章……过了个把时辰，夕阳就要西下，那位书生准备告辞，见时候不早，舅舅也不再挽留。谈话中，他突然问道："这小女孩是您什么人？""外甥女，我妹妹的二女儿。"舅舅答道，并接着说："这孩子可乖了，特别听话和懂事，是她妈妈的好助手，别看是个女孩子，我老了以后，没准还靠她呢！"听了他的夸奖，我有点不好意思，腼腆地笑了。就这样，我陪着一直把客人送到大门外。舅舅在门外一直站立了许久，那位年轻人则一再挥手示意让他回去，落日的余晖照在舅舅的脸上，他一直目送那位年轻人走远，直到看不见才回到家里。可以看出，舅舅真是十分喜欢和欣赏这位年轻人的。

回到家中，听我母亲和舅妈这样问舅舅："这个年轻人是干嘛的？看样子，你这样喜欢他？”后来听到他如竹筒倒豆子一般夸奖了这个人一番：“这个人叫赵其昌，是北京大学的毕业生，专门学考古的，现在和我一起在十三陵定陵搞发掘工作，人很聪明也特别好学，我一定要把我知道的尽量多传给他们这些年轻人……”光听这简单的几句话，就知道我舅舅有多么喜欢他。他一贯对文化人都十分尊重，尤其对学有专长的年轻人更是喜爱有加。在20世纪50年代，别说中国最高学府北京大学，就是一所普通院校的大学生，也属凤毛麟角，可见那时为何将其称为“天之骄子”了。

我还清楚地记得舅舅曾谆谆告诫我要好好学习，今后有机会也要读大学，可以看出，舅舅对我寄予了多么厚重的期望。

在聊天中，母亲插了一句嘴：“教会徒弟，饿死师傅，瞧你把他夸的，这些大学生可是人精，你就留神吧！……”就这几句话，他们兄妹俩差点吵了起来，舅舅说我母亲是头发长见识短的妇人之见，“多好的一个年轻人，我留什么神？”后来我母亲见舅舅生气了，就只好找台阶下，无奈地说：“就算我没说。”细想想，舅舅说的也对，有什么好留神呢？母亲算是多虑了。就这短短的几句对话，至今让我难以忘怀。其实母亲也并非完全多虑，后来事态的发展不幸被她言中，实属意料之外。

半个世纪过去了，那时文质彬彬，对我舅舅极度尊敬，而舅舅又十分器重的赵其昌，就是这样在我少年时代脑海中留下了深刻印象。

以上所述，《风雪定陵》中也有类似描述：“……赵其昌心中不胜酸楚，他带着极大的哀痛，步履沉重地摸到西直门老虎庙9号。这是白万玉老人的家。自从老人离开定陵回到北京后，就再没有听到他的消息，不知如今是什么情况。赵其昌想立刻见到这位对待年轻人像慈父一般的长者。……从前每次去看望老人，老人总是把自己送出门外，他走出好远回头望时，还见老人在望着自己微笑。……赵其昌不止一次去过老人的家，每次见到的都是绳床陋室，四壁空空。这样一位曾经跋涉大漠、闯荡戈壁、历尽艰辛，穿行在灿烂的历史长河中，为中国考古事业奉献一生的人，最后竟没有遗物留下，甚至没有留下一篇文章。他像春蚕吐丝，像蜡烛燃烧，默默无闻地奉献自己，又默默无闻地离开人世。华夏神州不就是因为有着无数这样默默无闻的子孙，忍辱负重、自强不息，才得以繁衍生息吗？他们创造了历史，书写了历史，他们正是我们中华民族的脊梁。”在该书“往事如烟”（代跋）一章中赵先生也写道：“他一生都在干考古，大家尊称他‘白老’。定陵发掘没有星期天，两年多他也就在探沟和地宫中度过。他田野经验丰富，尤其长于修复器物……”等等。

读后感人至深，这和我对他留下的良好印象是吻合的。

随着时间的推移，赵其昌这三个字在我尘封的记忆中早已逐渐淡化，最近由于着手写回忆舅舅的文章，又再一次涉及十三陵定陵发掘工作，赵其昌的名字便又跃然纸上，清晰地呈现在我的面前。我自己认定，我对赵其昌先生的印象是以《风雪定陵》这本书为分水岭的。为什么？这里自有缘由。从我本人来说，五味杂陈，真不愿意让他曾经在我脑海中留下的美好记忆从此消失。

记得当时《北京晚报》连载《风雪定陵》时，由于是连载，我只是断断续续地读，后来也不知什么原因连载中断，据庞中威先生讲，他曾向晚报投书提出异议，连载可能因之而中途搁浅，我才恍然大悟；再则由于我不是当年十三陵定陵发掘现场的亲历者，对当时情况了解有限，加上舅舅为人低调，从不自夸，所以，我只知道当年考古发掘的粗略情况如工作辛苦、劳累，繁杂等，也仅此而已。至于涉及打开地宫大门等诸多细节，对于尚处少年的我，尽管多次听过舅舅亲口讲述，仍然知之不多，所以我对《风雪定陵》一书中所提供的细节没有也不可能细究。

如果我没有偶然与庞中威先生相识并从庞先生等当年与我舅舅在发掘工作中朝夕相处的其他同事中获得诸多可靠信息和翔实细节，我还会被蒙在鼓里，原来《风雪定陵》这本书在涉及定陵发掘过程中存在着那么多篡改、编造的内容。对此，没有亲历亲为是无论如何也发现不了其中的问题和症结所在的。书中对我舅舅有许多不实的描写、歪曲甚至丑化，更为甚者，将我舅舅巧开 14 吨重的汉白玉地宫大门一事毫无掩饰地归为自己“发明创造”的“拐钉钥匙”打开的；撇开众口一词毫无顾忌地将第一个下地宫探险的功劳轻易划归为自己等，对不是亲自参与了这项举世瞩目的考古发掘工作的一般读者而言，可能是无所谓的；而对亲历者及其亲属来说，则是不能同意和容忍的。

我是这样认为的：种种迹象表明，赵其昌先生才是该书的幕后策划者和真正作者，因为纵观本书的蛛丝马迹，作为杨仕女士的丈夫，赵其昌先生肯定会给她提供不少“第一手”经他加工或美化的材料和细节，并经过层层似是而非的精心包装，极力使读者信以为真，而作为“前线”作者的杨仕女士，则是一位摆门面的作者而已。“合作者”岳南先生也透露“……无数次地同赵其昌详谈，终于与杨仕合作完成了《风雪定陵》”，由此可见端倪。

其实，我本不想多说，事情都过去半个多世纪了，而且我舅舅也已去世40余年，他的骨灰早已与大地融在了一起。事实的业绩和历史的轨迹明明白白地摆在那里，根本不用证明什么。况且赵先生在我动手执笔之际已是垂垂老矣的耄耋老人，我不忍心说什么，这是我的善心使然。其实每个人都在用行动书写历史，关于人性本善本恶的争论由来已久，大凡人的本性都存在着善恶的复杂结合体，在某些时候某些情况下在某些诱惑面前，有些人也会做出令人匪夷所思的非善之举，对此应做出客观的分析和解答才好。

可是，每当我打开电脑，搜索有关十三陵定陵发掘的信息时，经常会看到一些采访赵其昌先生的视频，如在央视10套《人物》、国际在线（www.crionline.cn）、北京娱乐信报、央视国际（www.cctv.com）等各种媒体中他都在喋喋不休、振振有词地高调地推销自己，请看如下表述：“当年主持这项发掘的工作队队长赵其昌还是一位不到30岁的青年……这一切不仅对于年轻的赵其昌来说是前所未遇的难题，对整个中国考古界也是全新的课题。”和“已80岁高龄的定陵发掘亲历者，当年的发掘队队长赵其昌老人告诉记者，他担任考古队队长时还是个二十几岁的北京大学历史系考古专业的毕业生，当初让他担任考古队长感觉胆战心惊……”等，就有诸多虚假成分，例如自封为“定陵发掘的工作队队长”和用“拐钉钥匙”打开玄宫大门之类。

看来以上情况绝不是偶然为之，而是一而贯之，他们很早就通过各种媒体制造舆论，以便先入为主地造成既成现实，为我所用，请看下例：例一，载于《风雪定陵》第67页就有这样的文字：“赵其昌找到夏鼐说：‘夏先生，你看这样一座大墓，我一个人领导……’言外之意，是想让白万玉尽快入队，夏鼐心领神会，对赵其昌下保证：‘白老现在河南下田野，定陵一开工，即刻调回来，前去定陵工作。’”；例二，载于《文物天地》1987年第3期赵其昌所写文章《夏鼐老师与定陵发掘》中就写道：“……组成长陵发掘委员会，下设工作队，由考古所与北京市文物局人员组成。队长由赵其昌担任（北京市文物组）。副队长为白万玉（考古所）……”等，以上情况我曾经多次请教过多位熟悉当时情况的“过来人”是否真有其事？答案是：“根本就没有那回事！”至今令人难以理解的是，他们不停地高调兜售这些虚假信息，意欲何为？当我后来知道真相后，难抑愤慨心情。现在我应该而且必须站出来说话了。事情终究要有个是非曲直，让历史还原本来面目。

年轻时，文质彬彬、谦恭有礼的赵其昌的形象一下子在我的脑海中产生了动摇，竟敢在光天化日之下讲假话者，是需要有多么大的勇气。像这种事发生在赵先生身上，无论如何都是令人难以想象的，但实际情况就是如此。

历史犹如一个客观的记录器，把一切已经发生的都记录在案，任何人都休想随意改变它；同时，它又从另一个侧面折射出人性的本源。

据我所知，被标榜为“台湾《中国时报》10大好书排行榜冠军之作以及美国《世界周刊》畅销书排行榜冠军之作”的《风雪定陵》一书的作者杨仕女士和岳南先生并不是当年定陵发掘现场的参与者。既然如此，你们就更应该在下笔之前做足功课，进行认真的调查研究，容不得半点虚假。可是，在你们洋洋洒洒几十万字的《风雪定陵》一书中却充斥着诸多虚假信息，这些胡编乱造的“原始材料”和书稿文字并非空穴来风，在这本充斥着似是而非的林林总总“故事”里，明眼人一眼就看得出这其中实藏玄机；但大多数读者买书读书只是为了消遣、猎奇、认知等，一般不会深究太多细节，而且与自身根本利益关系不大，因之会时常对书中所述信以为真，即使上当受骗也会被蒙在鼓里。依我看，这就是为什么这本谬误百出的书至今仍有一定销量的原因。这给社会和读者造成了很多不良影响。现在是消除这种不良影响的时候了！

现在世上林林总总“排行榜”多如牛毛，鱼龙混杂，真假难辨，难以令人信服。对此一般不应太在意，有兴趣就看一眼，没兴趣就不理它，没有什么值得兴师动众、大惊小怪或奉若宝贝当回事的。

作者之一岳南先生于2010年12月31日在新浪网博客上也自夸道：“……像最早写的《风雪定陵》这个书在台湾出了之后是引起轰动的，当年我《风雪定陵》出的时候也是比较轰动的，后来我听说台湾来了30多万人到大陆，其中大概有十几万人到十三陵去……”，这种吹嘘的说法同以前类似的说法可谓一脉相承。以上说法是令人怀疑的，在这里我想套用“一枝红杏出墙来”诗句而仿之，中国台湾、美国等地只能算“墙外”，这绝非政治或地理概念，而只是一种文化概念而已，“墙内”怎么就不买账？因为“墙内”知道“根底”深浅。如果“出墙来”的是一朵塑料花，即使再光鲜夺目，那也是假的。假的就是假的，伪装应该剥去，拉大旗作虎皮，可以休矣！作者岳南先生竟然还以自己的作品《风雪定陵》让记者深信，该作品成为中国考古纪实文学的开山之作，他本人也成为该领域的“第一人”，他进而自诩“可以说，中国内地最重大的考古发现我都写完了，而且发掘古墓的学者多数已去世，从这个角度讲我的高度无人能及”。其狂妄失态可见一斑！

世上好书从不靠“排行榜”人为生硬地排出来，而是靠自身质量、经受住时间和实践的严格检验才被广泛认可的。至于好书，应该有益，至少无害，欺世盗名之作能算是好书吗？至于畅销，如果通过内外伪装，即书内造假并配以书外吹嘘，充斥谎言，混淆视听，欺骗读者，越是畅销害处越大。奉劝《风雪定陵》的作者们，你们在书中弄虚作假不应该，在书外自我吹嘘也不合适，实事求是方为正途。

作者在封面的“内容提要”上说明这是一部“全景式、多侧面反映新中国以科学考古手段发掘第一座帝王墓群——明定陵的长篇纪实文学”，赵其昌先生也在该书“往事如烟（代跋）”一文中讲他“啊，原来我是在读一部报告文学”，纪实文学也好，报告文学也罢，毕业于中国最高学府的赵先生比任何人都应明白，在纪实文学中“真实”应该是书中的灵魂和精髓，否则将一文不值。

对此，庞中威先生有切肤而中肯的论述，我完全同意其观点，现将其要点摘录如下，共鉴赏之：

有人问：“您向来主张还历史以真实，不要给子孙后代留下一本糊涂账……如今社会上对《风雪定陵》一书已有诸多评说，您身为当事人最有发言权，是不是在定陵发掘这段历史面前多说几句，免得世人雾里看花。”

庞中威答：“我们提倡有一分证据说一分话，一个吐沫一个钉。千万不能信口开河，因为要对历史负责任。我认为报告文学的艺术生命在于真实！多一分真实，多一分艺术，贵在真实，也难在真实。但是，坦率地说，《风雪定陵》是一部失真、失实、失察、失格、失败，因而是令人失望的‘报告文学’。”

有人问：“看来，您对《风雪定陵》持否定态度？”

庞中威答：“脚下的泡是自己走出来的。否定《风雪定陵》始作俑者，不是我庞中威，恰是作者自己！如果不是作者自己往自己眼里插棒槌，揉沙子，如果他的报告文学能据实以告，谁鸡蛋里挑得出骨头？……”（详见晨春生先生所著《定陵探险第一人》）

在《风雪定陵》中有许多关键性的问题，作为白万玉的后人，我认为有必要向世人予以澄清，以正视听。

鉴于《风雪定陵》作者本身不是当年定陵发掘现场亲历者，那在书中写出与事实相违背之处，我认为就是胡编乱造，欺骗读者。如果你们完全代表赵其昌之意，那恕我直言，在许多关键问题上赵先生就是在光天化日之下，贪天之功据为己有，实不应该。

以开 14 吨重的地宫汉白玉大门为例，在前面我已做了详细的介绍，事实证明，白万玉开动脑筋带领大家巧开了这扇大门是板上钉钉的。

可是，在《风雪定陵》“石门钥匙与自来石”中有一节却这样写道：

“原理已经弄清，就要设法挪开石条，开启大门。工作队在浩如烟海的史料中，终于从有关明末崇祯帝入葬的记载中，找到了大门洞开的‘钥匙’。……史料载：工匠用四个昼夜，挖开了田贵妃墓，见到了地宫大门。用拐钉钥匙将石门打开……发掘人员从这段记载中得知当年工匠打开地宫之门，使用的是‘拐钉钥匙’。要打开石门，必须先推开顶门石条，但又不能让它完全倾倒摔坏，这就必须使用一种特制的工具。‘拐钉’，顾名思义，一定是个带弯的东西，……事情进展到这里，赵其昌一拍大腿，大声嚷道：‘我明白了’！”

亲历者庞中威先生在该段文字旁批注：“40 年后你才明白，当时你怎么不明白？”真是一针见血。

书中还接着说：“他找来一根小手指粗的钢筋，把顶端弯成半口字形，像一个缺了半边的无底勺子。他拿到大家面前：你们看，这是不是‘拐钉钥匙’？众人恍然大悟。听来极为神秘的东西，其实并不神秘，一经出现在现实中，却是那么平淡无奇。”

这是一段蓄意炮制的文字，以似是而非的手法煞有介事地玩弄文字游戏，看似推理严密，言之有据，实则东拉西凑，张冠李戴，但又造假心虚，于是字里行间难免露出遮遮掩掩、犹抱琵琶半遮面的痕迹。

在这里，对简易巧妙开启玄宫大门的首创者白万玉只字不提，而赵其昌却俨然成了“不二功臣”。我之所以不得不引用《风雪定陵》中的这段文字，是为了让大家看一看作者如何为了编造谎言而到了费尽心机的地步。

我访问了当年发掘现场的健在者，他们都异口同声地说：“从来没见过‘拐钉钥匙'，也没有听说过什么'拐钉钥匙'。在巧开定陵玄宫大门这件事上，赵其昌并非如他本人所标榜的那样作出了特殊的贡献，他充其量只是和我们一样听从白老指挥的一般工作人员而已，只不过他的学历比我们高些。人贵有自知之明，一个刚走出校门不久的大学毕业生就把自己吹成那样，谁信？"

接着，在《风雪定陵》这本书中，我舅舅白万玉被写成唯赵其昌之命是从，乖乖地听从他的指挥："'石条我拿稳，你们开门吧'。赵其昌两手攥紧'钥匙'一端，对白万玉说。……原以为这硕大的石门非有千斤之力不能开启，所以白万玉把人分成两组，列队两扇门前，喊一声：'开'，队员们一起努力，石门轰然而开。"

写到这里，我感到既可气，又可笑。竟敢在朗朗乾坤下撒弥天大谎，实不多见！

请听听曾参加过发掘定陵的亲历者们是怎样评议的吧，他们对《风雪定陵》一书有关章节中是这样批注的：

"只要参加过定陵发掘的人，谁也没有见过赵其昌的'拐钉钥匙'，你这样胡编，对得起死去的白万玉吗？"

"赵其昌，你找出当时的一个人来，见过你的'拐钉钥匙'？你这样胡编乱造，对得起读者吗？人家花几十元钱买你的书，你就这样骗人家，良心何在？歪曲事实，编造谎言，欺骗、榨取读者的钱，实不应该。"

"本书的作者，已经在犯法了，侵犯了别人的名誉权，不知道你们意识到这点没有？不懂法，骗来的钱花着心里也不安！"……

这些就是正直的声音，正义的檄文。不知道《风雪定陵》的作者们听了这些评论，心中有何感受？

除此之外，作者不惜玷污手中高贵的笔和洁白的纸，花了不少笔墨将我舅舅丑化为一个可以任人取笑和摆布的对象，不惜捏造和渲染低级无聊的笑料取悦世人，企图以此提高其作品的"可读性"，即通过不正当手段实现利益的最大化——名利双收，甚至不惜为达到此目的而贬低别人抬高自己，这也是我们感到不能容忍的地方。丑化别人，实际上是在丑化自己。

《风雪定陵》这本书对我舅舅的某些描写纯属捏造，这些对我们都造成了极大的伤害。我深知"恐吓和辱骂绝不是战斗"，只好用我手中的笔迎接挑战，因为这场纷争的始作俑者恰恰正是《风雪定陵》的作者们，摆事实讲道理总是可以的吧。

例如，在《风雪定陵》一书中突然冒出一段自以为很“戏说”的文字：“……曹国鉴见白万玉端着白瓷碗盛饭去了，低声对冼自强说：‘白瓷、白瓷，白老要改白吃了！不料被白老听见，分辩道：‘我怎么白吃？’……一阵捧腹大笑之后，方才各自低头吃起饭来。”我真不知道作者是出于什么目的，愣是要加上这么一段很损人的文字？我特地询问过当年现场亲历者是否有过此事，他们都坚决地予以否认，并说：“白老从不和我们开玩笑，我们都十分尊敬他，我们为什么要开这样的玩笑？他们这是在胡编。”

还有，书中有一段令人反胃的描写是这样的：“两个小伙子（指赵其昌和刘精义）便叫来白万玉老人：‘白老，您看这房子咋样？’白万玉一见，立刻露出笑容：‘这是一间很不错的作战指挥室啊。’白万玉说着，不经意地往床上一坐，‘扑哧’一声，将整个身子陷了下去，头差点撞到后面的墙板上。两个小伙子哈哈大笑……”看到这里，我满腔的气愤从心底中升腾出来，我想请教两位作者，你们在书中莫名其妙地塞进这样远非善意的“笑料”为哪般？！如果真有其事，难道一个近60岁的老人，一下坐空，差点撞到墙上，你们在文字中非但没有表现出应有的善意和关怀，反而以取笑一位老人为乐事，等于将自己的快乐建筑在别人的“难堪”之上，你们自己，包括当时的当事人赵其昌等，就能因此而“乐”得起来？我实在看不出来这里有什么地方值得你们“哈哈大笑”，也竟然让你们乐得这样开心？！如果当年没有此事，是你们杜撰，那情况就更严重了，这段描写非但画蛇添足，而且倒人胃口，听后让人笑不出来的“笑料”，只能反映出作者低级无聊的内心并映衬出其龌龊和阴暗的心理！

再有，作者为抬高赵其昌而极尽涂脂抹粉之能事，甚至已经到了连起码的实事求是也不顾的地步了。请看以下这段文字：“……，赵其昌总管整个发掘工作，包括查资料、绘图、记录、照相、制定计划等；白万玉老人则在工地蹲坑，具体指导民工的操作。”看到这类不实之词，众多的亲历者如庞中威先生等看不下去，纷纷打抱不平，乃至愤而疾书：“根本就没有此事，赵其昌总管不了这么一个浩大的工程，你赵其昌有什么资格当总管！总管应该是白万玉。赵其昌纯粹在胡说八道，欺骗世人。”在这里，舅舅这位被《风雪定陵》作者誉为“用双脚踩出一个大写的人字”、“坚硬的汉子”突然被矮化为只会“蹲坑”、唯赵其昌之命是从和只会“白吃”、可以任意被“哈哈大笑”、“捧腹大笑”等取笑的玩偶……实在令人难以容忍！在这里，我不得不站出来，做出令局外人看似“小题大做”实则据实评理之举，也着实是无奈之举。

我只选择列举一些，不一而足。这些乏味无聊的描写充斥于书中，更为人们所不齿，亦为我们所不容。我实在不明白，在本来应该十分庄重的书中，居然会出现如此这般极不和谐的描写，以这类低俗的货色兜售给善良的读者，是出于什么目的？依我看，以讥笑他人为乐事，以贬损他人进而抬高自己为目的，这就是作者的本意所在。

众所周知，写文章时，材料的取舍是很关键的，它在一定程度上反映作者的人生态度和道德取向。凡是企图以低俗笑料取悦读者者，最终将被读者所唾弃。

描述历史事实应着眼于“恰如其分”，切忌戏说杜撰，更不应该篡改造假，而恰恰在定陵发掘的两个关键问题上，《风雪定陵》的作者公然造假，上面提到的我舅舅巧开汉白玉大门一事已被当时现场的同事公认无疑；庞中威先生也已奋笔疾书，严正告诉世人，他才是下地宫探险第一人，有人证、物证、旁证，“三证”齐全，属确凿无疑，对此，赵信、曹国鉴、冼自强等亲历者也挺身而出，做出了令人信服的证明。

在晨春生先生所著《定陵探险第一人》书中所附“心系定陵长相忆，事如烙印记犹新”一文中，就有明确而生动的描述：

“说起庞中威探险和白万玉巧开白玉门，由于赵信身临其境，得以亲眼目睹；曹国鉴、冼自强面对白万玉口述，有幸亲耳聆听；所以我们对耳闻目睹之事，能够如数家珍，娓娓道来——

当年，让谁下地宫？从决策层领导到发掘现场小伙伴，或公开或私下，都曾广泛议论过。但对人选的最后决定，大家茫然不知。

适时，白万玉把赵信找去详细讲明庞中威在政治、品行、体能、应变能力等方面都符合条件。因此，‘内定’由庞中威探险，并做好了应急救援准备。

当时在金刚墙下，看似白万玉未经熟虑，临场点将，实则举重若轻，用心缜密。因为幕后如此这般煞费苦心的举措，无需在人前当众齿及。

庞中威舍命探险时，现场有目共睹者，至少达十几人之多，有50年前的现场照片为证，在白万玉指挥下赵其昌、赵信、王杰、刘怀珠、张由起等人在洞口上，拉着庞中威腰间的麻辫绳，唯恐他命丧地宫，丝毫不敢松懈，精神紧张极了。摄影师刘德安不单当场拍下了庞中威从头戴柳条帽的赵其昌手里接砖，欲转身抛下地宫，以便投砖问路的场面，而且还沿着梯子爬上洞口，抓拍下庞中威在地宫里探险的情景……探险成功后，立即拆除了金刚墙。又在白老的指挥下，仅用一根粗铁丝，几块长竹板，就巧妙地打开了大石门。

每逢我们谈起这两件事来，大家就兴奋不已。

不仅我们三个人，很多人都总结说：‘找准试掘对象有白老、指挥探险有白老、打开大石门有白老、清理棺椁有白老……要是封队长，准是白老的……”

在报告文学《风雪定陵》中，赵其昌“莫须有”地自封为“队长”，甚至在正式文件《定陵发掘报告》中执笔人之一的赵其昌也将自己封为“队长”，白万玉为“副队长”，纯属子虚乌有。确切的证据是，当年定陵发掘工程的总指挥是时任中国科学院考古研究所副所长夏鼐先生，而发掘现场从来就没有封过“队长”、“副队长”之说。我舅舅就是夏鼐先生亲点派驻定陵发掘现场指挥，但他总是低调行事，诚实做人，任劳任怨，从不喜欢别人封他为“队长”、“副队长”之类，当他听到别人为示好而尊称他为“队长”时，舅舅反而不高兴，一脸严肃地反驳说：“封队长？谁听说过？谁也没封过我是什么队长！叫我白老多好，又亲切又好听”，纯朴之情发自内心。这同慕虚荣、争名利形成多么鲜明的对照！

《风雪定陵》的作者及幕后策划者为“巧”走捷径，免去调查取证之苦而精心炮制了一份“关于发掘明长陵的请示报告”，更显大胆妄为。对此，曾任中国科学院郭沫若院长秘书的王廷芳先生早于1999年第二期《文物天地》一篇文章“郭沫若与定陵发掘”中就明确指出：“材料中有一份吴晗亲笔起草，经郭老修改过的给周总理的报告，引起了我的特别注意。我随即和《风雪定陵》中的那个报告作了对照，发现竟然相差十万八千里，使我感到万分震惊。吴晗所拟的报告无题目，而是用信的形式写给林枫主任并报总理的，时间是1955年10月15日，署名是郭沫若、沈雁冰、张苏、邓拓、范文澜、吴晗，明显地看出是50年代中期的语气。《风雪定陵》中的报告有一个《关于发掘长陵的请示报告》的题目，是写给政务院（早就改称国务院）的，时间是1955年10月3日，署名是郭、沈、吴、邓、范、张，很多语气是‘文革’中的语气，如‘伟大领袖毛主席’等。两个报告的内容也几乎没有什么相同之处。综上所述，请教杨仕、岳南先生，你们的那份报告是从哪里来的？总不会是你们杜撰的吧？对于这样一个十分严肃的问题，你们有义务也有责任加以说明。”

《风雪定陵》作者及幕后策划者对此质疑一直保持沉默，以后各版本仍重弹老调，我行我素，大概是基于这样的“理解”，谎言重复千遍就可以变成真理，但我要说，假的永远不能变成真的，即使重复千万遍也枉然。

赵其昌甚至在病中还将市面上有关定陵发掘的书籍统统斥为“瞎说”，似乎只有他才是正人君子，其实谁瞎说是明摆着的。倒打一耙，难掩心虚。明眼人心中自有一把尺。

与此形成鲜明对照的是，庞中威先生为了史料的准确可靠而不顾年迈体弱，不辞辛苦查阅、核对各种相关资料。这种认真负责的精神才值得敬佩。

多少年过去了，真相终于大白。我实在是替我舅舅鸣不平，复杂心情难以言表。莫非人心叵测？但起码的良知应该有吧？依我估计：赵先生他们以为我舅舅过世多年、其他人再也不可能写出有分量的文章与之抗衡，因此便可以有恃无恐而一手遮天，于是就“放心大胆”地将有关定陵发掘的一切功劳尽归自己名下，出书立传，自我吹捧……这怎么能对得起曾经和他一起并肩战斗同立功勋的战友们，包括像我舅舅这样一位对他一贯喜爱有加的慈祥长者呢？

不过赵先生他们好像错误地估计了形势，众多仗义执言的声音最终压倒了“噪音”。他们自我设局却把自己置于尴尬境地，并推向正义的对立面，而不得不接受道德和良心的谴责，使自己本来应该取得的业绩和受到的尊敬大打折扣，令人惋惜！这些是他们远没有料到的。

诚然，在他的书中，我舅舅也经常出现，因为他是现场必须出现的人物；作者在某些地方也说一些公道话，因为那是客观存在的，任何人也抹杀不了的。

例如在“苦难的岁月中”一文中，对我舅舅有不少客观的正面描述：如说我舅舅“年轻时在无垠的西域大漠经受了大自然的考验，展示了人类顽强的生命力，在广袤的大漠深处，用双脚踩出了一个大写的人字”等。书中对我舅舅如何走上考古之路，如何在艰苦的环境中不断经受磨炼成长为一位有经验的考古专家做了比较客观的描述：“近三年的大漠生涯，使白万玉学会了骑射、考察方法、发掘要领和绘画、照相、保护古物等具体的事宜。同时大漠风沙也把他锤炼成一条坚硬的血性汉子。1927年，白万玉再度跟随瑞典考古学家斯文·赫定去西域考察探险。

这时的他已趋于成熟，并在考察发掘中，发挥了巨大作用。正是从这时起，他作为中国第一代考古工作者，注定要在中国大百科全书《考古卷》中留下他的名字。

正是得益于青少年时代这段非凡的经历和丰富的发掘经验，才使定陵的发掘工作在他的具体安排下，有条不紊地进行下去。他对定陵发掘所起的重要作用，在开始时并没有引起特别的注意，随着时间的推移和工程的进展，才越来越明显地表现出来，并被大家所认识。”

本来，沿着这条正确方向走下去，是可以成就为一本好书的；其实在这些貌似肯定的文字里，细心的读者还是可以从中揣摩出《风雪定陵》的作者亦颂亦贬、形颂实贬的本意和玄机，例如：说我舅舅“在开始时并没有引起特别的注意”这一句话就是有意的贬低，因为正如我前文所述和众多亲历者的回忆文章，都证明了我舅舅在定陵发掘初始阶段的关键时刻是起了关键作用的，因为万一这一步走错了，就会失之毫厘，差之千里，怎么能像《风雪定陵》作者所说“在开始时并没有引起特别的注意”呢？在这里，我还想请细心的读者们明鉴：原来该书作者是在貌似无意实则有心地为赵其昌日后充当“队长”在字里行间中“巧妙地”埋下伏笔和注脚。

仅此几段算是比较实事求是地介绍了我舅舅，对此，我们还是领情的，我们领情是领实事求是之情而非“夸”之情。所谓实事求是，就是要在全面占有客观事实的基础上，进行细致的筛查工作，去粗取精、去伪存真。只有切实做到这一点，才算真正把住了“正确方向”。我的意思是：不管做什么事，包括写书，都要始终抱着实事求是的态度，稳稳把住主旋律这个大方向。正是在实事求是这个大是大非的问题上，《风雪定陵》的作者为了达到某种目的而不惜拐了大弯，步入歧途，令人遗憾。作者和赵其昌先生终究未能经得住名利等各种诱惑，最终滑到了弄虚作假和哗众取宠的邪路上去。对此庞中威先生在《风雪定陵》一书中有过这样的批注：“赵其昌只能在一般的场面抬高白老，具体场面不显白老，如：下地宫、开石门，这样重要环节，被赵夺去”，可谓一语中的。

当我正在为本书进一步修改而进入本章时，总感到犹豫再三，举棋难定，因为这里涉及某些高度敏感、本不想说而不得不说的事情。就在这个当口上，惊悉赵其昌先生驾鹤西归，令人惋惜。终其一生，赵先生为祖国考古事业作出了应有的贡献，这是应予充分肯定的。对此应做到“恰如其分”，既不能人为地抬高，也不能有意地贬低。我不能也不想为他人做出“盖棺论定”式的结论，只是最近看了某些悼念赵先生的文章和视频中，存在着一些不实之词，因之如鲠在喉，不吐不快。在这一悲痛时刻，说这些可能有些不合时宜，但为了使每位逝者，包括我舅舅和赵先生本人都能在天国坦然面对，我还是要说几句。我所指的不实之词，列举如下：“原明定陵地下玄宫考古发掘队队长赵其昌先生……”；“他是我国以科学考古手段发掘的第一座帝王陵墓——定陵的考古队长”……等不一而足，所谓不实，就是虚的，子虚乌有的东西，对此，前述已评，不值一驳。至于赵其昌先生针对“一个时期中，社会上出现了不少对定陵发掘神秘化和歪曲事实的现象”，所驳斥的“应该客观看待历史，不能篡改，尤其是专业人员不能用猎奇的眼光，一味迎合某些人口味，否则势必假象丛生，不符合事实，不利于文化的繁荣和发展”，并还进一步强调“发掘活动不是盗墓，而是科学考古，要还原历史原貌，用实物说话”；这话本来说得很在理，我深有同感，值得深究；而恰恰在这一段话里，作为主人公的赵先生却自易其位，从批判者变成被批判者，自己犯戒却自命清高，明眼人一看就很清楚了，从上面所列种种事实中已得到充分验证，此处不再重复；至于他所说的所谓“作为发掘定陵的考古队长，有人称我是定陵发掘‘第一人’，我本人不认同，考古不是探险，没有所谓的第一、第二”之类的表白，我也认为是言不由衷的。我也认为“考古不是探险，没有所谓的第一、第二”，既然赵先生有如此高的境界和好的素质，那干嘛为了争这些莫须有的“第一”而公然说谎造假呢？！在《风雪定陵》这本书的封面显著位置上就赫然闪出抓人眼球的词句“地下玄宫洞开之谜”、“探秘丛书”，这难道就不是“用猎奇的眼光，一味迎合某些人的口味”吗？以上种种，怎么能算是“襟怀坦荡，大公无私”呢？

近读“夏鼐与定陵发掘”（《夏鼐日记》摘抄），明确了某些事理，关于定陵发掘的脉络更清楚了，同时也澄清了某些疑问，从中也印证了某些历史空间的真实情况，使人们对当时的实际情况有了更深入的了解，获益匪浅。另外，经阅读有关日记未发现夏鼐有涉及赵其昌担任定陵发掘考古队队长的任何记载的蛛丝马迹，即可佐证。

试想赵其昌先生其时刚走出校门，尚欠历练；且据《风雪定陵》（1997 年版第 123 页）介绍，赵其昌其父是国民党军官，自己则参加过三青团，“……当过小头目，上高中还当选过一任学生自治会主席。解放后的历次运动，这些都要交代，再联系到家庭、父亲等历史问题，处在反革命边缘上，就是推一推拉一拉的问题了……1957 年是个多事之秋，全面彻底地清理‘资产阶级右派分子’的号角已在中华大地吹响。这是一个滋生政治激情的时代。……”处于当时极左的政治氛围中，就算夏鼐先生特别爱才惜才，他不敢也不能将定陵发掘现场“发掘队队长”（姑算其有）这副重担压在赵其昌身上。这样的话，夏先生所冒的政治和业务风险是他所承受不了的。另者，关于夏鼐先生同“业务骨干赵其昌和白万玉”业务商谈次数不是判断“倚重”与否的关键，有时一次谈话重于百次，反之亦然。《夏鼐日记》中没有披露当时谈话的具体内容，因此单从只言片语中就难以得出“倚重”与否的结论；而有关排名先后的问题，中国人尤其看重和讲究，皆与“面子”有关，所以有时只好让“姓氏笔划顺序排列”冲淡和回避难题。细读《夏鼐日记》有关定陵部分，发现在有白万玉和赵其昌出现的场合，都无一例外地把赵其昌排在白万玉的前面，这是非正常的，又是正常的，说它非正常，因为根据当时的实际情况，赵其昌无论如何都没有资格和优势排在白万玉的前面；说它正常，因为它也从另一个侧面解读夏鼐先生谦谦君子的学者气度和宽人律己的大家风范，即印证了他的知书达理和优良品质，因为赵其昌毕竟是北京市文化局派出的人，在参与“定陵发掘”这点上他不是外人，是自己人，而且是“业务骨干”，但从他与夏鼐先生所属单位的隶属关系来说，他又是“外人”，也是客人，而白万玉是夏先生本单位的“自家人”，所以在这种情况下深谙礼数的夏鼐先生将赵其昌的名字置于白万玉的前面是合乎礼仪的，而与年龄、资历等因素无关，仅此而已，也与其他因素无关，例如所谓“队长”、“副队长”之类的说辞。至于《夏鼐日记》之外现在有关排名的排法和说法，因时过境迁，则另当别论。

关于定陵发掘队“队长”这一“幽灵”，在涉及“定陵发掘”这个特定话题中时常会出现，有时躲都躲不开，其出现的花样繁多，有时干脆明说，有时则绕弯暗示，有意引导读者自己去揣摩，直至“幽灵”若隐若现，例如在《风雪定陵》（第 316 页）中有个情节是这样描述的：“赵其昌决定第二天离开定陵到窦店农场去接受改造。他单身一人，无牵无挂，不想告诉城内的老父，但他需要向他的队员们告别。”在这里作者用词很“巧妙”，他不是采用通常所用的诸如向他的“战友们、队友们、同事们等”告别，这样显得很亲切，而且没有上下级之分；而用“他的队员们”，对应其“队长”，则是有意暗示他的“领导身份”，一种主从关系，是向其下级道别来了，好一副居高临下的架势，在闪烁其词中亮明意图，使读者在不经意中感觉“幽灵”的存在，手法可谓“高超”，用心可谓“良苦”。

综上所述，《风雪定陵》错误百出，病得不轻。我不得不猛击一掌，再次提醒该书的作者们，还是赶紧认错纠偏为好！回到正确的道路上来吧！

历史是一面镜子，无论被尘封多久，它仍摆在那里。正直的人们用良知说话，不少亲历者用充满激情的笔在洁白的纸上书写着“证词”，在这些情不自禁的字里行间中人们可以体味出同志、战友、师生、父子般纯真而美好的情谊。

每当我去定陵参观游览，都会在不知不觉中径直走到汉白玉大门前，静静地凝望着它，并且蹲下来轻轻地抚摸横在地上的顶门石，总好像有一种灵感在互相吸引。这是祖国的瑰宝，也是历史的见证，见证着几百年前，能工巧匠们如何巧夺天工；也见证着后人智者如何巧开玄宫大门。

14 吨重的汉白玉大门被顺利打开为定陵的发掘铺平了道路，万历皇帝及两位皇后的神秘面纱即将被揭开。

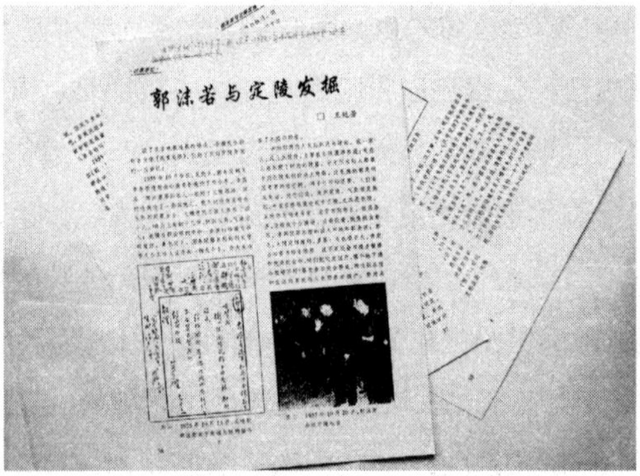

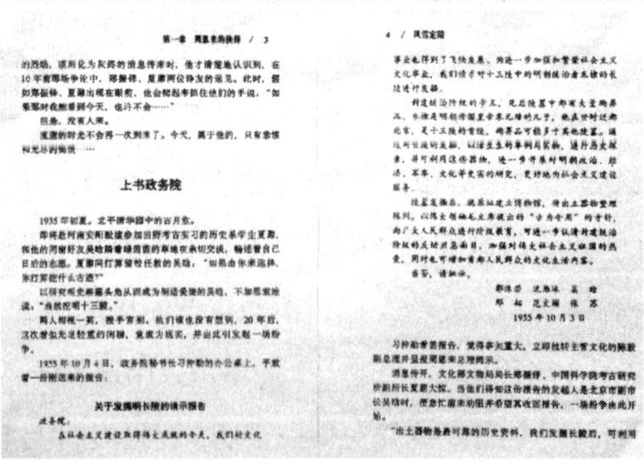

3

的烈焰。谈到化为灰烬的消息传来时，他才清楚地认识到，在10年前那场争论中，郑振铎、夏鼐两位挚友的远见。此时，假如郑振铎、夏鼐出现在眼前，他会爬起来抓住他们的手说，“如果那时我能看到今天，也许不会……”

但是，没有人来。

流逝的时光不会再一次到来了。今天，属于他的，只有悲愤和无尽的愧疚……

上书政务院

1935 年初夏。北平清华园中的古月堂。

即将赴河南安阳殷墟参加田野考古实习的历史系学生夏鼐，和他的同窗好友吴晗踏着绿茵茵的草地在亲切交谈，畅述着自己日后的志愿。夏鼐问打算留校任教的吴晗：“如果由你来选择，你打算挖什么古迹？”

以研究明史崭露头角从而成为知名学者的吴晗，不加思索地说：“当然挖明十三陵。”

两人相视一笑，握手言别。他们谁也没有想到，20 年后，这次看似无足轻重的闲聊，竟成为现实，并由此引发起一场纷争。

1955 年 10 月 4 日，政务院秘书长习仲勋的办公桌上，平放着一份刚送来的报告：

关于发掘明长陵的请示报告

政务院：

在社会主义建设取得伟大成就的今天，我们的文化

4 / 风雪定陵

事业也得到了飞快发展。为进一步加强和繁荣社会主义文化事业，我们请求对十三陵中的明朝统治者朱棣的长陵进行发掘。

封建统治阶级的帝王，死后陵墓中都有大量殉葬品。朱棣是明朝开国皇帝朱元璋的儿子，他在世时迁都北京，是十三陵的首陵，殉葬品可能多于其他陵墓。通过对长陵的发掘，以清查朱棣的葬制与装饰，进行历史探索，并可利用这些器物，进一步开展对明朝政治、经济、军事、文化等史实的研究，更好地为社会主义建设服务。

陵墓发掘后，就原址建立博物馆，将出土器物整理陈列。以伟大领袖毛主席提出的“古为今用”的方针，向广大人民群众进行阶级教育，可进一步认清封建统治阶级的反动腐朽面目，加强对伟大社会主义祖国的热爱，同时也可增加首都人民群众的文化生活内容。

当否，请批示。

郭沫若 沈雁冰 吴晗
邓拓 范文澜 张苏
1955 年 10 月 3 日

习仲勋看罢报告，觉得事关重大，立即批转主管文化的陈毅副总理并呈报周恩来总理阅示。

消息传开，文化部文物局局长郑振铎、中国科学院考古研究所副所长夏鼐大惊。当他们得知这份报告的发起人是北京市副市长吴晗时，便急忙前来劝阻并希望其收回报告，一场纷争由此开始。

“出土器物是最可靠的历史资料，我们发掘长陵后，可利用

王廷芳先生的文章和《风雪定陵》的相关内容比较

第十六章 妙手回春现异彩 神秘面纱终揭开

与世隔绝300多年的定陵地下宫殿的石门被顺利打开后，犹如神秘的面纱被揭开一样，多少人急不可待地想立刻进去探个究竟，一睹地下玄宫的真面目。

地宫看似一片黑暗，但对参与发掘人员来说心中顿感豁然开朗。因为一年多的劳累没有白费，最终迎来了胜利的曙光。大家又以百倍的信心迎接更加复杂和艰巨的新任务。

打开地宫后，在短短两个多月的时间里，有许多党政要人、社会名流纷纷前来参观。地宫当时还未公展，能来参观还未公展的地宫被视为一种特殊待遇，大家趋之若鹜。

时任国家副主席的宋庆龄女士曾两次来定陵参观，而且每次在定陵待的时间都比较长，足见其兴致之高。

宋庆龄副主席气质典雅、高贵、仪态大方，给众人留下了十分深刻的印象。我不止一次听到舅舅这样赞美她。

宋庆龄副主席在第二次参观后，特地委托其随秘书授予朱欣陶主任、我舅舅和赵其昌每人一枚纪念章。这枚纪念章为金黄的底色，中心是一只乳白色的和平鸽，下面有“和平万岁”四个字。纪念章分量很重，能获赠是一种殊荣。

这是隆重的奖赏，可见国家对定陵发掘的重视。当时舅舅曾经吩咐舅妈用一块上好的小丝巾把这枚纪念章包好珍藏。他也曾让我们观看，大家小心翼翼地轻轻地放在手中仔细端详，爱不释手，深为舅舅取得的成绩兴奋不已。

偌大的定陵地宫，已经封闭了300多年，里面黑暗阴森，使第一次进入地宫的人都难免有一种莫名的恐惧感，但恐惧过后，你就会被其壮观和威严所震撼！

地下宫殿在定陵明楼的正后部，距墓顶 27 米，总面积 1195 平方米，全部拱券式结构，由前、中、后、左、右 5 座高大宽敞的殿堂联成。前、中殿为长方形，后殿横在顶端。前、中、后殿是地宫的主要部分。

玄宫后殿是放置皇帝、皇后棺椁的地方，也是玄宫的主要建筑，所以较其他各殿更为宽敞和高大。

后殿为南北向长方形石室。东西两壁石条铺砌，通道石条起券。南北两壁石条平砌至顶。殿南北长 30.1 米、东西宽 9.1 米、自地面至券顶 9.5 米，地面铺花斑石，磨制平整，砌工整齐。

后殿中部偏西处设宝床（棺床）。床四周作束腰须弥座，饰覆仰莲。床面铺花斑石。床长 17.5 米、宽 3.7 米、高 0.4 米。

棺床上放棺椁三具。中为万历皇帝，左侧（北面）为孝端皇后王氏，右侧（南面）为孝靖皇后王氏。

定陵地下宫殿自开放至现在，参观者络绎不绝，他们都对这座高大宏伟的地下宫殿赞叹不已，亦为中国古代劳动人民的聪明才智和精巧构思钦佩有加。

众人的眼神均被皇帝和皇后三个巨大的棺椁所吸引。里面到底有多少宝贝？皇帝和皇后的遗体会是什么样子？要准确回答此问题，就要涉及舅舅所说的发掘定陵工作的第四点：细。这真是一项非常细致的工作，棺木里肯定有无数奇珍异宝，这些宝贝不仅体现帝王生活的奢华，更能从侧面反映出明朝中、晚期生产力发展的水平。唯此，只有小心翼翼，才能为以后的工作打好基础。据舅舅估计，棺木里的不少宝物经 300 余年深埋地下，有的很可能坏损，需要认真修复，方能显出庐山真面目。

根据后来了解，舅舅不仅被誉为“一代考古田野发掘大师”，更是出土文物修复上的行家里手，他可以把埋葬在地下支离破碎的物品用独家绝活黏合得不说天衣无缝，也基本上还其原貌，堪称一绝，正如庞中威先生所言：“总之，在发掘工地上，白老是知识最渊博的一个，而且经验也最丰富。初次察看地宫，给器物留名、议论，就白老和朱主任说得多，别人很少说话。可惜的是，第一次下地宫，没有拍下照片来。”

谈到舅舅的修复绝活，我的记忆中不由得又联想到另一件事情上。这件事，我印象很深。那是我母亲常常向我和姐姐提起的，就是我舅舅凭借其精湛、高超的技术为革命烈士“江姐”被害后血衣的复原工作做出的努力和工作。

这还真是一段鲜为人知的事情。

由于舅舅为人低调，平时做事不喜欢张扬，所以他做了许多事情，别人也许还不知道，加上他只会做不会写，好多事情都处于默默无闻的状态。关于复原江姐血衣一事，我们也是从我母亲嘴里得知的，然而仅仅是粗线条了解而已。只是听说他为革命烈士江姐的血衣修补复原时使出浑身解数，做出诸多努力；同时他也曾经向家里人道出复原血衣时的艰辛：“衣服破碎得像泥浆一样，不仅难弄而且味道极其难闻。”但是不管工作多难，经过他的手，就能达到不错的效果，可以用“妙手回春”来形容。

在我们的青少年时代，经常受到革命传统教育，《红岩》之类的革命书籍是我们必读之书，书中主人公江姐、许云峰、华子良等众多的革命先烈是我们做人的榜样，也是青年人的偶像。能为他们做些事情会感到莫大的荣耀，因此我也非常崇拜我的舅舅。

但这也只是母亲对我们说的，从来没有看到该消息的出处。我也总是希望能知道事情的原委。

为了写书纪念舅舅，我查阅了大量有关舅舅人生行踪的蛛丝马迹等相关信息，其间，我无意中发现了《重庆晚报》刊载的有关我舅舅复原江姐血衣的原始报道，此时让我的心情激动不已，这篇报道还真印证了母亲的说法。

这篇消息的来源是 2006 年 11 月 27 日的《重庆晚报》。

这篇文章的标题是：“文博专家胡人朝披露 11・27 血案调查始末。”

现将该文的部分内容摘录如下，供参考。

今天是“11・27”烈士遇难 57 周年纪念日。如今，那场震惊中外的历史事件留给我们的是沉默的展览和冰冷的词条注释。

昨日，当年参与调查大屠杀殉难烈士物证的文博专家，原中美合作所美蒋罪行陈列馆（重庆歌乐山烈士陵园前身）革命文物资料搜集人胡人朝老先生，看到本报“重庆珍档——追踪老照片”系列报道后，竟夜不能寐。在敌伪屠杀烈士罪行调查内幕沉寂 42 年后，老人终于不再沉默，展示了珍藏家中多年的资料，向本报独家讲述惊天血案背后的调查经过。

烈士血衣

深埋在花园瓦缸中

烈士遗物调查之初，胡人朝曾陷入困境

胡人朝自述：

1964年初，曾在西南博物院工作的一位同志说，1950年1月15日，西南军政委员会和重庆各界群众为杨虎城将军暨遇难烈士举行了追悼会，并展示了血衣及罪行资料、照片（11·27大屠杀）。当年6月，这些展品被运往北京团城，后交给中国革命博物馆保存。烈士血衣从此下落不明。

根据这一线索，我与余正群两人赶往北京，找到了位于故宫西华门的中国革命博物馆。博物馆的同志提供的情况让我们很失望。这批烈士血衣展览后没处理，无法保存。直到1954年4月12日，才用瓦缸埋于中国革命博物馆花园内。当时参加掩埋的人已经调离，现已无法准确指出埋放地点。

深埋地下10年，这批血衣还在吗？

如此大的花园，哪里是埋葬烈士血衣的地点呢？我是学博物馆学的，尽管当时年轻，却知道找寻地下目标最有效的办法就是打考古探沟。记得当时在花园打了好几个探沟，终于发现在花园的一角，埋葬血衣的瓦缸现身了。

当我看到瓦缸上盖的木板已经腐朽时，心凉了一半！

瓦缸里渗满了水，血衣已经部分腐烂，气味难闻。

血衣已经挖掘出来，但直接拿出来展览可不行，也不好保管。这些血衣纤维已遭水长期浸泡，没有拉力，用普通水冲洗，弄不好就是一堆“泥浆”。于是，我们想到了中国科学院考古研究所。

有人建议请著名古文物修复专家白万玉先生负责清洗血衣整理工作。白先生是发掘定陵的主要参与者，有一套处理保护纺织品的办法和经验。经过几天的清洗、晾干，最后用化学保护剂在血衣上处理后，血衣被运回重庆后，方能保存到今天。”

回忆舅舅为江姐修复血衣一事，一方面，再一次勾起我对革命烈士的敬仰和怀念之情；另一方面，也激起人们对舅舅的高超技艺的肯定和赞许之意。我很早就知道，舅舅最大的本事还是修复那些挖掘出来已经残缺的文物，经过他的手，许多文物修复得完好如初，修旧如旧，因此具有很高的文物价值。在“黄埔四期”的考古训练班上，他授课的内容主要也是文物修复；后来，他经常到北京大学给历史系考古专业学生讲课也离不开这些内容。

他的这些本事从何而来？许多人这样问我。

我觉得，舅舅主要是遇到了一个好的伯乐，再加上他聪明好学，吃苦耐劳，所以有所成就。

年轻时，舅舅就跟瑞典考古专家安特生和斯文·赫定走南闯北，并在考古的征途中，得到了他们的真传，因此他获益甚丰。在以后的工作中，他运用自如，深获好评，这些不仅得到国内、国外同行的赞誉，也得到了众多领导的赏识。

还有一件事，我也是听我母亲说的。当年在河南的一次考古发掘中，出土了一批价值极高的文物（有许多小木俑和瓷器），由于许多人不懂，就把这批文物直接放在外面，结果这些文物有许多立即风化，进而或干裂或破损，十分可惜，损失很大。怎么办？这时，他们马上想到我舅舅，于是立刻把他接到现场“救火”，见到如此现状，着实令人痛心（这使我联想到秦兵马俑发现的大量彩陶，放在地底下几千年都没事，出土后几分钟就风化的情景），于是他立即启用独家绝活，把这些坏掉的文物重新置于不透风的地下，埋了好几天，又转到地下室，在地下室里他用独特的办法将那些损坏的文物小心翼翼粘合好，使那些文物又栩栩如生地展现在世人面前，为国家抢救了一大批价值连城的文物。

如果说定陵发掘中，以汉白玉大石门的开启为标志的定陵前期发掘工作是场恶仗、硬仗的话，那么，大石门开启后地宫出土文物的清理、修复，其难度亦不亚于前者，而且从一定程度来讲更难，因为这涉及更艰苦细致的工作，非得有坚定的信心、一贯的恒心、足够的细心和持久的耐心，并赋予精湛的技艺方能做到。套用曹操著名的《神龟寿》诗：“神龟虽寿，犹有竟时。老骥伏枥，志在千里。烈士暮年，壮心不已。……”我觉得这正是对我舅舅最好的写照。

当年，他的身体虽然健康，还算硬朗，但毕竟到了花甲之年，可他和年轻人一样，夜以继日，苦干加巧干，带领大家克服一连串艰难险阻，解决一个又一个的问题，在考古这条荆棘丛生的道路上，披荆斩棘，为国家、为人们作出了众多的贡献。

他很少向家人叙说他在工作中取得的成绩，更不炫耀。我们只是从有关的书中了解一些。在中央新闻记录电影制片厂拍摄的有关十三陵定陵发掘的记录片中，我们多次看到了他的身影：他指挥开启定陵汉白玉大门；他蹲在万历皇帝的棺椁旁，一件件地细心清理文物；还有一张他的专门特写，是他轻轻地托起皇后的凤冠，在擦拭着、整理着什么……这一切都从官方媒体及他周围同事的笔中记录了下来。在定陵的文物修复工作中，舅舅的继任者，中国科学院考古研究所的白荣金先生写下这样的文字："……在现场我见到了白万玉老师，他自20世纪20年代起，即随从瑞典考古专家安特生、斯文·赫定从事我国田野考古工作。在国内，他首先从西方引进来用洋干漆黏合、以石膏修补复原陶瓷技术，技艺高超，享誉京城，白万玉、高英、刘增堃都是我学习文物修复技术的启蒙老师……"

白金荣先生还写道："还有一位是王振江师傅，1951年到考古所工作，早年曾在工地发掘，后来是修复室负责人，在修复技术上他很富于创新，组织能力强，令我钦佩和学习，在培养新手方面成绩显著，带领全组打过许多'大仗'。如1964年为中朝联合考古队修复和复制过大量文物：1974年对外文化交流，为墨西哥、秘鲁复制过彩陶、黑陶、青铜器、唐三彩等许多文物精品。其他如1968年满城汉墓出土上千件各类器物的修复，1976年安阳殷墟妇好墓大量国宝级青铜器、象牙杯等的修复工作，也取得了显著成绩。"

我之所以在此用白荣金先生的笔来介绍王振江先生，是因为王先生与我的舅舅有密切联系。

王振江先生曾撰文《白老的赠品》来回忆我的舅舅：

白万玉（尊称白老）是闻名于世的田野考古专家，身怀修补技术绝技。20世纪50年代我来考古所，受到了他老人家的真传，这套高超绝技就是白老给我的"赠品"，使我终生受益匪浅。定陵是我国首次进行科学发掘皇帝陵墓。定陵发掘后，我将白老的"赠品"——修复绝技两次带到定陵。

第一次是1959年，中国科学院考古研究所派白老与我一起去定陵博物馆参加地宫出土文物修复工作，具体任务是修复木俑与万历皇帝和孝靖皇后谥宝。这批文物在陵墓内埋藏了400多年，器体破裂，多数表面腐化、风化，主要进行保护加固，使这批文物能长期保持下来。修复文物是在白老指导下进行的，白老的修复技术来源于外国研究单位，他的修复工作经验非常丰富。白老说："这些文物是国宝，属国家一级文物，修复工作不能麻痹大意，用各种不同的加固剂，选用一些残木块进行加固实验，达不到长期保存的效果。"最后用石蜡实验加固成功。加固后木体不变形，木器表面颜色变化不大，蜡本身不吸收水分，从而达到长期有效保存与陈列要求。

……白老工作认真负责，他做实验非常认真，达不到要求决不罢休。白老对我要求很严格，他经常说："修复文物不是搞生产品，坏了再从头来，这绝对不行。"白老又说："文物是国家的宝贝，坏一件少一件，作为文物修复者只能把文物修好，千万不能把文物坏在我们手上。"白老的谆谆教导我将永远牢记心间。

在舅舅离开这个世界已经近40年的今天，他的朋友、弟子们还念念不忘他给予他们的帮助和传授的知识，读后着实感人至深。在此，我代表舅舅向各位致以深深的谢意！

第十七章 定陵出土文物轰动世界

1957年，定陵地下宫殿的大门缓缓开启后，在金碧辉煌的地宫中出土了大量珍贵文物。

这些出土文物有万历皇帝的各种礼冠、皇后的各种凤冠；有纺织品、衣物；有银器、铜器、瓷器、琉璃器、玉器、石器、漆器、木器、首饰、宝石、珍珠、玉带、配饰、钱币等3000余件，数量巨大、花色繁多、品种齐全、工艺高超、举世震惊。

舅舅当时和家人说，不清理不知道，一清理吓一跳。这些宝物简直令人眼花缭乱，目不暇接。他从年轻时起就搞发掘，见过的奇珍异宝无数，但也没有见过如此众多的稀世珍品。这些珍宝用什么华丽的语言来形容都不为过。

定陵出土的文物不仅让人联想起万历的人生，极尽奢华；同时也令人强烈地感受到明朝发达的社会经济和手工业取得的惊人成就。

万历皇帝的棺椁，为楠木制成，棺木上方盖有黄色丝织锦旗，两端镶木制龙牌。铭旗中央金书有“大行皇帝梓宫”六个大字。棺内塞满了奇珍异宝。锦被下面露出了样式、色彩各异的道袍、龙袍等衣料。

让人心跳、惊讶、兴奋的宝物不胜枚举。其中，万历皇帝的金冠——翼善冠，就足以令人叹为观止。

这顶金冠重826克，高24厘米，直径17.5厘米。据舅舅讲，此冠只属于皇帝常服冠带，但其制作工艺技巧却已登峰造极，达到了炉火纯青的地步。综观这个冠体，竟找不到一个接头、一个焊点。

金冠顶部由两条金龙盘绕，寓意飞龙在天，威严尊贵，象征君临天下，拥有至高无上的权力，彰显着皇家高贵、华美、富丽堂皇的气势和儒雅独特、俊秀飘逸、超凡脱俗的阳刚之气。这顶“金冠”是万历皇帝生前的心爱之物。

“金冠”制作工艺极其精湛，体现了大明帝国当时最高的黄金加工技艺，同时也是迄今为止世界上发现的唯一一顶工艺最复杂的黄金帝冠，被专家誉为“华夏第一金冠”，属国家级文物，弥足珍贵。

此外，还有一些为皇帝专用的铠甲、腰刀和弓箭，同时还发现了4顶皇后戴的龙凤冠，用黄金、翡翠、珍珠和宝石编织而成，其中一顶镶嵌了3500颗珍珠和各色宝石195块。

在清理孝靖皇后的物品中，有一件“百子衣”是整个定陵刺绣品中最富艺术感染力的一件，也是最珍贵的艺术品之一。它的珍贵在于整体用刺绣的工艺制成，衣服上精致地绣着100个童子，象征多福多寿多子孙，以显示皇家子孙万代永世兴旺；100个童子神态各异，身着不同服饰，体现各种不同的游戏，都栩栩如生；其中一共有40组画面，构成一个色彩斑斓的儿童乐园，如“打猫图”、“考试图”、“沐浴图”、“官员出行图”、“跳绳图”等，每一幅图都捕捉故事中最富有表现力、最富童趣的情节，惟妙惟肖地表现出儿童的稚气、活泼、天真无邪，其艺术感染力源于生活而高于生活，二者结合，恰到好处，相得益彰，体现了当时高超的工艺水平。

出土的宝物众多，其中我想重点介绍一下孝靖皇后的一个耳坠，因为这是一件难得的稀世珍品，具有极高的艺术价值。人类自进入文明社会以来，从皇宫贵妇到普通妇女、从大家闺秀到小家碧玉，中国乃至世界各地的妇女戴耳坠者为数不少，金、银、玉、翡翠、宝石等琳琅满目，煞是光鲜夺目，并早已成为一种司空见惯的习俗了。

但孝靖皇后的这个耳坠绝对称得上是世间仅见，国之瑰宝。

这是一个小白兔玉坠，镶有红宝石眼睛，舅舅说“这件玉坠很独特，所以大家对它印象很深刻”，他特意说明，“在黑暗里，离它六七米远的地方，就能看到玉兔的红眼睛放出闪闪的红光来，实在太稀罕了”。

据当时参加现场清理工作的庞中威先生介绍：“孝靖皇后佩戴的这件玉兔耳坠，通高约5.8厘米、重约5.5克。玉兔造型取材于古老的‘玉兔捣药’的传说。耳坠的设计十分巧妙：玉兔直立，两前肢合抱一玉杵，似在举杵捣药。玉兔头顶镶有一颗红宝石，作为金环与玉兔之间的过度装饰。玉兔的下肢，双爪踏着一组金制并镶嵌宝石的‘祥云’。玉兔的双眼以小米粒大小的红宝石点缀，如‘颊上三毛’，神采殊胜。可谓生花之妙笔。这样的精品，在我国古代首饰设计史上也是不多见的。”

在这里，我还想不惜笔墨介绍另一件宝物——“万年灯”，因为它的出处和命名具有某种独特性。据庞中威先生介绍，“所谓万年灯，就是一个装满香油的大青瓷缸，款书‘大明嘉靖年制’。‘万年灯’不只是迷信的象征，它本身也是一件有价值的历史文物。嘉靖年间，青花瓷器的烧造达到了登峰造极的地步。青花的釉料是来自南洋的‘苏泥孛青’。这是一种十分贵重的原料，用来做釉烧瓷，颜色鲜美。嘉靖以后，‘苏泥孛青’绝迹了，青花瓷的质量也远不如前。‘万年灯’高约 70 厘米。缸的口径和它的高度基本差不多少，上面有龙的图案，瓷缸的口部和底部有花边，还有像云的图案等。缸内的油已经凝固，呈黑色，缸的中间有一根小手指粗细的铜棍露出缸口，一个用布缠着的圆圈，上面有三个灯捻。这个圆圈串在铜棍上，是浮在已凝固的油上面的。……青瓷缸的上部有‘大明嘉靖年制’的字样。当时白老说：‘这是他爷爷的东西（指万历而言）。‘万年灯’是地宫里的一大景观。在没见到实物前，谁也不知道‘万年灯’是个什么样的形状，它的结构原理更无人知晓了。所以说‘万年灯’是世上稀有的珍贵文物。”“万年灯”其实是一种形象的说法，它本身就不可能是长久不灭的。

总之，定陵的科学发掘成功，对于研究明代社会经济、政治、文化、科技、工艺发展状况及帝后丧葬制度、官服制度、宫廷生活等都具有重要的学术价值和社会价值。在此之前，有不少专家学者对明朝的历史，尤其对明中叶以来所出现的资本主义萌芽都做了比较细致的研究和论证，并得出比较中肯的见解，但总觉得缺少点什么，因为缺乏足够的佐证。定陵发掘的成功，正好弥补这一不足，等于给历史补了课，填补了空白，其科学发现的意义十分重大，其正面经验更是珍贵无比。

十三陵定陵的发掘成功，收获甚丰，皆大欢喜，但其中的经验教训也十分深刻，值得认真总结和借鉴。

由国家核准发掘皇陵是一项史无前例的大工程，没有前人经验可资借鉴，只能摸索着干。在发掘和清理的过程中有“得”也有“失”。所谓“得”，出土了大量的珍贵文物，能保存，尽量保存下来了，并已展览多年，给旅游和地方经济增加了活力，彰显了定陵的品牌效应，同时也为明史的研究提供了翔实的实物资料，资料充实了中华传统文化的内涵；所谓“失”，主要表现在对某些出土的宝贵文物，由于受科学技术方面的限制，在长期妥善保护方面出现了问题，虽然也采取了一些措施，但效果往往不太理想，尤其对那些已埋地下 300 多年的丝织品，保护的难度更大，有的也只能眼睁睁地看着它消失，有些损失是无可挽回的。

尤为遗憾的是，在“文化大革命”的凄风冷雨中，万历皇帝及其皇后遗骨被狂热的“红卫兵”们焚尸扬灰，包括棺椁等宝贵文物也被损毁，惨痛教训十分深刻。当然，这是特定年代的特殊产物，一般情况下不会出现这种现象，但已经出现了，也无可挽回，所以现在在地宫里人们只能看到复制的棺椁，而聊胜于无。这就是历史的教训。

文物保护问题，说到底主要还是科学技术发展水平问题，所以现在主张倾向于不主动发掘皇陵，当然也不排除有某些例外的特殊情况。我是这样认为的，周总理批准科学发掘明长陵的动议还是长期有效的，没有时间表。说不定那一部饱含永乐皇帝心血的《永乐大典》还作为随葬品静静地伴随在永乐大帝的身旁呢？但那是要等到科学技术发展到足以万无一失地妥善保护出土文物的时候才得以进行。让我们翘首拭目以待吧。

金翼善冠

凤冠

第十八章 地下玄宫展辉煌 举世震惊齐颂扬

在党中央的大力关怀下，在有关部门和领导的运筹帷幄以及全体考古人员的共同努力下，十三陵定陵的发掘工作取得了巨大的成功。

1958 年 9 月 6 日，新华社向外界播发了一条消息，明十三陵定陵已被打开。世界震惊。

国家首次科学发掘皇陵的成功，轰动了社会各界。

定陵出土文物成果展示会于 1958 年 9 月在故宫神武门城楼上举行。

展览会盛况空前。在参观展览会的嘉宾当中，既有党政要人，也有国际友人，还有各行各业、各阶层人士。

富丽堂皇的金银器，价值连城的珠宝玉器，精妙绝伦的青花瓷器和绚丽多彩的罗纱织锦以及龙袍、皇冠和凤冠像磁石一样吸引着参观者的眼球。人们在对这些奇珍异宝拍手称绝的同时，也为我国劳动人民的聪明才智赞叹不已。这些绝世之作让大家感到，在几百年前的明朝，我国的物质文明已经发展到一个很高的水平，特别是丝织工艺、金属制作工艺、建筑技术等真可谓登峰造极，无与伦比。

神武门的展览为定陵的发掘工作基本划上了一个圆满的句号。之后，对地上建筑与地下玄宫进行了修葺，对出土文物也略作整修。

1959 年 9 月 30 日，十三陵定陵博物馆成立并同时向社会开放，作为向国庆十周年的重大献礼节目之一，成为当年一大盛事。

定陵发掘工作于 1956 年 5 月 17 日破土开工到 1957 年 9 月完成地上土方工程、至 1958 年 7 月结束玄宫内器物清理工作，前后费时两年零两个月，用工两万余，工程巨大，耗资仅40余万元，出土各类器物总计2648件。

全体工作人员战酷暑、抗严寒，粗茶淡饭，不讲待遇，以高度认真负责的精神努力工作，很好地完成了党和人民交给的任务。这期间没有出一起工伤事故，没有毁坏一件地宫里的宝物，使得发掘工作圆满顺利结束。

夏鼐先生的秘书李遇春先生在回忆夏鼐先生的文章中提到夏所长曾对定陵发掘做了非常简练中肯的总结："定陵发掘创造了两个毫发无损：庞中威探险，人——毫发无损！白老打开大石门，物———毫发无损！目前已经做到两个毫发无损，说起来容易做起来难啊！应当归功集体！"

也正如著名历史专家、中国明史学会前会长、中国社科院考古研究所原党委书记张显清先生所评价的："在夏先生的悉心指导下，经过考古专家们两年多的探秘寻幽，辛勤工作，密封300多年的定陵地下宫殿终于被打开。恢弘坚固的玄宫建筑、绚丽多彩的随葬器物豁然露出真颜，人们无不为之震惊、为之赞叹。定陵的科学发掘，是我国皇帝陵寝的首次成功发掘，因此使之成就了我国考古学史上的一个创举，对于研究明代社会经济、政治、文化、科技、工艺发展状况及帝后丧葬制度、冠服制度、宫廷生活等具有重要的学术价值和社会价值。"

时任中国科学院考古研究所技术室主任、高级工程师赵铨先生也评价说："定陵的发掘工作并非一帆风顺，在历时两年中，集中和发扬了发掘者的聪明才智和勇于探索的精神，克服重重困难，终于揭开了封存已久的墓室。工作人员通过发掘清理，并用文字、绘图、摄影及影片等手段，对现场进行了详细的记录。储存了大量的资料，以供后人们研究参考。发掘工作完成后，又将地下墓室开辟为博物馆，供人参观，使这座威严肃穆的地下宫殿，成为今日中外人士瞩目的重要旅游景点之一。抚今追昔，凡参加这一伟大工程的，从创意、策划、组织，直到亲临工作的人们，多数都还健在，也有一部分人已驾鹤西去了，但他们的功绩是永远不会泯灭的。"

后来，考古所资深考古专家黄文弼先生当着夏鼐先生和我舅舅的面赞赏发掘成功："这都是大家共同努力的结果啊！"

是啊，定陵发掘的成功，是大家共同努力的结果。功劳是大家的。

虽然很多人回忆在发掘定陵的工作中说我舅舅立了大功，但他仍然保持着低调、朴实和大度的一贯风格。他曾当着大家的面说："成绩是大家做出的，人人都有份！”这不是一句应景应酬之词，完全是真心真意之语，闻者无不热泪盈眶。

2003年，包括定陵在内的整个十三陵被联合国科教文组织列入世界文化遗产名录，昔日的皇家陵寝最终成了全人类的共同遗产。每天参观者络绎不绝，明十三陵已成为闻名中外的重点旅游景点。眼观这种欣欣向荣的局面，我有一种特殊的激动，舅舅当年的预言多么准确，如今早已变成现实，如果他能亲眼看到该有多高兴，现在只能由我代替同享这种喜悦了。

经过多年人生磨炼，我已经具备足够的判断力评判人间是非善恶。我虽然不是当年定陵发掘的亲历者，但我可以用我的所见、所闻、所悟，剥开层层迷雾，还原历史真相。我有一种莫名的写作冲动，决心以我的拙笔描绘一幅虽欠美妙但却传神的画卷。我相信，只要胸怀一个诚字，突出一个真字，并赋予一定的写作技巧，就可以成就一本好书。

每一天，旅游者抱着“淘宝”的愿望兴冲冲地从四面八方扑向定陵，蔚为壮观，但由于时间有限，想看内容又多，所以每次只能走马观花，囫囵吞枣。在匆匆离去，意犹未尽之际，我希望他们能带上我刚刚完成的这本书《定陵发掘现场指挥——白万玉》，回家后慢慢品味，洞察某些历史细节、趣闻逸事，人情世故，如同续品一杯清茶，也是乐事；或者在买书之后，如饥阅读掩卷沉思之际，萌发目睹庐山真面目的冲动，去造访历史遗存，领略古韵风骚。

缂丝十二章衮服

青花碗

第十九章 安特生中国探秘

在本书的前半部分，我的笔端曾触及在中国和世界都颇有名气的瑞典考古专家安特生和斯文·赫定曾经在中国走过的足迹，而且读者也了解了我舅舅干考古这一行是得益于他们的真传。朋友们可能不解：在20世纪初，中国处在封闭状态，为什么远在万里的瑞典考古专家会与生活在贫瘠山沟里的你的舅舅发生碰撞？他们是如何相识的？你舅舅是如何走上考古之路的？这些问题部分已经有了答案，在诸多作者笔下曾有过介绍和描述，但他们的描述尚不尽全面。我从小就知道一些，只是欠详细且缺少立体感。为了写这本书，2009年的春天，我特意与家人回了一趟离北京并不遥远但我却从未去过的姥姥家——河北宣化庞家堡汤池口。那是我舅舅和我母亲从小生活过的地方，被山峦环抱的小山村虽仍不富裕，但民风淳朴，人情味浓烈，短短数日，我们被暖流包围着，倍感亲切。我爱这里的土地，更爱这里的亲人。听亲人们讲述了诸多故事，舅舅的形象更鲜明地立在我的面前。

我舅舅走上考古之路纯属偶然，是因为碰巧遇到了安特生而被其指引从事了一生的事业。那安特生先生为何要来中国？又是什么原因使他到了贫瘠的小山沟？这一切说来话长，但我尽量长话短说。

安特生博士全名约翰·古纳。安特生（Joham Gunnar Andersson.1874.7.3—1960.10.29）是瑞典著名的地质学家、考古学家。1874年出生于瑞典纳克省奥里不罗市的乡村，毕业于乌普萨拉大学，1902年取得地质学专业博士学位，时年28岁，并从此开始了他的学者生涯，先后参加了南北极考察活动，1900年在瑞典主持了第11届万国地质大会的召开。1906年任该国地质调查所所长，使其成为名噪一时的地质学家。在此期间他所主编的《世界铁矿资源》和《世界煤资源》，更是他在地质学研究上取得的成就。

1914年，他幸运地接到了来自神秘东方古国的邀请，中国政府通过瑞典政府，聘请他担任中国农商部的矿政顾问，协助中国专家进行地质和矿物方面的调查。

从1914年到1925年，他应邀担任中国北洋政府的矿政顾问，在广泛进行矿物调查的同时，又进行古代生物和文物方面的调查和采集工作，十几年间，他的足迹遍及中华大地，并以对中国文化的多方研究而成为名扬世界的“中国通”。这位洋专家在中国的知名度随着他在中国的学术成就日趋显赫而不断提升。“仰韶文化”享誉世界，最早就是经过他的发掘并命名，同时，安特生还被认为是周口店“北京人”遗址的最早发现者之一。

当时的中国，清政权已被推翻，但辛亥革命的胜利果实却为北洋军阀所攫取。北洋政府四面楚歌，朝不保夕，地位岌岌可危。可能是为了挽救危局，总想做点善事弥补，于是就做出了一项在今天看来仍不失为明智之举的决定：为了摸清国内矿产资源尤其是煤炭资源的情况，从欧洲发达国家聘请一位专家，在全国范围内进行一次地质矿藏方面的调查，以便进行利用和开发。

出人意料的是：中国政府宣布，不从英、美、法、德、日、意、俄等西方大国中选择专家顾问，而是选择由北欧瑞典来担当此任。这一决策，是采纳了当时中国地质调查所所长丁文江建议的结果。丁文江推荐安特生来华的理由是：与其他怀有帝国主义侵略野心的西方列强不同，利用中立国家瑞典较为“安全”。这一建议当即被当时的中国政府采纳。

来到中国的安特生立即被委任为中国政府农商部（后相继改称农矿部、实业部和经济部）的矿政顾问，职责是协助中国地质学家寻找铁矿和煤矿。

尽管当时的中国战乱频仍，政局动荡，找矿及采矿的工作举步维艰，但安特生很快就发现，贫穷的中国却是一座科学发现的“富矿”，那些人迹罕至的荒山僻岭，那些鸡鸣犬吠的贫穷村落，到处都有科学发现的无尽宝藏。

来华初期，安特生的工作暂无进展。千头万绪，一时还理不清头绪。神秘的东方古国满目疮痍，贫穷、落后与先进、富有的瑞典王国简直无法相比，但安特生很快就习惯并适应了。

一次，安特生去拜访一位名叫麦西生的丹麦工程师，在这位友人家里发现了一种奇特的红色粉末。身为地质学家，职业的敏感让安特生对这种红色粉末怦然心动，他取走一部分矿粉，经朋友介绍，1914 年安特生亲自到矿粉的产地张家口龙关山勘察。

在位于现在张家口宣化的龙烟铁矿，一眼望去，到处都呈现一种红色，安特生发现的那些赤铁矿就产自这里。经十几道繁杂的化验之后，这种红色矿石粉末被确认为含铁量高达 57% 的赤铁矿石。近百年前，以当时的选矿技术要求，拥有这样的含铁量，已经达到品位优良的富铁矿标准。据文献记载，赤铁矿是古代炼铁所使用的主要矿石之一；而它们被作为颜料的历史似乎更久远。

龙关山和烟筒山盛产铁矿石，今天已不再是秘密，但是近百年前，对安特生来说，却像发现了“新大陆”。为此，他开始极为关注和惦记这里，这块贫瘠的土地像磁石一样吸引着他。

1914 年，第一次世界大战爆发，同盟国和协约国两大军事集团在欧洲展开激烈较量。

冷兵器时代结束后的这场规模空前的世界战争，更是一场实质上的“钢铁之战”，机械化武器登上了战争舞台，坦克、飞机、潜艇等现代化新武器无不耗费大量钢材，考验着参战国的钢铁生产能力。在前后 4 年零 3 个月里，第一次世界大战使钢铁成为极其紧缺的战略物资，西方参战国纷纷下令禁止钢铁出口。

而在钢铁出口国正掀起抢购狂潮，钢铁价格暴涨。在中国上海新出厂的钢板和马蹄铁比战前上涨了 10 倍，钢铁从每担 3 两银子提高到 14 两。全国掀起大办钢铁实业的热潮，上海的兴和铁厂，年产钢 3 万吨；山西的阳泉铁厂，也建起了日产 20 吨的高炉。钢铁业成为中国最赚钱的生意，开铁矿比金矿更有诱惑力。

瑞典人安特生恰恰在这个时候发现了铁矿，让北洋军阀政府的幕僚们眼前一亮。

1919 年，北洋政府投资 250 万银元，由财政部次长陆宗舆督办筹建，依托龙关山铁矿建立华北地区最重要的钢铁基地。龙烟铁矿股份分公司是现在宣化钢铁集团有限责任公司的前身，创建于 1919 年 3 月 29 日，迄今已有近百年的历史。

1914 年北洋政府农商部矿政司顾问安特生等人在龙关庞家堡、烟筒山勘察发现“宣龙式”赤铁矿床。

卓宏谋先生主编的《龙烟铁矿之调查》一书中称：龙烟铁矿矿层丰富，矿质之佳，亦足为世界太古纪以后水成铁矿中之罕见者，推龙烟为首例，世界上对同类的矿命名为“龙烟矿”。

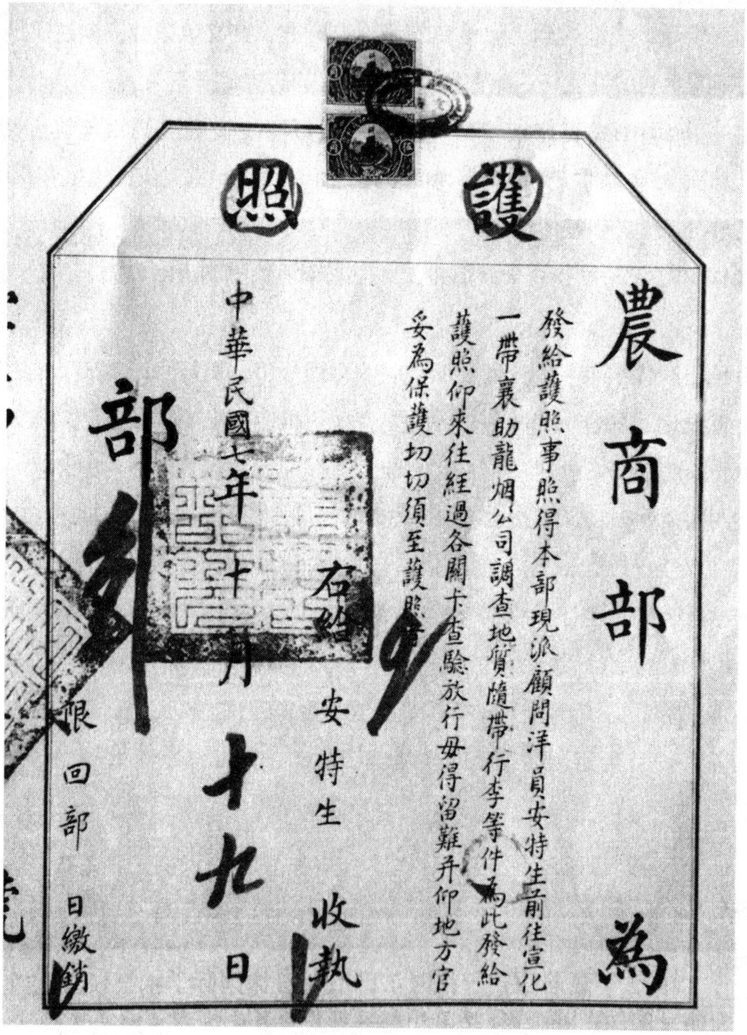

護照

農商部為

發給護照事照得本部現派顧問洋員安特生前往宣化
一帶襄助龍烟公司調查地質隨帶行李等件為此發給
護照仰來往經過各關卡查驗放行毋得留難并仰地方官
妥為保護切切須至護照者

右給 安特生 收執

中華民國七年十一月十九日

部

限回部 日繳銷

1918 年中国政府颁发给安特生外出调查的证明

（引自刘大有先生《安特生评传》一书，系由瑞典东方博物馆提供）

第二十章 巧遇安特生

舅舅的家那一带到处是崎岖不平的山路，山上裸露的是红褐色的山石，再配上点点的绿草、野菜、山花，和毗邻炊烟袅袅的村庄相辉映，一派农家特有景色。

别说百年之前，就在科学技术以及交通飞速发展的今天，这里仍然交通不便，要想来到这个村庄，从宣化出发开车约一个小时，刚开始时一马平川，先经白庙，再过赵川，没有一会儿，就开始爬山，左绕右拐，云里雾中，放眼望去，一切都在脚下，山道周围全用石墩做护栏，以保安全，因山路陡峭，开车非万分小心不可。宣化与汤池口村相距不远，但必经一段险途，当地人早已习惯，在公路开通以前，人们进出村庄，全凭双脚，或借助马、驴、骡才行。

1915 年一个盛夏的早晨，这是一个再普通不过的早晨，但对于舅舅来说，却是一个非同寻常的早晨，他做梦也没有想到，就是这样一个普普通通的早晨，幸运之神在向他招手，并把他招到远方——一个他未知的世界。

说来也怪，这天早晨舅舅特别高兴，16 岁的舅舅吃了早饭就和两个伙伴一块上山砍柴，一路上有说有笑，好像有什么喜事在等着他们。

我姥姥有六个孩子，按大排行算，我舅舅白万玉排行第五，我称他为五舅，1899 年阴历八月十三日出生，1915 年，16 岁的舅舅还不能算家中的主要劳动力，他上面有大哥和三哥，早已成家，娶妻生子，两个姐姐也已出嫁，家中的一些零散杂活，比如打柴、放牛、喂猪等就由他来承担。“穷人的孩子早当家”，农家子弟，帮大人干活，养家糊口，由此练就一身强健的体魄和结实的身材以及走多远的路也不觉得累的铁脚板。

再说那日他们砍完了柴，走在回家的路上，虽然累了、渴了，但十分高兴，连说带乐，笑声在山谷中回荡。

忽然，一人吃惊地用手捅捅身边的舅舅和另一个人说："你们看啊，后面怎么是两匹马在抬着一个轿子？"，"咦？真的"，三个人被眼前的景象吸引住了，从来没有见过这阵势，于是停住了脚步，想看个究竟。

慢慢地，这队人马离舅舅他们三个人越来越近。原来这叫驮轿，即由骡马等一前一后驮着的轿子。轿子的前、后各架一头骡子或马，将轿架起。此轿比一般轿大，轿内备有寝具，可随意躺卧，便于长途旅行，驮者通常为二人，一人徒步，一人骑驴或马或骡。当今在山西仍有地方以此作为娶亲的工具，清末至民国初年，作为长途运输的交通工具，曾被京北昌平一带的镖局广泛使用；但这种工具在城里走街串巷穿小胡同可不行，因为它身子太长，不易调头，所以只在郊外流行，城内少见。资料记载，1900 年，八国联军侵华，京师沦陷，慈禧太后和光绪帝被迫流亡就乘驮轿奔西安。在交通不便的地方，只有尊贵的人方可乘坐此轿。

当乘坐驮轿的人从轿子里下来的时候，把舅舅他们吓了一跳。"嗯？怎么和我们长得不一样？大鼻子，蓝眼睛，还叽里呱啦地说着根本让人听不懂的话？"舅舅曾这样和我们讲他初见安特生的印象。

是啊，别说 20 世纪初了，就是在 20 世纪 80 年代乃至 90 年代，在首都北京繁华的王府井大街上外国人还被围观呢？何况那个年代，尤其是那个与外界少有交流的闭塞的穷山村了。

那个外国人虽然说话听不懂，但是从他的眼睛中透出了他的善良。他笑眯眯地看着眼前这三个孩子，一边说着什么一边轻轻地拍着他们的肩膀，后来有一个会说中国话的人给他们讲："这位先生问你们叫什么？多大了？背这么多的东西累不累？"这三个孩子毕竟没有见过什么大世面，有些不知所措，不敢回答，躲来躲去，还有点难为情，最后舅舅总算胆子大一点，慢慢和他们交谈起来。与其他两个伙伴相比，舅舅长得高，明眸皓齿，眉宇间透着一股机灵劲，从一开始就给他们留下好感。这位外国人就是大名鼎鼎的瑞典考古专家——安特生。第一次乡间小路的见面，落落大方的舅舅给安特生留下了极好和深刻的印象。

原来这一行人，就是要到舅舅家附近的地方，去查看那里的地形和考察那里的矿藏以及勘测工作，于是这小哥仨背上柴火与安特生同行。

安特生索性也不坐轿了，由翻译陪着与舅舅他们边走边聊，孩子嘛，一会儿就熟了，别看他们刚开始胆小，后来话就多了起来。当安特生问舅舅家住在什么地方时，一个同伴马上答："他们家可排场呢！是个旗杆院，门口还有上、下马石呢。"通过翻译，安特生还是不太懂什么叫旗杆院、上下马石，并说以后有机会一定要到舅舅家去看看。说着，走着，安特生及一行人已到了他们要到的路口，临别时，安特生学着小孩的模样做了一个鬼脸，显示外国式的幽默，一下子又拉近了他们之间的亲近感，同时也给安特生脑海中留下印记，即现在所言的关键词："汤池口村、旗杆院、上下马石"和那个健壮的男孩——"白万玉"。

三个人回家后，分别向各自的家人讲述了这一天的经历，在村子里一下子就传开了，就这样在全村引起了轰动。

驮轿展示

第二十一章 平凡而独特的故乡

由于优质铁矿石的吸引，安特生经常往来于北京与宣化龙关及周边矿山之间。由于这种机缘，我舅舅有幸巧遇了安特生，这当中，宣化自然而然地成了安特生来往两地之间的必经之地和中转站。宣化也是我特别喜爱的城市。

宣化有我许多的亲人，姨、舅、表哥和表姐，在我小的时候，一到放假，尤其是暑假，我常到这里来，这里和老家丝丝相连，可谓融为一体。宣化离北京很近，但据我所知，许多北京人对这里并不甚了解，包括我的同学、同事、朋友。我常常讲给他们听：宣化可是个好地方，这里的人民风淳朴、善良、憨厚老实、语言柔美、待人亲切；宣化的夏天凉爽极了，是离北京最近的“避暑胜地”；由于它得天独厚的地理位置，千百年来，这里还是兵家必争的军事要塞。这个千年古城被称为“京西第一府”、“京师锁钥”、“析京屏翰”……有人形象地比喻：如果登高远眺，大家会恍然发现，北京犹如坐落于一个大平锅底的中间，而宣化则是北部锅沿的一个小口，从北方南下，只要冲过这个要隘，再往南可以说是一马平川，否则只能绕道山海关。对于蒙古人来说，取道宣化是最划算的路线。明朝称“宣化”为“宣府”，它是明北方“北边要镇”之一。总之，宣化是一个值得书写的地方，自古以来就是有名的重镇，其遗留下来的众多古迹厚重而又珍贵。

还有值得称道的是这里的马奶葡萄：在古老的张恒大地上，宣化葡萄可谓名噪古今，它伴随着古城文化，历经 1200 年历史，一路走来。独特的地理气候及自然条件，勤劳的宣化人民，培养和打造了恒古迄今的一代果中佳品——白牛奶葡萄。宣化的葡萄色泽绿中泛乳白、晶莹碧玉如玛瑙耀眼、翠嫩欲滴、皮薄肉腴汁丰，味道清甜可口，百吃不腻，素有“刀切牛奶不留汁”之美誉，明、清时期被列为皇家贡品，早在百年前 1909 年就获得过巴拿马物产博览会的荣誉奖。

它为历代君王显贵、文人墨客、黎民百姓赞誉称道。

曾有诗赞曰：

玉帝不晓凡鲜果，王母只知蟠桃鲜。
葡萄王国游历遍，方知宣化“牛奶”甜。

大剧作家曹禺先生童年曾随父亲万德尊在宣化居住，宣化给他留下了极为深刻的印象。他视宣化为其第二故乡，曾赋诗一首：

尝遍宣化葡萄群，嫩香似乳滴翠甘；
凉秋塞外悲角远，梦尽风霜八十年。

自从安特生同这几位小伙伴在山路上不期而遇以后，这几个“关键词”在他猎奇的脑海中一直挥之不去：“旗杆院、上下马石”，这些都是他和我舅舅熟了以后向我舅舅说的。所有这些，都是我母亲的嘴中不知叨唠了多少遍的“老生常谈”了。

听母亲说，她的祖上因对朝廷有功，被封为八督之官。八督者，管辖八县。政府为表彰其功绩，在她家门前立有旗杆一座，赐为旗杆院，仅旗杆座就有一人多高，这个名称一直流传到现在仍有不少人这么称谓；此外并有匾额等皇家之赐物；除了这些，大门前还有上、下马石两墩（现在只剩下一墩下马石了）。再从房屋的建筑结构到屋顶用瓦以及院内用鹅卵石铺成的图形地面，处处都彰显白家祖上的兴旺与荣耀。从房屋建筑看，与京城宅院的结构无甚两样，前出廊后出厦，雕梁画栋，连山墙都有花朵配置；再说屋顶的瓦是清一色的灰筒瓦，瓦前有兽形图，仅用此瓦就更显屋的主人身世不同一般。据介绍，盖房的瓦非常考究，其中大有学问，我查过书，曾有这样的解释：中国自汉、魏、两晋的门第风气出现后，社会的等级差别日趋森严，至明、清达到高峰，小到服饰、穿戴、用具，大到车马、轿子、宅院，都形成了品级规定，丝毫不得逾越，违者是要治罪的。对宅院的等级，主要控制在房顶的用瓦上。平民的房顶，不管你多么富有，只许用“板瓦出垅”；考取功名者，才许铺设“边三垅筒瓦”。全用筒瓦盖顶者只有皇室、寺庙、城防及特批的王爷贵戚方可。这个不成文的规定，在明、清之时，已通行全国，且十分严格。对此，我仔细观察过北京普通居民住宅的屋顶，用筒瓦的少之又少，只是到了故宫、王府等建筑才可以看到气度非凡的黄色琉璃筒瓦。

听母亲说，白家祖上自有非凡之处，据说出过举人、贡生之类，家门前有“上、下马石”是表明身份，不是一般人能享有的待遇。古代有钱有势的达官贵人，在宅门前常设置两块巨石，这是为骑马官员准备的，称为上、下马石。从侧面看是L形，是一个具备有两步台阶的石头。第一步台阶高约30厘米，第二步台阶高约60厘米，通常多为青石或花岗岩，也有白色大理石，这两块石头，作用非凡：一是显示主人等级；二是待客特制设施，住宅门前设有上、下马石让“文官下轿，武官下马”，显示宅院主人身份非同一般。与此相匹配，很久远的年代起舅舅老家院内全用鹅卵石组成的花纹铺地，一直保留到现在，看来规格也是不低的。

从母亲的口中，我初步得知，白家曾是一个颇有名望的人家，当时，在当地都流传着这样的顺口溜：

白家的马赛牛羊，梁家的银子用斗量，

大户之家人才旺，今后还要出栋梁。

不多的几句话，昭示了白家祖上的风光和富有，至于日后能否出人才那还是未知数。

说到白家的富有，还有一段有意思的小故事。早年间，在院子的东屋有一个很独特，号称“热炕”却怎么烧也热不起来的炕，排烟也不顺畅，一直认为没砌好砖道，就不太理会，后来，好奇心促使主人下决心将这炕拆了看个究竟，这一拆不要紧，惊呆了所有人。原来在炕中央空心处放了整两缸白花花的银子。至于这些银子为何如此神秘珍藏？做何用途？后来这些银子怎么花的？分给谁了？都无从记录，但是盛这个银子的“虎头缸”还在，它向人们诉说着历史。

写了舅舅祖上那么多的风光历史，是铺垫而非“炫耀”，其实历史本身就没有什么值得炫耀的。第一，它不是我创造的财富和我写的历史，只是向读者介绍那已经过往的事情。第二，中国有句俗话叫做：“好汉莫提当年勇”，我仍然信奉这样的话；财富和名望必须自我创造，吃得苦中苦，方知甜中甜。靠祖上的家业生活是少有兴旺发达的，但遗传基因在一个人（或民族）的成长过程中有时也发挥很大作用，这就是为什么某些看似中落的个人（或民族）能重新崛起的原因之一。

后来家道中落，但大门前的旗杆座、匾、上下马石连同白家祖坟一块显赫的墓碑，系清朝道光年间一位学生给白家祖先立的碑，上书“万古流芳　大清道光二十年五月立”，还静静地伫立在那里，向人们诉说着过去。白家良好的家风延续不断，从祖上一直传承下来的正直为本、诚实守信、积德行善、知恩图报、大度为怀……这一切做人的品行在我们家一直遵循着、传承着，因此能做到不管穷富，都能志存高远，永往直前。年幼的舅舅从小立下志向：人穷志不短，要为白家的崛起做出努力。虽然没有豪言壮语，但豪情壮志早已深埋心底。

舅舅老家曾装过银子的“虎头缸”

舅舅故乡家门前的下马石

第二十二章 再遇安特生

舅舅与安特生等巧遇之后的一个多月，秋天到了。塞外秋天已感阵阵冷意，虽不至于到“早穿皮袄午穿纱”的程度，但早晚要披上薄棉衣裤才能抵御些许风寒。秋天是收获的季节，庄稼地里的高粱、玉米、莜麦、土豆等农作物已成熟，在微风的吹拂下吐露着芬芳，等待着它的主人来收割；初秋远处的山冈上点缀绿、黄、红等各种颜色，五彩斑斓，野草丛中也偶有牛羊光顾，各家各户的房前屋后枣红、杏黄，阵阵飘香，姥姥家葡萄架下挂满了碧玉如翡翠般汁肥味美的牛奶葡萄，等待主人来品尝，这偏远的小山村呈现一派原生态的田园风光。

这又是一天的上午，吃过早饭后，姥姥让舅舅去放羊，并特意吩咐，带点干粮到离家稍远一点的山上去放羊，因为那里的野草、野菜或许更多。邻居家有好几个孩子也跟着“加盟”到放羊的队伍中，因为孩子们的本性就是喜欢凑热闹一块玩，大家高高兴兴地出发了。

孩子们在山坡上跑着跳着当头，忽然发现了远处一些人正朝他们的方向走来，并在不远处停下，其中几个高大的身影格外显眼。他们竖起一个三角支起的架子，半蹲半弯腰在向远处瞄着什么，好生奇怪，强烈的好奇心促使舅舅和那几个小孩来到了这些人的身旁，一看是几个外国人，真是无巧不成书，竟然是安特生他们。舅舅当时不懂，他们在这里做的就是勘察地形和做测量工作。安特生一下就认出了舅舅，舅舅也认出了他，两个人像老朋友一样比比画画地在“说”着什么。经过翻译，舅舅知道，原来安特生一见到舅舅，那几个关键词又出现了：“旗杆院、上下马石、白万玉。”

舅舅他们来得正好，安特生此时正需要几个帮手，帮他挥挥旗、抬抬仪器之类。这里崎岖的山路对于他们这些出门便坐车的人来说颇感吃力，再抬些仪器就更觉费劲，可是山区长大的孩子们爬山走路轻巧敏捷，让安特生很是喜欢。这样连放羊带帮忙，不知不觉中已来到离舅舅家不远的村边，舅舅说："我快到家了，您到我们家坐会儿吧"，周围的小伙伴也附和着说："他们家可大了！"由于"旗杆院、上下马石"等概念在安特生的脑中挥之不去，也为了不辜负孩子们的盛情邀请，他决定第二天到舅舅家来看看，并嘱咐他要和父母打声招呼。

"都到村口了，为什么不进家呢？"舅舅不懂，外国人如果事先未和主人约好直接去拜访是不礼貌的，故安特生推迟在第二天到舅舅家看看。

这消息像炸了锅一样令姥姥全家上下齐动员，打扫屋里屋外、院落前后，忙得不亦乐乎。

第二天一早，舅舅就到山冈上等着安特生一行的到来。过了一会儿，安特生等人如约来到山坡上。此时的舅舅与安特生已经显得很熟，虽然语言不通，但一抬手、一投足便能知情达意。舅舅跑前跑后地忙活着，一会儿举旗，一会儿移杆，虽然累得满头大汗，但当安特生问他累不累时，他却憨厚地笑着回答："一点都不累。"看着舅舅健壮的体魄、朴实的面庞、矫健的步伐，这不正是他要找的帮手吗？由于安特生在工作中深感人手缺乏，特别需要在当地物色几个年轻力壮、有悟性又聪明的小助手，再看看和舅舅在一起的小伙伴，倒是憨厚朴实，也颇有灵气，他决定测测他们的体能，全方位考查一下这些孩子，然后择优录用。于是，他决定让工作人员在地势较高的地方插一面旗子，让十几个孩子比赛，看谁能第一个拔下旗子，比赛开始后，舅舅不费吹灰之力拔得头筹。安特生又高兴又喜爱地拍了拍他的肩膀，用蹩脚的中文说出六个字："你真棒！好样的！"被夸奖的舅舅有点受宠若惊，倒有点像害羞的小姑娘，不好意思地笑了。

经过深思熟虑之后，安特生问舅舅：喜不喜欢干这工作？今后跟他干愿不愿意？带他离开家乡行不行？父母能否同意？对于这些突如其来的问题，舅舅一下懵了，有些不置可否，不知所措。

山沟里长大的舅舅，很少出远门，最远也就是随哥哥们到庞家堡镇办点事情，外面的世界是什么样，从未见过、也没多想过，毕竟还是个 16 岁的孩子。尽管家里的孩子多，由于男孩中排行最小，他仍是父母眼中的宝贝，对于安特生提出的问题，不敢擅自作主，于是他回答：“我得问问我爹、我娘。”

午后时分，安特生一行由舅舅陪着如约来到村口，准备去看一看舅舅的家。安特生的到来如同天大号外一般，在小小的山村引起轰动，大人小孩里三层外三层围了个水泄不通，热情似火的中国人让安特生十分感动，他频频向大家招手，报以礼貌的微笑。姥姥家离村口不远，但地势较高，当安特生被众村民簇拥着来到姥姥家门口时，他仔细地观看旗杆座、门匾和上、下马石，对中国民宅的古朴赞赏有加。热情的主人把安特生他们让进院门，院子里不仅干净整齐，尤以鹅卵石拼出花纹的院地让安特生感慨不已，禁不住随口说出：“太漂亮了！”随后家人又端上刚从葡萄架上摘下的晶莹剔透的牛奶葡萄让其品尝，美味的水果令他赞不绝口。语言的障碍并没有影响主客之间的交流，对于这位“天外”来客，让不曾见过这一阵势的朴实人家略感局促，话语不多，就是一个劲地让客人喝水、吃水果，倒是舅舅落落大方，话语自然，深得安特生的喜爱，并对舅舅的家庭有一个初步的了解。

谈话之间，安特生特意表示要带舅舅到外面工作给自己做助手的意思，想听听两位老人的看法。大家你看看我，我瞅瞅你，不知如何是好。还是姥爷有主见，他通过翻译转告安特生，大意是，这个问题太突然，我们没有思想准备，容我们想想，明天给你答复。安特生对姥爷的回答表示理解，又闲聊了一会儿，最后他们握手道别。这朴实的庄户人家给他留下良好印象，虽是庄户人家却非同一般，更坚定了要带走舅舅的信念。

看热闹的人多，知道要把舅舅带走到外面去的消息不胫而走，村里的老老少少无人不知，议论纷纷。这一宿姥姥全家人几乎没睡，姥姥不停落泪，一百个舍不得，而姥爷则表示同意，一锤定音：“全家这么多人，上面还有两个儿子，有一个到外面去工作，闯一闯也许是件好事”，又回过头来征求舅舅的意见：“你说说，你自己愿不愿意去？”没想到舅舅用三个字爽快地做了回答：“我愿意！”“既然这样，那就让他走吧。”姥爷也就代表全家做出了最后的决定。

这一意外机缘使舅舅从此踏上充满艰辛和魅力的考古之路。

安特生的到来，让村里的人更是对姥姥家产生了敬仰之情：“你看看，人家白家还是要出人，都是农村娃，一样放羊，一样砍柴，怎么人家老五就能招来外国人？”是啊，莫非这一切都是命运使然？

据舅舅回忆，离开家乡后，他一直跟随在安特生的身边，做一些辅助性工作，通俗地讲，就是做一个小学徒吧。至于干什么？最先还是在周围矿山上测量、勘察、抬抬工具、背点矿样等杂活，后来就去了离家稍远一点的庞家堡干了一阵子。

从来没有离开过家的舅舅，时时思念家里的亲人，有时干起活来，略显走神，这不免让细心的安特生看出了缘由。善解人意的安特生特意给他放了几天假，让舅舅回家看看父母，并备好一些礼品顺便带回家，亲切细致的关怀令舅舅十分感动。因为语言不通，加上舅舅从来就不屑也不会用华丽词语表达谢意，只是下决心用努力、踏实的工作来回报安特生先生。

回到家中的舅舅一下子被亲人们团团围住，问东问西，场面一如记者招待会，他都像竹筒倒豆般地一一道来，大家最关心的就是："他们说话你能听懂吗？""他们那里有人会说两种话，其实这就叫翻译，能听懂"，舅舅回答。姥爷和姥姥这就放心了。家人千叮咛万嘱咐：干活要踏实，要做一个有出息的好孩子。舅舅回家仅仅两天，这两天，他干了许多活：把水缸的水挑满、砍了许多柴火、把院子重新打扫干净，这一切家人都看在眼里。假期将至，舅舅要走了，姥姥在一边偷偷掉泪，是要离别的伤心？是为了儿子有出息而喜悦？还是兼而有之？总之心情十分矛盾，姥爷安慰着姥姥："好男儿走南闯北，志在四方……"，别人纷纷劝慰姥姥，又无数遍地叮嘱舅舅："好好干吧，前途无量。"全家及村里乡亲一起把舅舅送到村口，他一遍遍地挥手道别，偷偷抹去眼中的泪花，三步一回头，依依不舍，直至渐渐远去……就这样，他背负着全家人的重托与期望，在还不知道前方是什么开始，从此走向远方。

第二十三章 随安特生接触考古

安特生 1914 年应中国政府之邀，来华担任农商部矿政顾问，也是为调查研究中国地质环境和资源而来的。这期间他对龙烟铁矿进行了认真、细致的考察与勘测，收到了很大的成效。本来工作进展得很顺利，可是 1916 年由于袁世凯之死，地质考察研究因经费短缺而停滞，加之其他一些偶发原因，安特生为此把精力放在对古生物化石的收集和整理研究上。

此时舅舅也随安特生来到北京，并经常与他一起赴各地如辽宁、山西、河南等地考察，工作重心也由探矿、找煤，逐渐转向收集各种古生物化石，他已成了一名小小的采集员。

1916 年 6 月，当安特生在山西勘探铜矿资源的时候，偶然的机会让他发现了一批古新生代的生物化石，这一发现结合当时矿藏资源勘探难以为继的状况，安特生以及当时地理测绘研究所所长丁文江先生随即调整了工作重心，转而进行对古新生代化石的大规模收集整理工作，同时这一工作也得到了当时民国农商部以及瑞典皇家的支持，于是，安特生的考古生涯自此拉开了帷幕，同时，一直伴随安特生左右的舅舅也从此与考古结缘。

聪慧是上天赐给一些人的特殊礼物；而勤奋、刻苦、努力等都是后天因素，系自身严格要求与奋力打磨等坚韧意志使然，如果两者兼而有之，应是人生一大幸事。舅舅的为人处世、工作能力基本向高标准看齐，他苦于文化水平较低，但他的悟性高，故能很快领会并很好地完成应做的工作。他利用自己年富力强、悟性强等有利条件，苦干加巧干，尽量多做工作，做好工作。他不怕困难、勇于攀登、忠于职守的工作作风得到了安特生及周围同事的信任和喜爱。后来由于安特生工作重心转向了考古，一个新的课题呈现在舅舅的面前：“为什么一天到晚总和一些石块、骨头、牙齿、瓦片什么的打交道？”，他有些不解，但他最大的长处就是在干中学，不懂就问，在无数次地学习、探索、实践中，不断有所收获，日积月累，他的羽翼逐渐开始丰满起来。

寒来暑往，很快到了1921年，这一年舅舅已经是个高高大大的22岁的大小伙子了，不仅身材魁梧，体格健壮，而且眉清目秀，照现在的话说真是一个大帅哥；然而最重要的是，他已经通过无数次摸、爬、滚、打，练就为一名颇有经验的考古工作者了。这时他已是安特生名符其实的得力助手。

舅舅说在安特生手下工作，是一种享受，因为安特生不仅培养多名学员当他的助手，学员之间互相协作、取长补短、和谐团结，同时也给予他们田野考古工作的机遇，很快这些助手包括我舅舅已经成为经验丰富的工作人员。安特生从来没有某些外籍人员所散发出来的趾高气扬、不可一世、歧视中国员工的劣根性，而是和他们打成一片，了解他们的身世，生活上待他们宽厚，语言上亲切和蔼，工作环境虽困苦艰辛但却宽松愉快，于是舅舅在十分友好和关爱的氛围中成长起来。

在我舅舅的青壮年时代，他就立志献身考古事业而走南闯北，转战四方，游走多个省份，辽宁、山西、河南、甘肃、青海等都留下过他的足迹；他曾到山西探过铜矿，曾随安特生在北京周口店附近的洞穴中发现了古生物化石……最为重要的是他直接参加了河南仰韶文化的发掘工作。

80多年前，中国近代考古学尚属一片空白，考古专家安特生及袁复礼先生等人对河南仰韶遗址进行的考古调查和发掘，为研究中国史前文化开辟了广阔的前景，影响深远，意义重大。

在1921年仰韶遗址发掘之前，我国还没有确切的证据证明中国有新石器时代遗存，有些外国学者或传教士曾经宣扬中国文化西来说，认为中国没有自己的史前文化，没有自己的石器时代，后来的中国文化乃至人种都是从西方传播过来的。仰韶文化遗址的发掘和发现，不但说明我国存在着非常发达而且富有自己特色的新石器文化，是世界新石器时代文化的重要组成部分，而且使那些主张中国无石器时代的理论不攻自破。

仰韶文化的发现和研究为探讨中国文明起源提供了重要线索和基础条件。

仰韶遗址发现后，我国的田野考古发掘才逐渐开展起来，并且从新石器时代的研究扩展到旧石器时代和铁器时代，逐步建立了中国考古体系，使中国的考古学研究成为当代众多学科中的一支重要学科。而新石器时代的考古发掘和研究为探讨中国文明的起源和夏商文化的研究奠定了基础。

仰韶遗址的发掘和研究，成为研究史前社会的重要基础，以无可辩驳的事实证明了华夏文明之源远流长。仰韶遗址遗物丰富，成为仰韶文化的命名地。

舅舅以最年轻的一员参与到这项伟大的发掘与发现之中，他常常为自己是开拓者的一员得以亲眼见证和亲手参与而深感自豪与骄傲，也为他一生所从事的考古事业打下了坚实的基础。

通过不断的开导和历练，舅舅终于真切领悟了考古学的真谛：考古学是一门探索人类历史的科学。它通过发掘古代人类遗留的文化遗存，认识和复原古代社会的历史，揭示和总结人类社会发展的规律，它给现代社会的发展提供经验和借鉴，并指导和推动现代社会发展的历史进程。由于从事过考古工作，庞中威先生对考古有切身的体会："考古是根据实物资料研究人类社会历史的科学，是历史学科的一个门类。历代的变革及战乱，地面上的实物资料多已不存，只有埋藏在地下的才能保存下来。通过发掘，对其加以研究，可用以证实文献史料的准确性，弥补史料之不足，阐明当时社会经济文化状况，进而探讨社会历史发展之规律。对复原没有文字记载的史前时代的社会历史，考古学起着尤为重要的作用，因而考古发掘是一项不可缺少的重要工作。"通过参与考古工作，舅舅对考古的重要性和艰巨性逐步加深了解，并逐步融入其中，可谓苦在其中，也乐在其中，这也是在他今后的岁月中津津乐道谈论的话题。其中的酸甜苦辣，正如赵信先生所言："我们搞田野发掘的，是哪儿没人专去哪儿。冰天雪地，喝不上一口热水；汗流浃背，买不到半根冰棍；草里卧水里躺，沟里爬土里滚；不见唇红齿白，惟有尘沙扑面……"对此，我舅舅深有体会，但他总是以另外一种视角看待考古，因此总能以苦为乐，坦然处之，并且总能把考古中遇到的难事、苦事等难忘经历像说评书那样娓娓道来而吸引众多"听众"。

他常说，他对出土文物的修补之所以能够达到很高的水平，也就是从那时期开始学习并逐步练就的。因为在发掘的过程中，他们和许许多多的彩陶碎片打交道，于是大家向当地人了解制作彩陶的技术和经验，比如他们了解到：制作陶器先民首先要选土，合制加羼料、制坯、打磨烧制、掌握火候；要做陶器，非得要有适当的化学性质的黏土，经过一定的制造程序，要用适当的火烧至 400 多摄氏度是必不可少的最低温度等，了解了制作过程，对于日后修补也就明了很多。

仰韶遗址发掘过程中，我国考古史上首次在仰韶村使用了探沟法，共开挖了 17 条探沟。这种发掘方式深深印在舅舅的脑海中，在定陵的发掘现场被派上了用场。

安特生宽松的工作环境以及放手让大家工作的作风使舅舅得到了锤炼，他不仅成了安特生的得力助手，而且在工作中也能独当一面，能力大大加强，比如，1921 年他随安特生到辽宁锦西沙锅屯现场进行考古发掘，该发掘也是仰韶文化的重要组成部分，当时的舅舅已是发掘队里的主要成员；尤其是在 1921—1922 年初，在没有安特生参加的情况下，舅舅与他人独自对河南秦王寨进行了调查。那时的他已经是复查员了，足见安特生对他的信任与重视。

“不经历风雨怎能见彩虹”，舅舅经历的自然风霜雨雪可谓不少，但他一出道就走上正轨，一直在安特生的呵护与指导下向着理想的目标迈进，在这一点上，他是很幸运的。

第二十四章 最早参与“北京猿人”的发掘

考古是一项艰苦的工作，为了找寻古迹，发掘古物，必然是露天作业，不可能在温暖的室内进行，故风餐露宿是家常便饭，经常是迎着风沙、顶着烈日、冒着严寒，游走于天地之间，在广袤的大地上孜孜不倦地工作着，真可谓：走南闯北、四海为家、大地做伴。

1921 年，舅舅经过几年的实践，已得到安特生的充分信任，有时有意识地让他单练，以便积累经验，增长才干；一般情况下还是带他一起工作。他们之间已经很熟悉，很知己了，有时一个眼神彼此间都能心领神会，达到了十分默契的程度。有安特生的地方，舅舅基本出现。安特生发现周口店遗址时，舅舅便在其左右，成为安特生的得力帮手，竭尽其力而有所成。时势造就了他，也使他与这块圣地结缘，从而使之有幸成为我国著名考古史重大事件的参与者。

著名考古专家刘大有先生在《安特生评传》一书中对发现周口店遗址有如下如实而生动的描述：

> 北京西南房山县周口店，有一处藏有古动物化石的山丘洞穴，当地人称龙骨山，距北京市内 48 公里。……1918 年 2 月，安特生经在京任教的瑞典化学家麦格雷格吉伯（J. Megregor. Gibb）介绍，首次在周口店洞穴中发现了一些古生物化石（两个啮齿类和一种肉食类动物化石），1921 年与奥地利古生物学家师丹斯基在此发掘，又经当地群众介绍找到丰富的猪下颌骨等化石的出土点“老牛沟”。安特生在第一化石

> 点见到可以切割带刃的石英碎片，他凭经验对师丹斯基说：“我有一种预感，我们祖先的遗址就躺在这里，现在唯一的问题就是找到它。”但是，虽几经发掘就在咫尺的“北京人”好像不愿露面，而且更有意思的是，1926年他回国整理寄去的化石又经乌普萨拉大学教授韦满（Prof. C. Wiman）研究，才发现早于此采集到两枚“北京人”牙齿化石，真是现实同他开了一个大玩笑。同年10月22日，在陪瑞典王储访华在北平学术团体的欢迎大会上，他才郑重向全世界公布了这一重大发现的消息，由此引起注目，以后才专项挖掘，安氏骑驴、住庙多次发掘，才拉开了发现“中国猿人”化石的序幕。

舅舅曾无数遍地回忆，那时的发掘工作真是非常艰苦：山路崎岖、陡峭，无任何交通工具，只能骑马或骑驴，因山高路远而多次住在庙里，在发掘现场，吃苦耐劳的舅舅一直奋战在第一线，有时他冒着空气稀少，山洞又深，曾死过人的危险爬进爬出，几年的艰辛发掘，与“北京猿人”近在咫尺，为日后继续发掘并发现“北京猿人”头盖骨奠定了坚实的基础。后经不懈努力，终于奇迹般地发现“北京猿人”头盖骨化石。这些化石最初保存于北京协和医院，随后日寇侵华战争爆发，几经辗转或掠夺，最后下落不明，多么令人遗憾！虽经多方寻找未果，至今深令国人牵挂。期望在将来某一天，奇迹会出现，宝物能失而复得，以告慰国人，也告慰舅舅在天之灵。

每当到周口店参观，我总会有一种特殊的激动。这是舅舅90年前跟随安特生忘我工作过的地方，就像我也曾经在这里工作过似的，一切都是那样亲切和亲近，仿佛我在代表舅舅又一次探访远古祖先。在周口店的高山峡谷中曾经到处留下了舅舅的足迹，时过境迁，这些印记都逐渐有些模糊了，唯有口碑尚存，这就够了。

第二十五章 天水练单骑

舅舅在安特生的言传身教之下，经过无数次的实践与观察，他逐步走向成熟，已具备了一个考古工作者发现问题、解决问题的独立工作能力。安特生大胆放手，让舅舅单飞，即派他独自到甘肃天水考察。

在他赴天水之前，还有许多地方留下了他们发掘、考察、游历的足迹。据著名考古专家、天水市民间文艺家协会主席刘大有先生介绍：

“1921 年，安氏从仰韶村发掘后回到地质所，看到该所图书馆有美国中亚考察团曾在 1904 年俄国土库曼亚诺，也发现石器与彩陶共存的报告。所以对同年冬仰韶村发掘彩陶非常重视。他又把所获仰韶彩陶与亚诺、特里波里彩陶互相比较后发现：‘河南与亚诺石器相比较，有其相似之点，既多且切，实令吾人不能不起处于一源之感想，两地艺术彼此流传，未可知也。’他为了探求两地彩陶之间的联系，就选择于两地通道的甘肃（当时甘肃管辖青海）去考察，他的建议获中方支持。1923 年春组队出发他是负责的队长。”舅舅是其中主要成员之一。他们带着中央政府给甘肃地方政府的推介“护照”及所需要的器材和经费出发了。

这一次他们去了许多地方，包括马家窖、半山、齐家、辛店、寺洼等史前各遗址进行发掘。这种发掘是艰苦的，经常要翻山越岭，长途跋涉，有时经过少数民族地区因为语言不通、风俗习惯不同而被误解甚至有人身危险，但收获巨大。安特生一行到中国最大的咸水湖——青海湖南岸考察，该湖面积 4427 平方公里，最深 38 米，环湖一周 180 公里，有 5 个小岛，海心山最著名，湖面海拔 3197 米，又有鸟岛，鱼产丰富……真乃宝地也！这迷人、壮丽的景色深深地吸引着考察队的每一个成员，令人为之震撼。

1924年夏末，安特生结束了洮河流域各地遗址的发掘。本想可以打道回府了，也许是时间和资金还有点剩余，所以安特生除了在黄河、湟河、洮河三大肥沃河谷发掘史前遗址，还要进入河西走廊东西方交通孔道上有所发现，让考察队做补充性的发掘以获得更大成果，于是他将工作做了分工，其中让舅舅单独到渭水流域诞生过伏羲的天水考察。

这次舅舅是单独行动，临行前，安特生以师长的身份谆谆嘱咐他："路上要小心、精力要集中、发现古迹要保护好、古物要保管好……"师生情谊溢于言表。

那一年，舅舅25岁，风华正茂，年富力强，肩负着安特生对他的重托、信任与期望，手握着甘肃省政府开的"护照"出发了。他已经有随安特生发掘辽宁沙锅屯、河南仰韶和甘肃众多遗址的经验，便骑马从兰州到天水，350多公里的路，要走四五天的时间。一路上不仅艰难而且危险。天水军阀孔繁锦将有关信件一律拆封后盖"验讫"大印，生怕进步思想传到当地动摇他的统治，因为舅舅手持省政府"护照"（证明信），故一路还算顺利。

他在秦州七里墩发现史前遗址，多齐家文化的内涵，农民常因动土发现完整的器物，当时他再到罗玉沟烟铺下遗址时，各种刻画纹片和彩陶片、各种石骨器、住地窑址，使他确认这是典型的仰韶文化遗址。他不放过任何细节，在旅行住宿中打听到天水南乡礼县也有这样的遗址遗物时，很是兴奋，立即做了详细调查。同时对本地方言很感兴趣，他说甘肃省几乎县县有不同的方言，伴有丰富的民俗文化，认为学一点对开展当地考古很有帮助。

从天水到礼县，要是骑马的话，起早贪黑两天才可以到达。那时路上常有强盗出没，根本没有汽车、电话，舅舅为了安全，与旅行者结伴而行……

舅舅在这里仔细地进行多方位察访，边了解民风民情，边考察遗址，一路艰辛，一言难尽。当地原生态生活状况使他动情而投入，这里不仅是考古的"富矿"，也是民俗多彩的展示，虽然礼县土话他基本听不懂，但当地老乡纯朴好客，照穿史前人穿的衣着——麻布衫，常吃发酵的酸菜，老乡家中延用一些石器、石杵等大多数陶器和编织品，乡间照用陶轮拧麻线，很是独特。这里倒流的西汉水属长江上游。史前气候温湿，物产丰饶，遍布黄河、渭水流域的各期史前文化遗址在此处都有出处甚至有属龙山文化的蛋壳黑陶，有商、周先进文化西来的踪迹，又是羌、氐、西戎聚集地。几经打听探访，他在县东15公里处的石桥镇的白蛇坡发现一处较大的仰韶文化遗址。几乎甘肃六期史前文化，除马厂、辛店、沙井期外都有发现，他发现的一件水鸟纹马家窑期彩陶瓶，现被瑞典远东博物馆收藏。

在这一过程中他克服了种种艰难险阻，取得了显著成绩，在天水总共发现了三处史前遗址，备受赞扬。只是由于时间安排有限，又单身一人不便久停，否则会有更大发现。

我在这里所以提及此事，是为了留住历史的记忆，更加明了舅舅曾经走过的足迹，至今瑞典东方博物馆还保存着安特生和中国方面往来的信札，印证了安特生多年培养了白万玉的吃苦耐劳和精明能干，也正如著名考古专家刘大有先生所言："白万玉83年前受安氏委派到天水、礼县考察的事，早已被人们遗忘了，也被地方文献漏载。唯有巩启明先生依据安氏著作，在《仰韶文化》一书中提及此事。庞中威先生介绍了白氏晚年的不幸遭遇，此篇他受命于安氏来天水考察的拙文，一则为研究安氏在甘肃扩大考察提供了线索，二则也是对曾亲随安氏、赫氏多年考察，对中国考古事业贡献不凡却遭遇悲惨的白万玉先生的纪念。"最近刘先生并赋诗一首《悼白万玉》，以表深情：

您是昆仑山巅的玉，
洁白无暇似羊脂。
您的足迹遍布神州，
为考古事业甘洒汗水。
无论是赫定、安特生，
无论是夏鼐、吴晗，
都对您称赞不已。
在人妖颠倒的岁月，
您虽被丑类迫害致死，
但精神似万玉永存！

由此可见刘大有先生对我舅舅的感情是由衷而真挚的。刘先生同我舅舅非亲非故，却能仗义执言，彰显良知，弘扬正气，难能可贵，感人至深！

和刘先生一样，有许多人为舅舅鸣不平，对此，作为他的亲人，我也想说两句。我舅舅是位地地道道的实干家，他可以埋头苦干，毫无怨言；然而限于文化水平，在理论方面却不是他的强项，特别是考古专业更应强调如何恰到好处地将现场考古发现上升到理论的高度而进行归纳、总结、提高时，舅舅就会顿感力不从心，他脑子里有许多“现货”，遗憾的是他不能亲手将这些“现货”进行精度“加工”贡献社会，而使之粗藏仓中或任之流失，有的来不及或没有及时加以总结，所以好多“现货”就没有上升到理论高度，或被人“借用了”，对社会、对他本人而言都是一种损失，在这一点上他是吃了亏的。对此我母亲就经常打抱不平地对我说：“瞧你舅舅苦活累活没少干，但辛辛苦苦的结果，功劳全是人家的……”现在回想起来，这些话是有所指的，尤指某些重大的发现，这也是不少人为他打抱不平的原因所在，但是我舅舅最大的优点就是：任劳任怨，只图无愧我心。

先人提倡“中庸之道”，博大精深。毁誉之举，勿不足，莫过头，话中适宜，适可而止。不吝笔墨，为不事张扬谦谦君子先行者颂之，善哉！何乐而不为？

甘肃出土的马家窑、半山、马厂类型的彩陶
（引自刘大有先生《安特生评传》一书，系由瑞典东方博物馆提供）

第二十六章 依依惜别安特生 又迎斯文·赫定

安特生来华已有十个年头，在华期间，他结识了许许多多像我舅舅这样朴实无华而热情好客的中国人。作为助手，我舅舅在接受这位外国恩师指点的同时，也热情地协助安特生做好工作。在华期间，安特生在地质、考古工作取得了巨大的收获，成绩显著。后来他离开中国回到自己的祖国瑞典。

他回国前与中国同事依依惜别，恋恋不舍。面对这位即将离去的恩师，不善言辞的舅舅竟伤心地大哭了起来。近十年了，他从一个山村小伙子成长为颇有造诣的地质、考古专业人才，皆得益于恩师的言传身教。尊师重教的传统使中国人历来对恩师崇敬有加，更何况，十年来舅舅形影不离地跟随安特生左右，使他对这位异国师长倍感崇敬、依恋。如今，师徒即将离别，难掩离别情。安特生像慈父一样轻轻地拍着我舅舅的肩，殷殷嘱咐他："一定要努力工作，不断奋勇向前，争取在考古这一行再创佳绩，有机会一定会再度合作，即便合作不成也会把你介绍给他人。"安特生说话算数，后来他把舅舅介绍给瑞典另一位考古探险家斯文·赫定。舅舅于是又有了和外国专家在一起学习、工作的机会，而这是在安特生回国后第二次来中国的1926年的事了。

在与安特生分别之后，26岁的舅舅回到了已阔别十年的家乡。就要到家了，他思绪万千。这十年，他从一个懵懵懂懂的青少年迈进了成熟青年的行列；从一个天真幼稚的乡间孩童成长为一个与外国专家紧密协作并逐步走向成熟的得力助手；在走南闯北的摸爬滚打中，懂得了许多有关中国历史、中国社会尤其考古专业等各种知识，变化不可谓不大；同时经历了艰苦、磨炼了意志，在风霜雨雪的社会大熔炉里历练成为一个铁铮铮的汉子。

他的归来引起全村轰动，姥姥家门庭若市，乡亲们夸舅舅见了世面，有出息，给白家争了光……令全家人乐得合不拢嘴，尤其姥姥更是喜上眉梢。

26岁，已到了婚配年龄，上门给舅舅提亲的人络绎不绝，后来还是在媒人的撮合下，舅舅很快就与邻乡姑娘张兆兰结为夫妻。我的舅妈是一位心地善良、待人宽厚、典型的中国妇女，与我母亲姑嫂之间相处得十分融洽。她的音容笑貌仍深深地刻在我的脑海中，我特别怀念她。

舅舅此次荣归故里，感觉变化最大的就是他的妹妹（我的母亲）。他走的时候，我母亲还是个四岁多的小女孩，十年间已出落成婷婷玉立的少女了，而且特别聪明、懂事、能干，整天围着哥哥让他说这说那，于是舅舅的许多经历早已成为母亲记忆中挥之不去的故事了。

舅舅在家休整了一段时间后又回到北京，与安特生再次见面，这已是安特生回国后第二度来华工作访问的事了。

1926年，安特生第二次来华，这次他是陪瑞典王储古斯塔夫·安道夫等名人学者经美国夏威夷、日本、朝鲜到中国访问，其中参观了北京故宫、十三陵等处，并赴天津、山西、安徽等地访问；到访上海时受到丁文江热情接待，后经新加坡、印度归国，为时六个月。

安特生在京期间亲切地与舅舅见面，是师生，又是朋友，时隔一年多，却像久别，见了面有说不完的话题，安特生得知舅舅已经结婚，非常高兴并向他表示祝贺。

安特生知道自己在华期间不会太长，他特别喜欢和信任舅舅，于是引见了他和另一位瑞典著名的考古探险家斯文·赫定相识，从此舅舅又与这位瑞典专家开始了新一轮友好协作。

斯文·赫定（1865.2.19—1952.11.26），是瑞典著名探险家、地理学家、地形学家。他从16岁开始，从事他终身以之无怨无悔的职业——探险生涯。因为探险，他终生未娶，与姐姐相依为命，走完他人生之路。

由于舅舅得到安特生的赞许和推荐，所以斯文·赫定很信任他，于是在1927年的中瑞西北联合科考团组团时舅舅被选中，成为该团的一员，参与了在中瑞两国意义重大的考察活动。高度信任使舅舅信心倍增，干劲十足。在一系列工作中因成绩极佳而一再被重用，此次被选中纯属情理之中。

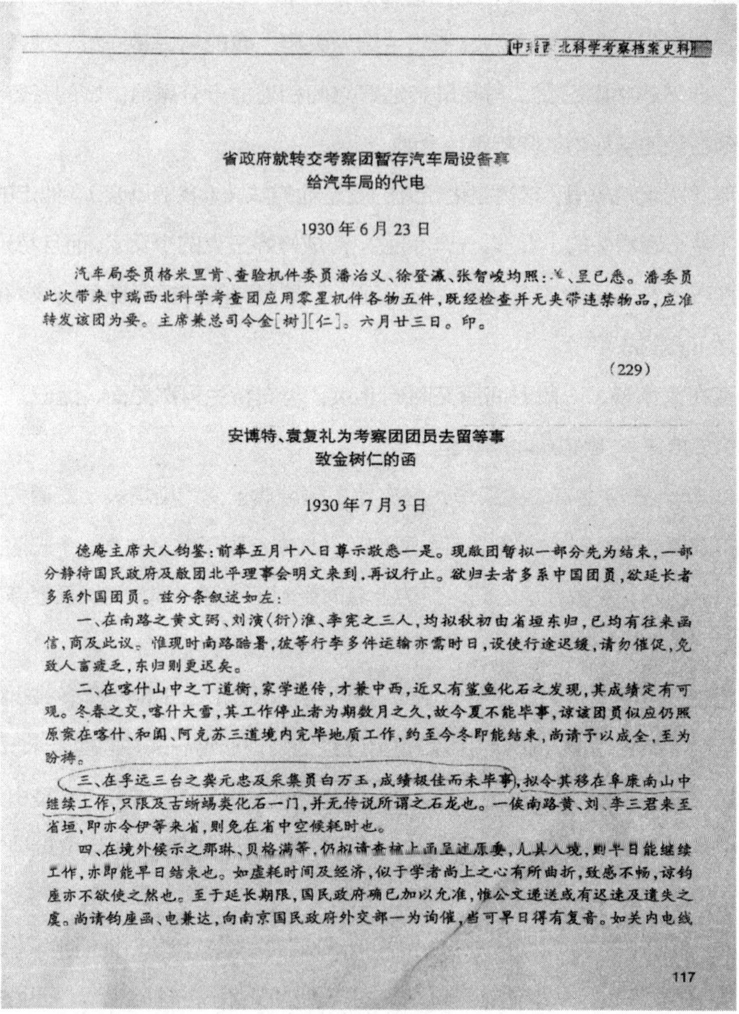

省政府就转交考察团暂存汽车局设备事
给汽车局的代电

1930年6月23日

汽车局委员格米里肯、查验机件委员潘治义、徐登瀛、张智峻均照：△、呈已悉。潘委员此次带来中瑞西北科学考查团应用零星机件各物五件，既经检查并无夹带违禁物品，应准转发该团为要。主席兼总司令金[树][仁]。六月廿三日。印。

（229）

安博特、袁复礼为考察团团员去留等事
致金树仁的函

1930年7月3日

德庵主席大人钧鉴：前奉五月十八日尊示敬悉一是。现敝团暂拟一部分先为结束，一部分静待国民政府及敝团北平理事会明文来到，再议行止。欲归去者多系中国团员，欲延长者多系外国团员。兹分条叙述如左：

一、在南路之黄文弼、刘演〈衍〉淮、李宪之三人，均拟秋初由省垣东归，已均有往来函信，商及此议。惟现时南路酷暑，彼等行李多件运输亦需时日，设使行途迟缓，请勿催促，免致人畜疲乏，东归则更迟矣。

二、在喀什山中之丁道衡，家学递传，才兼中西，近又有鲨鱼化石之发现，其成绩定有可观。冬春之交，喀什大雪，其工作停止者为期数月之久，故今夏不能毕事，谅该团员似应仍照原案在喀什、和阗、阿克苏三道境内完毕地质工作，约至今冬即能结束，尚请予以成全，至为盼祷。

三、在孚远三台之龚元忠及采集员白万玉，成绩极佳而未毕事，拟令其移在阜康南山中继续工作，只限及古蜥蜴类化石一门，并无传说所谓之石龙也。一俟南路黄、刘、李三君来至省垣，即亦令伊等来省，则免在省中空候耗时也。

四、在境外候示之那琳、贝格满等，仍拟请查核上函呈述原委，几具入境，则早日能继续工作，亦即能早日结束也。如虚耗时间及经济，似于学者尚上之心有所曲折，致感不畅，谅钧座亦不欲使之然也。至于延长期限，国民政府确已加以允准，惟公文递送或有迟速及遗失之虞。尚请钧座函、电兼达，向南京国民政府外交部一为询催，当可早日得有复音。如关内电线

117

舅舅随赴西域有关考古资料

第二十七章 由安特生的中国情结想到的

安特生在华期间与中国人民，中国考古工作者，中国的文化、资源、历史结下了不解之缘。他第一次来中国的十年间（1914—1924 年），对中国矿藏的发掘以及史前考古学作出了重要贡献。

中国史前考古学以及近代田野考古学是从安特生开始的。安特生在 20 世纪 20 年代前后，在中国北方进行了一系列的考古活动，揭开了中国近代考古学序幕。他也由此被人们誉为中国考古学的奠基人。

20 世纪初叶，中国的考古还是一片空白，而腐朽的清王朝对于中国的文化古迹既无力保护也不重视，只有任人肆意抢掠和蹂躏，致使大批文化古迹遭受惨重损失。1900 年，在我国西北边陲甘肃敦煌莫高窟第 16 秘甬道北壁一个被封闭的小窟中，发现大量古代写本、绘画、纺织品和一些珍贵的文物。敦煌藏经洞中的宝藏立刻引来外国探险者贪婪的目光，然而却没有引起没落清政府的重视。到了 1907 年，英国探险者斯坦因带着一支驼队，翻山越岭从西而来，公开将这批国宝劫往国外。继此之后，自甘肃至新疆的古丝绸之路上，许多重要的遗址和石窟都屡遭列强探险队、考察队的践踏和掠夺。这些惨痛的教训令人痛心至极，不堪回首。

直到 20 世纪 20 年代，也就是 80 多年前的 1921 年，由瑞典人安特生发现了仰韶村遗址，并组织大规模发掘时，便预示着中国自此拉开了考古事业的序幕，把中国远古文明的探索与研究纳入中国学者的视野。

安特生，这位杰出的地质学家，他的名字对普通读者来说是陌生的，但是每一个考古工作者都十分熟知他的名字，并且自然而然地把他和中国仰韶文化联系在一起，和中国的考古事业联系在一起。他对中国的考古事业有着伟大的贡献。

安特生是一位善良的民族主义者，他的境界和身份是吻合的。他并不是像白求恩那样“一个外国人，毫无利己的动机”，我们不能用共产主义者和国际主义战士的要求衡量它。他充其量是一位利己利人的国际友人。

但在相当长的一段时间里，在极“左”思潮的影响下，我们在对个别外国人以及有关事情的分析上，因带有极左烙印而出现认识上的偏颇和分析上的偏差，以致不能客观对待事物的是非曲直而出现谬误，并由此而付出了代价，教训是深刻的，在具体对待安特生这样一位对中国极为友好、对中国考古事业作出突出贡献的国际友人就是其中较为典型的一例。

如前所述，当时之所以选择瑞典派专家顾问来华，是因为采纳了中国地质调查所所长丁文江的建议，由“中立国”担当此任较为“安全”，首先就已经考虑了“避害”的因素。在我的印象中，瑞典是一个温文尔雅、中立平和的国度，一贯对中国友好。实践证明，当时的考虑是明智的，选择是正确的。作为派出代表，安特生很好地履行了应有的职责，自发地掏出了起码的良心，并为此作出了突出而永载史册的业绩和贡献。他一贯对中国人民热情友好，从我舅舅身上就充分体现了这一点。作为一位友好使者，他没有辜负中、瑞两国人民的殷切期望，他是世界考古史上的一座丰碑，中瑞人民将永远怀念他，世界人民也将永远铭记他。

经过多年细致的实地考察和大量的考古发掘，安特生在认真研究众多收集到的第一手材料和刻苦探寻钻研的基础上先后出版了《中国远古之文化》、《中国史前史研究》、《甘肃考古纪》等多部关于中国史前文化研究的考古专著，对中国史前文化的发展、起源、分布、分类提出了自己的看法和观点，至今他的看法和观点成为中国史前文化的基本框架，有些依然是影响中国史前文化研究的指导性观点；但同时，安特生提出的“中国文化西来说”却在中国学术界引起了轩然大波。起初，他认为，仰韶文化彩陶和中亚的安诺及特里波列文化彩陶有非常相似的内容。由此，他提出一个推断，中国彩陶文化可能源于西方。此说提出后，引起了激烈争论。

尽管几年后，安特生修正了自己的观点，但至今仍余波未平。许多人并没有详细了解他后来的观点，只是一味地责难这位启蒙者。到了后来，在民族主义情绪极端爆发的年代里，他被和其他一些“窃宝者”相提并论，这对他而言不能不说是一种误解。

在 1923 年前，安特生比较了仰韶文化和西方中东等一些地方的彩陶尤其是中东的安诺及特里波列彩陶以后，提出了“中国文化西来”假说。这只是一个推测，可许多人不明就里。安特生是这样认为的：“仰韶彩陶和安诺等近东和欧洲的彩陶相似，可能同出一源。”这些观点就是针对彩陶而言的，与文化、人种等没有关系，而且他声称这仅仅是一种假说。随着甘肃地区发掘的完成，许多新的想法和观点也在酝酿中，他也利用大量的材料，不断修正自己的观点。1924 年，安特生发表了《甘肃省的考古发现》一文。在这篇文章中他认为中国文化是在新疆地区生长起来的，并从西方受到影响。这个观点又一次在学术界引起了大争论。一些东西方的学者基本上否定了他的假说。安特生对这些观点再次进行进一步的研究，并利用他们再次修正了自己的观点。

1925 年，他的《甘肃考古记》发表了，在文中对之前的观点再次进行修正，否定了前面推测的中国文化源于新疆的假说，肯定了彩陶及一些农业技术是从近东起源的，并沿新疆、甘肃传入河南，河南仰韶是自成体系的文化。随着一次次的研究，到了 1943 年安特生出版了《中国史前史研究》，这是他长期研究中国史前史的结晶。他再次修正了自己的看法，得出了仰韶彩陶与近东无关的结论，也意味着他彻底改变了“中国文化西来说”的观点。然而人们并不这样认为，他们把安特生当成一个有种族偏见的帝国主义御用学者加以批判，这实在是误解了他。“日久见人心”，从整个过程看，他是一位乐于追求真理的学者，因此，他具有强烈的求知欲和探索欲；同时，他又是一位急于表达观点的学者，这也是合乎情理的，但快了有时难免出错。当他发现需要修正观点、改正错误以后，又毫不犹豫地这样去做，这也是一种学术勇气。人们应该多看到他的长处，始终抱着理解、宽容的态度对待这样一位始终与人为善又多有建树的学者。

同理，对所谓的“偷挖彩陶”一说，也应有正确的理解。人们对于许多怀着不良动机来到中国的西方学者给予批评，是因为他们是一群强盗，打着文化研究的幌子，在中国大地上大肆盗挖中国文化珍宝。很自然，国人以怀疑的眼光看待初次来华的安特生并将其归为同类，因为那时抱着纯正动机到中国“淘宝”的西方人寥若晨星，所以当时人们持有怀疑的态度是可以理解的；当通过实际行动证实他的确是少之又少的“晨星”时，人们才开始接纳他、颂扬他，也是可以理解的。安特生和那些强盗学者们截然不同。他到中国各地进行的一系列田野考古调查活动得到了当时中国政府的批准，可见，安特生在中国内地的考察系事先申请，并经正式核准的。

1924 年 8 月 30 日，瑞典“中国委员会”主席古斯塔夫王太子等人致函中国地质调查所丁文江、翁文灏两位所长，提出中国和瑞典两国将安特生在中国的收藏平分，先全部运到瑞典记录和初步研究，而后将一半退还给中国。

1925 年 2 月 2 日，丁文江、翁文灏征求上级部门同意后，代表中国地质调查所复信给瑞典“中国委员会”，同意关于平分安特生收藏的办法，并要求“有关研究资料只发表在中国地质调查所的出版系列中”。这封公函即代表中国官方对相应协议的批准。

1936 年，南京港口，安特生目睹最后一批仰韶文物从瑞典运回到中国，如释重负。作为两国协议的一部分，当时的中国政府同意安特生把在河南发现的仰韶文化时期的陶器运回瑞典整理研究。在研究完成之后，再把其中的一半归还给中国。

这个协议从 1927 年开始，到 1936 年安特生最后一次来中国，执行了九年。

安特生当时在仰韶发掘了大约三万件未经修复的陶片陶器，并运回瑞典，安特生依托这些中国文物，建立了瑞典东方博物馆。目前仍在东方博物馆收藏的仰韶陶器大概有 400 多件。

据瑞典东方博物馆的记录，文物退还总共七次，1927 年开始有一次、1928 年一次、1930 年两次、1931 年一次、1932 年一次、1936 年 9 月为最后一次。

1936 年，安特生最后一次中国之行，在当时中国地质调查所新建的博物馆中，看到了他寄还中国的最后一批文物。遗憾的是，由于当时局势动荡，这批珍贵的国宝神秘消失，至今下落不明。

以历史的视角看，这份协议是比较公平合理的，既考虑了双方的利益诉求，又尽量体现平等互惠原则，是一个比较明智的协议。由于历史的遗憾，我们不得不庆幸这 400 多件仰韶陶器在瑞典东方博物馆保存完好，才不至于损失太大。

安特生和斯文·赫定等长期以来与中国在考古学研究等领域友好合作，并大力宣传中华文明，成为国际文化交流领域合作的成功范例。今天，那些代表中国文化的文物仍然得到了较好的保存。当国人看到这批珍藏在瑞典东方博物馆的中国文物时，我们内心的感觉就如同看到我们自愿寄养在一个好人家的自己的孩子在平静而健康地生活时，心中虽有几多思念，但同时会衷心祝福自己的孩子在异国他乡生活得好；这同那些被掠夺到外国博物馆并被堂而皇之地展出的中国文物截然不同，当我们看到这些被劫掠的文物时，就如同看到被抢夺、拐卖的自己的孩子那样愤愤不平、心如刀绞……

“路遥知马力，日久见人心。”瑞典和它的臣民们，安特生、斯文·赫定等对中国人民的友情润物细无声，愈久弥坚，中国人民对此心如明镜。

安特生的贡献，不止促成了中国历史本身的深化研究，使中国的历史追溯到更远的岁月，使中国的文明更加丰满和灿烂；更重要的是，安特生书写了中国和瑞典友好合作的重要篇章，这是中瑞两国历史的一次握手。

第二十八章 随大师再赴西域

在考古事业上，舅舅是幸运的。在他踏上这一领域起就有名师指点和引领入行，并一直伴随左右，不仅开阔了眼界、见了大世面，而且不断地接受新思想、掌握新知识、研究新课题，在学习和实践中逐步增长了才干。常言道：师傅领进门，修行在个人，可见个人努力至关重要。后来一系列的事实证明，舅舅没有辜负他的启蒙老师——安特生的期望，在他还不到而立之年就已经基本“而立”，成为一名比较合格的考古工作者了。

经安特生推荐，斯文·赫定亲自选定舅舅参加了1927—1933年的中瑞西北联合科学考察团，他是中方代表中的一员，肩负着重要使命，奔赴内蒙、新疆等地考察。这次探险和考察路途遥远、困难重重，但舅舅和所有人一样，顶风雪、冒严寒、忍饥饿，同时伴有少数民族地区随时可能出现因不被理解而被抓、被打等危险，就这样，我舅舅和科考团的同行们在茫茫的戈壁沙漠中克服了常人难以想象的困难以坚忍不拔的精神兢兢业业地工作着，终于在气象学、地理学、地质古生物学、植物学、考古学，以及人类学等众多学科领域取得了一系列重要科学成果。

这次探险、考察活动是和斯文·赫定分不开的。他对探险的挚爱与执著使他在这一领域硕果累累。他在中国的探险、考察中获得的佳绩令世人瞩目，更使他“深陷”其中，欲罢不能，直到老年仍乐此不疲。他将此视为人生最大乐趣，对这种特殊经历也只有他本人才会切身体验。

斯文·赫定曾五次来中国西部探险，对神秘的东方古国情有独钟。百年前，西方人千里迢迢来亚洲寻找机会，有的传教、有的经商，而斯文·赫定却另辟蹊径，走的是一条人迹罕至却可能有重大收获甚至意外收获的道路。他早年在伊朗、克什米尔经历了几年普通考察，于 1895 年首次到喀什考察，30 多岁的他独身一人穿越号称“进得去出不来的死亡之地”——世界第二大沙漠——新疆塔克拉玛干大沙漠；1899—1902 年他第二次来华考察发现了楼兰古国的遗址，通过一些汉简等遗物推断结论；后又接连两次考察，引起了轰动，各国探险队闻风而动接连而至，掀起不小涟漪；又于 1905—1908 年在罗布泊的考察中发现了一些石器，有一次断水，喝过人尿、骆驼尿、鸡血，险些渴死，算是九死一生中捡回一条命……

1926 年，斯文·赫定受德国汉莎航空公司的委托，欲组织一个中亚探险队，为汉莎公司开辟中亚通往中国的航线做航空气象探险。在 1927 年“中瑞西北科学考察团”之前，外国人在华的“科学探险”活动基本上都是外方独立进行，即使有个别中国人参加，最多也就是担当一些辅助性工作，而中国科学家单独进行的科学考察活动，大多学科单一、规模小、时间短；但西方有些别有用心的人，即所谓科学家、探险家或是传教士、旅游者在中国各地以“考察探险”之名，如入无人之境，极尽哄抢劫掠之实，肆意搜罗发掘乃至盗抢科学资料、历史文物，尽载而去，其中，个别民族败类为蝇头小利内外勾结大肆盗取致敦煌文物大量流失，更是国人痛心疾首的一例。

鉴于此前包括日本等列强在我国西北肆意掠夺文物的野蛮行径，考察队在 1927 年 3 月即将出发时，遭到以北大爱国学派组织“中国学术团体协会”等的坚决反对。经沟通协商，考察活动决定以中、瑞合作方式进行，中方在力所能及的范围内挽回了主权。合作原则包括：考察团名称由中国定、收集得到的标本归中国、绘制地图比例不得大于 30 万分之一、考察团归由中方学者组成的理事会领导、中外各有一名团长共同负责野外考察的工作指导，等等。对此，瑞方尤其是斯文·赫定起初是持有不同意见的，并也发了一些牢骚，但考虑到联合科考的共同目标，经友好协商，瑞方最终同意采纳中方的意见和主张，联合科考的协议得以达成。至此，由斯文·赫定为瑞方团长、徐炳昶为中方团长的“中瑞西北联合科学考察团”于 1927 年 5 月 9 日浩浩荡荡由北京出发。

考察团出发不久，外国报纸就评论说：“考察注定是短命的”，“中国人哪里知道大沙漠是什么，他们将命中注定只能走出包头不远，而后全体将转回北京”……这代表了不少欧洲人的看法。当时条件确实艰苦：火车只通到包头，再往西只能靠骆驼与双脚，大部分考察地区没有道路，没有人烟，不是飞沙走石的戈壁沙漠，就是绵延不断的崇山峻岭；气温会由冬季的零下40度蹦到夏季的40多度，不但季节之间温差波动很大，甚至一天之内都变幻无常，使人难以适应；队员们常年住帐篷，睡地铺，从额济纳河到哈密预计40天可到，只带了45天口粮，结果走了62天，有48天不见人烟；考察团从北京到乌鲁木齐走了10个月之久……艰苦程度可想而知。我舅舅在行进中因寒冷愣是冻掉了一个手指，想起来让人心疼，但全体团员憋足了一股劲：一定要为中国人争气，再苦再累也心甘。后来的考察成果基本上按协议执行，也让国际学术界对中国科学家的成绩刮目相看。

现在已经很少有人知道，作为包钢主要原料基地的白云鄂博铁矿，是这次联合科考队员丁道衡首次发现的。1927年6月，考察团抵达内蒙古百灵庙附近，7月2日他们从西南方向路径白云鄂博，二三十里外发现了一座黝黑而神秘的山峰，丁道衡跳下骆驼找当地居民打听情况，当晚就伏在油灯下查阅资料。他想，这座山峰可能是一座矿山；后经仔细调查，发现铁矿砂沿沟散布，比比皆是，走近一看，矿砂更多，他确信这是矿床所在，并顺访附近一些地方，认定这是一个蕴藏丰富、远景广阔、极具开采价值的大型铁矿，并断言："如能对白云鄂博铁矿进行大规模的开采，必将成为发展工业的主要矿源，势必促使中国的西北地区发达起来"。新中国成立后，丁道衡先生的愿望终于实现了，如今包头钢铁公司已是国家重点钢铁联合企业之一。

舅舅从小就生活在矿山附近，后来又随安特生在龙烟铁矿工作过一段时间，因此对采矿工作有所了解，丁道衡先生当时曾多次咨询舅舅矿山知识并一起研究，收获颇丰。

一路上，中瑞双方队员互相帮助互相激励，所获喜人，硕果累累：在考古学方面，我国地质学家袁复礼、瑞典古生物学家布林等在新疆、甘肃、内蒙等地发现众多完整及残碎的恐龙化石；气象观测方面，考察团在内蒙古和新疆等地建立的多个气象观测台站，不但当时收集到大量观测资料，也为后来西部的气象事业打下了基础；当时绘制的中亚地图集，不仅仅对当时的考察很有帮助，而且至今仍能派上用场；在考古学方面，瑞典考古学家贝格曼在额济纳河进行了广泛的考古发掘，并发现了一万多枚汉代木简，被认为是20世纪前期与殷墟、敦煌文书并列的三大考古发现之一；我国考古学家黄文弼在塔里木和吐鲁番的考古方面也取得了突出成绩，并因此成为我国西域考古的开拓者……此外，中方团长徐炳昶和袁复礼等对边疆少数民族风俗习惯的记述，也具有重要的史料价值等等，总之成就是多方面的，贡献也是突出而巨大的。

获得这些成果付出了沉重的代价：主要表现在自然界的危险随处可见，如沿途环境险恶，包括野兽如狼、熊逞凶、毒蛇出没；但人为危险更可怕，因为新疆有众多少数民族，他们的风俗习惯与汉族不同，由于沟通不畅造成误会之事时有发生，例如：舅舅在库车县野外调查发掘时，被当地人报告了警察局，说南蛮子来新疆不仅挖死人骨头还盗宝，几个警察不由分说就把我舅舅五花大绑捆了起来，架在一辆牛车上一直拉到库车县监狱，无论怎样解释也不行，在监狱里他被关了一天一夜，也不给吃喝，后来联合考察团的负责人出面找县政府调停此事，舅舅方才被解救出来；还有外籍团员气象学博士郝德因不识当地风俗，在庙儿沟被羁留数十日……舅舅说，每当想起这些就后怕。由于当时中国正处于兵荒马乱之时，弄不好随时都会有生命危险，可见当时人文环境同样十分险恶。

后来斯文·赫定接到新疆交涉署公函：“奉省政府训令，称发掘死人头骨与我国习惯冲突，以后勿再挖取死人头骨以重人道。”此函给他们原来信心十足的考察计划泼了一盆冷水，原计划 1928—1935 年的长期考察计划不得不中途停止。

考察虽然停止，但是收获是巨大的，著名考古专家罗桂环先生说：“80 年前发生在中国西北的这次科学考察，在中国近代史上具有重要的地位和影响，考察团员们表现出的科学精神、探索勇气，作为科学界的重要精神遗产，将永远激励我们不断攀登新的科学高峰”。

舅舅在这次联合科考团的行动中和大家一起团结协作，不畏艰险，不怕困难，勇挑重担，受到一致好评，被誉为“成绩极佳”。我在图书馆浩如烟海的考古图书中查到一本叫《中瑞西北科学考察档案史料》的书，书中对该次考察有许多较为详细的记载，有关舅舅白万玉的记述，我仅挑出几例，有关具体情况见相关附件，由此可见一斑（见图）。

当我写到这里，心中不免生出几多感慨，这些为科学而献身的前辈们虽然都已故去，但他们留给后人丰富的学术遗产将永存，我们永远怀念他们。

2007 年，在中瑞西北联合科考团组建 80 周年的日子里，中国政府和瑞典政府联合举行了纪念会并为此举办了为期三个月的展览。铭记为了传承，传承才能继续。中瑞两国人民在中国处于灾难深重的特殊年代所谱写的这一曲友谊之歌，经久不衰而倍加珍贵。

最近，为了写这本书，我多方查找有关这方面的资料，经人推荐，我在电话中向著名考古专家罗桂环先生请教有关事宜时，他脱口道出了："白万玉，在考古界如雷贯耳"这样一句动情的话，使我十分感动。这句话概括世人对舅舅的高度评价。我感谢大家！

我相信中瑞两国人民的友谊会代代相传。

斯文·赫定和中国同行在中瑞西北科学考察途中

第二十九章 兄妹双双进京城

结束了将近四年的新疆探险、考古生涯，舅舅风尘仆仆地回到家乡。历经艰难繁重的工作之后，他确实也该休整一段时间了，这一次他要把舅妈带到北京，以便照顾他的生活。

这次回家，变化最大的还是他的妹妹（我的母亲）已经出嫁，让他没有想到的是，妹妹捷足先登，比他先落户京城。兄妹双双从大山里“飞出”来到京城，也是出于某种“巧合”因素。

我的母亲叫白万芝，出生于1911年5月3日，卒于1980年12月20日，享年与舅舅差不多。她是姥姥六个孩子中最小的一个，又是女孩，所以全家人都宠她，是父母的掌上明珠。虽生长在农村，生活亦不富裕，但家庭和睦，成长环境宽松，加之受祖训传下来的良好家风熏陶，母亲性格开朗、大气、豪爽、心地善良、为人正直……具备天下女性和所有母亲的优良品质；我母亲年轻时眉清目秀，岁数大了以后慈眉善目，端庄大方，加上她主持正义、乐于助人，深得众人的尊重和喜爱。

我的父亲生于1895年，卒于1961年11月16日，祖籍湖北宜昌。他早年就读于北平朝阳大学，学习法律。他曾经有一段时间到宣化龙关工作。一种机缘的巧合，经人介绍与我母亲相识并结为秦晋之好。

母亲与父亲结婚后，在龙关生活了一段时间，于1930年就随父亲到了北京并从此落户京城。

听母亲说我爷爷是前清举人，所以他能从湖北老家出来一直住在北京；爷爷祖上属殷实人家，在20世纪初就能送他到日本留学，主修法律。我母亲说，爷爷是个特别严肃的人，但一生与人为善、治家严谨、崇尚知识，非常重视对后代的教育。

说来也巧，我们家似乎与远离北京千里之外的甘肃有着说不尽的缘分。我舅舅随安特生于1924年在甘肃兰州、天水等地进进出出进行考古发掘；1933我爷爷又受聘于西北大学主讲法律，好长一段时间居于兰州；我爷爷和我舅舅也许是投缘吧，每次相见甚欢，谈话投机，因为所谈话题都能引起对方共鸣，舅舅常给我爷爷讲考古发掘过程及奇闻逸事、甘肃的人情风貌、风俗等，所有这些也都是我爷爷急于知道的，这些人文知识使他对赴任有了思想准备。

爷爷赴任后的第二年，我爸妈专程到甘肃兰州看望爷爷，一路观风赏景，途经西安，他们参观过大雁塔、小雁塔；爷爷还带他们参观过敦煌莫高窟和月牙泉，也去过天水；母亲说甘肃是块圣地，给他们留下了美好印象。每当她和我们讲起这段经历时总是神采奕奕，沉醉在幸福的回忆之中。

遗憾的是，“文化大革命”中爷爷留学日本的所有照片以及父母在甘肃等地的照片连同不少珍贵书画都被当年“红卫兵”付之一炬，特别可惜。

父亲和母亲只有姐姐和我这两个女儿，他们非常疼爱我们，尤其是父亲，是个慈父，他们很少干涉我们的自由，给我们最大限度的关爱与温暖，然而从不娇惯我们，而是严格教育我们，努力学习、正直做人、诚实守信、善待他人、知恩图报等良好家风，所有这些都已溶入我们的血液里并不断发扬光大。

姐姐天资聪慧，无师自通会画画，酷爱音乐和历史，她可以如数家珍地给我们讲许多朝代的历史故事，十分引人入胜；闲暇之余她经常会弹奏一些优美动听的钢琴曲如《致爱丽丝》、《少女的祈祷》、《土耳其进行曲》、《舒伯特小夜曲》……让我听得如痴如醉；她学的是建筑设计，是我国建筑设计大军中的一员，受家风的影响，她为人正直，乐善好施，对工作极其认真负责，备受大家的尊敬和信赖。我的姐夫是清华大学外语系副教授。他聪颖好学，且学习成绩优秀，原来学的是俄文专业，毕业后即分配到清华大学任校长办公室俄文翻译，20世纪中叶，中国与苏联关系密切，他经常和苏联专家在一起工作，合作得很融洽；后中苏关系恶化，姐夫以超人的毅力改学英文，克服困难、刻苦钻研，取得了丰硕成果，曾任北京市高校公共英语教学研究会秘书长。他在工作中勤奋、敬业，把自己的一生献给了崇高的教育事业，可谓桃李满天下，受到师生及同行的一致称赞。

我们家一直住在宣武区虎坊桥大街 48 号的湖北宜昌会馆，从我爷爷那时起就住在那里，直至 1970 年才搬离此地；舅舅家住在西直门老虎庙 9 号，两家相距说不上远也谈不上近，但我们之间经常走动，关系密切；姥姥当年也常到北京来，儿子和女儿都孝顺，尽享天伦之乐，老人家很知足，满足之情溢于言表。我常听母亲说："你姥姥总说祖上积了阴德，故福荫后代。"

作者和作者姐姐、姐夫、丈夫的合影

第三十章 “斗鸡台”上展拳脚

斗鸡台，是我熟悉的地名，因为我舅舅曾经与考古专家苏秉琦先生一同共事，在此搞考古发掘达三四年之久，交情甚深、往来密切、互相信任、合作愉快、收获颇丰，故当年舅舅不时提起此事而在我脑海中留下深刻印记；还因为斗鸡台的名字十分有趣，起初我还和许多不知情的人一样以为它是专为斗鸡而搭建的平台，后来经过我舅舅解释，才知道这其实是一个地名，因其地下埋有众多宝物而出名。

中华大地名胜古迹无数，然在我国陕西宝鸡附近有一块宝地却独养闺中待人识，那就是风景秀丽的斗鸡台。这里虽处中原，却似江南，山清水秀、亭台别致、楼宇众多，美景留人人恋景，身在此处，令人流连忘返。

斗鸡台的确是块风水宝地，不仅秀美风景吸引八方来客，更重要的是因为它地下埋藏的宝物而闻名。早在2700多年前，占卜先生就说这里风水好，据此，秦文公在这里营筑陈仓城，建都48年，使秦从此走向霸主，统一六国。

1936年，陇海铁路向宝鸡延伸，为了保护陈仓城的文化遗迹，杨虎城将军亲笔题写的“斗鸡台隧道”，就是从当时戴家弯村子南边凸起的断崖上穿过。

斗鸡台附近的戴家弯一带，是周、秦王朝的发祥地之一，在民国时期孙殿英东陵盗宝案发生以前，这里也曾发生过类似的大案——陕西斗鸡台盗宝案。与东陵盗宝案相比，斗鸡台盗宝案的规模和盗得的文物件数与珍贵程度可谓异曲同工，涉及的文物在商周之际，出土的青铜器质量极高，显得弥足珍贵和极为稀少。这次盗宝案的始作俑者主要是盘踞西府凤翔的土著军阀党玉琨，是民国时期与孙殿英齐名的三大盗宝枭雄之一。其在斗鸡台墓地盗掘的文物仅青铜重器就达数千件，这些文物大多流失到国外，其影响之大震撼海内外。

从 20 世纪初以来，陕西宝鸡斗鸡台戴家弯一带先后发生了三次重大的文物被盗事件，在国内外产生了重要影响，因此“宝鸡”、“斗鸡台”、“戴家弯”便引起了外界较为广泛关注。

1934 年至 1937 年，由民国北平研究院和陕西省政府联合组建的考古会，在斗鸡台戴家弯进行了为期四年的考古发掘。舅舅这个时期也因为中瑞西北联合科考团工作结束，有时间，也有幸参与到这个关键的发掘项目。据舅舅讲，这次发掘备受艰辛，曲折复杂，后虽因抗日战争及随后“二战”全面展开而引发太平洋战争的影响，发掘和整理工作被迫中止，但它为中国考古学的建立和考古事业的发展立下了不朽的功勋，使宝鸡斗鸡台戴家弯的名字和中国考古学的诞生紧紧地联系在一起，中国考古专家苏秉琦先生曾撰文写道：“那时，中国的考古事业刚刚起步，远古时期的许多历史问题不清，至周秦二民族之文化，则古书所载与之有关之史料，数量极少，无参证比较之余地，真伪正纰，无法核定；且意义暗昧，颇多难索解出实为学术办之最大缺憾。”因此，由国立北平研究院与陕西省政府联合组成了陕西考古会，选择地点，实施考古发掘，以解决上述问题。考古会根据北平研究院徐炳昶等先生的调查，以及党玉琨在斗鸡台戴家弯的盗掘线索，把发掘重点放在周秦“二民族之都邑及其附近”，因为他们认为，“一民族都邑附近，颇难任他民族之势力逼此处”，文化特点比较突出。斗鸡台地区不仅商末周初的地位相当显赫，而且是秦人受封享国后的都邑所在地，所以，经过反复调查和筛选，他们就把发掘地点选在了斗鸡台戴家弯村的陈仓古城遗址附近。

为什么说这次在斗鸡台搞发掘是艰难曲折的？舅舅说，不被理解，甚至被误解，与党玉琨混为一谈等而备受指责和斥责是最大的困难，而困难和压力的焦点来自上方要员，更是难上加难。舅舅说自加入考古行列以来还没有感到压力如此之大，没有亲身体验是难以理解的，但他仍旧以己之力排除众难，履行自己的本职工作而获好评。

1934 年前后，陕西连年旱灾，盗挖古墓成风，这不能不引起国民政府的重视，但同时也给考古会的这次发掘带来了不利。正当考古会积极筹备在斗鸡台戴家弯发掘之际，国民政府考试院院长戴季陶等人在陕西省政府主席邵力子和杨虎城将军的陪同下来陕西视察工作。当他听了陕西地方关于盗墓成风的情况汇报后，便想当然地把考古会的科学发掘和党玉琨的盗掘混为一谈，阻挠这次发掘。而当考古会的成员、时任陕西省政府顾问张扶万一再陈述斗鸡台的考古发掘和党玉琨的盗掘古墓风马牛不相及时，却再一次地遭到了戴季陶的严厉斥责。张扶万等人面对戴氏的淫威，仍然于四月一日再次致函陕西省政府，力主发掘。这事被戴季陶知道后，更加气急败坏，当即向中央研究院院长蔡元培、国府行政院院长汪精卫、教育部部长王世杰及远在前线的蒋介石发去急电，大兴问罪之师。

面对斗鸡台戴家弯的这次考古发掘，一时间举国舆论沸腾。陕西省政府面对压力，犹豫观望，迟迟不敢决策。在这紧要关头，民国北平研究院徐炳昶等一面“参战”，一面面陈邵主席，请求“逆流而上，以主斗鸡台挖掘……必为全国学者所赞许”。在如此强大的政治和舆论的压力下，邵力子毅然批准了斗鸡台戴家弯的发掘报告，并令宝鸡县县长遵照办理，给予这次考古发掘鼎力支持。

这次发掘持续了将近四年，前后共进行了三次。第一次是从 1934 年 4 月至 1934 年 6 月；第二次是从 1934 年 11 月至 1935 年 5 月，这两次是在当时的陈宝祠后边和戴家沟沟东，即党玉琨当年盗挖过的缓坡地上进行的；第三次发掘是 1937 年 4 月至 6 月，这次发掘主要是在沟西进行的，后来因经费困难，发掘工作被迫搁置。据说那次发掘中挖出了车马坑，工作没有做完又回填了。挖掘地点后来修建宝鸡峡引渭渠时被毁坏；紧接着又因抗日战争爆发，北平研究院机构迁徙等原因，戴家弯的这次发掘未按原计划完成，就此告终。发掘的资料一部分留陕西考古会，一部分留北平整理。战争爆发后，一部分随科学院南迁去了昆明，但仍有一部分古物陷入敌伪手中，给资料的整理造成诸多不便，损失不小，令人惋惜。后来经过苏秉琦先生的努力，终于写出了《斗鸡台戴家弯研究》的初稿，交香港商务印书馆印时，因太平洋战争爆发，香港沦陷，以致书稿下落不明。直到 1954 年，才由中国科学院出版社将《斗鸡台沟东区墓葬》报告付印出版。这成了我国考古学的最早专著，为中国的考古科学发展奠定了基础。

作为一个考古工作者，能够有机会参与到最重要并有划时代意义的考古项目，应该是一生中最幸福的事了。我舅舅因为机遇所至，全赶上了，我由衷地为他感到庆幸。和安特生的结缘使他一迈进考古的大门就师从名门，走上正轨，最早、最先接触中国新石器时期以及周口店“北京猿人”各项遗址、遗存采集的历史，让他有幸成为最先一批接触远古遗存的人，仿佛在最近距离聆听人类原始祖先的诉说。

后经举荐参加中瑞西北联合科学考察团，使他有幸结识了世界与中国考古界顶尖级的人物并与他们朝夕相处达四年之久，长途跋涉，历尽艰辛，通过广泛的探索考察，使他了解了社会，亲眼目睹了常人难以见到的楼兰古城、干枯的罗布泊、无垠的大沙漠……深深为神奇的大自然惊叹，他的眼界随着探索的逐步深入而日益开阔。

参与斗鸡台的考古发掘工作，无疑为他的考古生涯又增添了浓墨重彩的一笔。通过多年的实践，舅舅在田野考古发掘方面不断积累经验而逐步成为这一特定领域的行家里手，尤其是在斗鸡台工作的四年，使他在田野考古发掘这一领域得到更充分的学习，更扩展其知识面，在掌握了许多第一手资料的基础上增长了见识；也为他后来的考古发掘工作，尤其对十三陵定陵的发掘提供了许多有益的借鉴。他后来得以为“黄埔四期”和北大历史系考古专业的学子们授课皆得益于所有这些田野发掘的实践经验。

尽管斗鸡台的发掘工作备受艰辛，但舅舅在这里得到更大的锻炼、更多的收获，并且充实了他的田野发掘经验，真是获益匪浅。

在斗鸡台工作的几年间，舅舅与苏秉琦先生之间相处愉快、合作默契。舅舅尤其钦佩苏先生的人品，在困难面前挺身而出，顾全大局，彰显了伟大的人格魅力；而苏先生也十分欣赏我舅舅的高贵品质，故将重金托付给他管理。苏先生高风亮节的品质如果我舅舅不说，别人还真不知道，乐于捕捉别人“闪光点”并加以宣扬，源于胸襟开阔无私，他们之间配合和谐，决非偶然，传为美谈。

考古伴随风险，对此考古人员更有切身体会。1934 年，舅舅和苏秉琦先生在陕西宝鸡斗鸡台附近发掘一个王侯墓，在墓葬清理工作将要结束时出了事故，由于坡度过小，土方塌了下来，有个民工不幸被埋在里面，等被扒出来时，已经停止了呼吸。善后工作完毕，发掘经费已全部用光，全体人员情绪低落，发掘工作无法继续进行下去。过了几天，苏先生委派我舅舅到西安去他大哥苏秉璋那里去筹款，并表示最信任我舅舅，说此事只有交他办理最放心。当时社会动荡不安，拦路打劫，图财害命是常有的事，带着大批现金走路无疑十分危险，但舅舅毫不犹豫，当即坚定地表示：人在钱在，只要处处小心，可保人财两安，苏先生十分放心。于是舅舅带着一名强壮的民工，并带上防身武器就匆匆上路了。

苏秉琦先生原籍河北省高阳县。高阳，在当时是华北的民族纺织工业中心之一。

苏家是当地知名的民族实业家，经营纺织品，不但在高阳县设有纺织厂，生产著名的“双龙珠”牌棉布，抵制舶来品，行销华北，在西安也设有纺织厂，由苏先生的兄长苏秉璋先生管理，生产棉布，与国外进口的纺织品抗衡。

舅舅到达西安，见到苏秉璋先生，送上苏秉琦先生的信说：“二先生要我来取款。”苏秉璋先生看完信件说：“全明白，你们一路辛苦，先吃饭安歇吧。”第二天，一切准备妥当，500 现大洋，已分装几麻袋裹好。舅舅雇了两个驴驮子，匆匆赶回了斗鸡台，发掘工作又重新启动。

当时斗鸡台的考古发掘工作是由北平研究院史学研究所发起的。照理说是公家的事，一切经费均应由公家拨款，但是鉴于当时经费已捉襟见肘，况且上方本就对该发掘工作施加重重压力，苏秉琦先生以大局为重，临场“救火”，实属难得，最值得颂扬的乃是苏先生对此事从来只字未提，让我舅舅及其他知情人敬佩不已，其高风亮节确实值得赞颂。

500 块现大洋在当时不说是天文数字，也属巨款，完璧归赵，分毫不差，“慎独”自律，舅舅的人品值得信赖。以上情节在庞中威先生书中也有详细介绍，看来此事也给他留下极为深刻的印象，以至于到了逢人必讲的地步。

上述偶发事故加上后来黄河水库考古发掘安全事故，虽与舅舅本人无关，但也切切实实给他补了一堂安全教育课，在后来的工作中，他首先把安全放在第一位，尤其在十三陵定陵的发掘现场，据庞中威先生介绍：“在他的指挥下，定了发掘方案，从小石碑处向着金刚墙的方向向前约 20 来步的地方挖下去，掘开上口 20 米宽，并留下梯田形的台阶和马面。为什么上口开 20 米宽呢？是因为怕塌方，出于安全的考虑。这也是白老一贯的做法。他有丰富的田野挖掘经验，宁可把上口开大些，底部窄，做成斜坡形，留有梯田形的台阶和马面。这是最安全的一种做法，不会因塌方造成人员伤亡”。

庞先生的话语证实了舅舅的经验也记录了他的细心，斗鸡台的工作使他终生受益。十三陵定陵考古发掘顺利完成，没有发生一起事故，皆得益于斗鸡台事故警钟的警示作用。

可以说当年斗鸡台为日后舅舅考古发掘大展拳脚提供了更为广阔的发展空间，十三陵定陵发掘为舅舅斗鸡台以后大显身手彰显有力的佐证。

第三十一章 凶敌面前挺脊梁

1937 年的 5 月，舅舅终于结束了为期近四年的斗鸡台考古工作，他真该好好歇歇了。从他踏上考古这条人生之路起，就一直马不停蹄、东奔西跑地忙碌着。他本准备好好休整一下，再开始新的工作。

然而“七七”卢沟桥一声炮响，震惊了中国和世界。

听母亲讲，那时舅舅只要有时间就会到我家来，和父亲、母亲讨论时局，在言辞中无比痛恨日本的侵略行经。

回顾“卢沟桥事变”前后北平及周边形势，令人触目惊心：1937 年 7 月 7 日，日军在卢沟桥回龙庙进行挑衅性的军事演习，随后，炮轰宛平城，制造了“卢沟桥事变”，开始全面侵华，后分重兵三路讲攻华北，中国守备军奋起抵抗，全国抗日战争从此开始。7 月 8 日，中共中央向全国发出《中国共产党为日军进攻卢沟桥通电》；7 月 15 日，中共中央向国民党送交《中国共产党为公布国共合作宣言》；7 月 30 日，日军猛攻北平南苑，中国第二十九路军副军长佟麟阁和 二三师师长赵登禹先后殉国，悲壮万分。次日北平失陷。

陷落后的北平，街上到处是日本人的岗哨，古老的北平城里，响起了日本人的脚步声。卢沟桥畔的枪声，震醒了中华民族，激起了全国各族人民的抗日怒吼，一场气壮山河的全民抗战，终于在抗日民族统一战线的旗帜下蓬勃展开。这其中有梅兰芳拒绝踏上“伪满州国”的土地，蓄须抵制为日寇演戏，甚至还以自我伤害身体的方式拒绝为日本人演出；京剧表演艺术家程砚秋先生，当面对日伪军让他演义务戏的威逼时，他毫不动摇，发出了“宁死枪下也不从命”的呐喊；国画大师齐白石老人在“七七事变”后，辞去一切教职，闭门家中，为拒绝日伪大小头目纠缠索画，在大门上贴一纸条“白石老人心病复作，停止见客”、“画不卖与官家，窃恐不祥”并以“寿高不死羞为贼，不丑长安坐恶饕”的诗句，表示宁可挨饿也不取媚于恶人丑类，表现了一个爱国艺术家的铮铮铁骨……全国各族、各界、各阶层人民和港澳台同胞、海外侨胞及国际友人全力投入抗战，极大地鼓舞了前方将士的斗志。国家仇，民族恨，感染着每一个有良知的中国人，舅舅也不例外，决不为日本人干事，这是他当时做人的准则，山河破碎，还考什么古，发什么掘，舅舅决定带着舅妈回到老家。

回到家乡，情况更糟。1937年8月3日，日军侵占宣化，8月27日侵占张家口，10月5日，日军关东军参谋长指令日本兴中公司张家口支店长率领驻宣化的伪军一个连到达烟筒山，龙烟铁矿落入敌手。日本关东军一头目曾说：“察南龙烟铁矿资源最有吸引力”。1936年，中国地质调查所估计全国铁矿总储量为10亿吨，其中龙烟铁矿已探明9164.9万吨。日军侵占龙烟铁矿后，成立了龙烟铁矿株式会社，并先后三次追加资本，扩大龙烟规模，对龙烟实行野蛮的殖民统治和疯狂的掠夺性开采。

当时在两个矿山和制铁所劳工人数都分别达到八九千人，按劳工大量逃跑和死亡的情况推算，八年间被日本侵略者驱赶到龙烟的劳工人数当在八至十万。

眼看大好河山被日本人践踏，宝贵资源被日本人掠夺，自己的同胞被日本人残酷迫害和欺凌，舅舅心中燃起愤怒的火焰，仇恨的种子深埋心底。听我母亲讲：舅舅回家后，什么也不干，就是种地。但是他当时已是村里远近闻名的人物，这个消息不知怎的传到了日本人那里，有一天，他们派一个伪军到我舅舅家中，请他去矿上工作，你猜怎么样？我舅舅非但不“领情”，还晓之以理，动之以情地把那个伪军策反过来，气急败坏的日本人立意报复，四处抓捕我舅舅，害得他有家不能归，到处躲藏，最后加入了抗日游击队，在龙关周边地区与日本鬼子斗争达几年之久。舅舅曾坚定地表示：誓死不当亡国奴，即便战死沙场，就是不为日本鬼子卖命。表现了一个普通中国人的高尚民族气节。

龙烟铁矿的无数矿工和周边地区的人民与日本鬼子展开可歌可泣的反抗斗争。1945年冬，著名作家杨朔在龙烟铁矿体验生活并在土窑洞里创作的中篇小说《红石山》，记录了红石山抗日武装斗争悲壮的历史。

龙烟铁矿是取龙关和烟筒山两地的地名字头成立的龙烟铁矿有限公司，还因这个地区的矿石是红色的，而又叫红石山，所以说“红石山”是龙烟铁矿的第二个称谓。这龙烟铁矿实在是我国的宝藏，该矿盛产一种红色的铁矿石，这种矿石是那种惊心动魄的红，如果染在了身上，很不容易去掉，由于主要生产这种矿石，所以，龙烟铁矿到处都是这种红颜色，一旦刮起大风，矿山上是满天遍野的红雾，红尘滚滚，遮天蔽日；后来有人用它做了一种建筑涂料，据说，天安门的城墙就是用这种矿石粉粉刷的，这宝藏着实让小日本垂涎不已。

日本霸占龙烟铁矿八年，究竟有多少劳工死在他们手里，已无准确资料可查。1951 年龙烟铁矿在庞家堡矿西区施工时，在这块南北长二华里，东西宽一华里的地方挖出了大量白骨，惨不忍睹：有的头骨碎裂、有的腿上绑着铁丝、不仅尸骨密集，而且层层相叠，整体看就是一座用矿工血肉垒筑而成的大坟墓，于是起名“万人坑”。

舅舅在参加游击队时已不年轻，但他们与龙烟铁矿的工友们血肉相连，经常在矿工的配合下，破坏交通、割断电线、夜里骚扰炮楼、攻打矿山火药库、破坏鬼子的设施、为矿工除害，敌人曾多次进山扫荡，企图消灭红石山游击队，但都损兵折将，一无所获，只能灰溜溜当缩头乌龟。

1945 年 8 月 15 日，日本宣布无条件投降，9 月 8 日宣化解放，日本法西斯对龙烟铁矿的罪恶殖民统治宣告结束。

日本帝国主义为了侵略战争的需要，在武力侵占龙烟铁矿八年间，采取“以人换矿”的政策，以 1.5 万多名中国劳工死亡为代价，采出矿石 372 万余吨，炼铁两万余吨，是日本帝国主义欠下中国人民的又一笔血债。

龙烟铁矿和当地游击队在中国共产党的领导下进行的抗日战争，沉重打击了日本侵略者的企图，为中华民族反抗日本帝国主义侵略的正义斗争增添了光彩。

舅舅没有过多华丽的话语，当他谈到不为日本人做事而参加游击队时说：“我们和小日本的争斗，你死我活，有种的就不能当亡国奴，每一个有良知的中国人除了用生命去搏，别无选择！”

据当年参与十三陵定陵发掘现场的同事们回忆，舅舅曾经亲口向他们讲述，在卢沟桥事变后他曾在老家干过一阵游击队，跟日本人狠打过几仗。舅舅生性低调，平时讲述自己的经历不是太多，上述经历同我们讲过，对此我印象深刻。

第三十一章 “旗杆院”自有后来人

在舅舅誓死不做亡国奴坚定信念的爱国精神感召下，在抗日战争如火如荼进行之中时，姥姥家的“旗杆院”毅然闯出两位革命后生，这两位后生在革命的大熔炉里锻炼成长，日后成为我党的忠诚战士。他们是姥姥的隔辈人，一位是她的孙子，一位是她的外孙。这两个人都是我的表哥，是我年少及青春时期崇拜的偶像。为了革命，他们出生入死，战斗在最前线并在各自的工作岗位上作出了自己应有的贡献，为国家为人民立了功，是国家的栋梁和全家的骄傲，也是舅舅非常疼爱的晚辈。借此机会，表表他们，以了却我多年的心愿。两位表哥经历颇为相似，出生在同一年，同样在 16 岁参加革命，我该先写谁呢？花开两朵，各表一支，让我还是先说说我的四表哥白凯吧。

白凯，是我大舅的第四个儿子，所以我称呼他为四表哥。听我妈讲，四表哥出生在 1929 年，从小就聪明伶俐，生性好强，是非分明，爱打抱不平，善主持公道。俗话说，三岁看大，七岁看老，这话有时还真有些哲理。总之，从小时起，街坊四邻公认这个孩子将有大出息，一定会给白家添光彩。每每听到这些夸赞的语言，家人尤其是姥姥和大舅妈总是乐得合不拢嘴，内心充满着殷切期望。

四表哥八岁时，日本鬼子侵占了他的家乡，看着这些侵略者和汉奸狗腿子们张牙舞爪耀武扬威欺压百姓时，就气得咬牙切齿，在他的心中早已埋下了仇恨的种子。记得有一次，他看见个日本鬼子身后跟着个点头哈腰的“狗腿子”在欺负中国人时，他就躲在暗处用弹弓崩那个日本鬼子，一弓崩准，疼得那个鬼子哇哇大叫，正要追杀时，不料表哥却一溜烟跑得无影无踪；同时，也由于我舅舅不为日本人干事遭到他们四处搜捕而到处躲藏，着实让全家人担惊受怕，这些让他从小就看在眼里，记在心上，并懂得了要堂堂正正做个中国人，誓死不做亡国奴的道理；还由于受红石山抗日游击队的影响，他很早就接受了革命环境熏陶，早已秘密为党工作，在他16岁时，即日本投降的1945年便参军进入革命队伍中经受锻炼和考验。

16岁，是现在的孩子初中毕业的年龄，可那时的四表哥已经投身于革命怀抱，参加了许多战斗。他从参加革命以来一直战斗在公安战线最前沿，解放初在张家口公安处工作，为配合解放张家口战役立了战功。在他年仅22岁时，就已担任河北省沽源县公安局局长了。

在四表哥就任沽源县公安局局长的1951—1954年间，正值全国刚刚解放，沽源县同全国一样，形势特别复杂。

当时，年轻的四表哥面临重重压力，因为沽源有许多少数民族，在处理问题上必须慎之又慎，他始终站在斗争的第一线，在任沽源县公安局局长期间，破了好几个大案，要案。四表哥对国家和人民忠心耿耿，对工作认真负责，不惧困难，不怕牺牲，有极强的工作能力，很快，在他26岁时就升任河北宣化公安局副局长；后由于工作需要，36岁时又调往新疆乌鲁木齐任市公安局办公室主任。记得当时他到新疆赴任要离开北京时，我母亲以妇道人家的口吻说："孩子，人都说，过了嘉峪关，两眼泪不干，咱不去行吗？"可是我四表哥用坚定的语气回答我母亲："姑，服从命令是共产党员的天职，您不用惦记。"就这样，四表哥在新疆这个多民族的地区一直兢兢业业为党工作，时刻履行自己的诺言，任劳任怨，工作很有起色；1972年后他又调到新组建的环境艰苦的南山矿区任党委书记；1983年他又调到乌鲁木齐市任天山区政协主席并在此位置离休；离休后仍一如既往地为维护新疆的安定团结和各民族和谐发展而不懈努力着……

我的另一位表哥，叫王清记，是我四姨的儿子，排行第二，所以我叫他二表哥。这个表哥和我四表哥同龄，其家在庞家堡，离姥姥家不远，所以，他经常和四表哥搭伴一块玩，他憨厚、纯朴，大家都很喜欢他。同样，他也是16岁参军，一参军就在革命大熔炉里逐步锻炼成长，革命大学校造就了他坚强的性格。

二表哥投身革命后，自觉接受党的教育，刻苦学习，进步飞快，迅速成长为一名优秀的革命战士。次年，17岁的他加入了中国共产党，历任战士、班长、排长、

四表哥白凯

二表哥王清记

连长、营长、团副参谋长、副团长、团长、副师长等职。

在几十年的军旅生涯中经受了锻炼和考验。他经历了解放战争和抗美援朝。先后参加过怀来防御战、正太战役、徐水战役、平津战役、新保安战役、太原战役、兰州马家山战役、解放宁夏战役和抗美援朝的五次战役等。在历次战斗中，他不怕苦，不怕流血牺牲，英勇顽强。特别是太原战役中，他担任五七九团一营三连排长，带领一个突击班，英勇苦战，出色地完成了突击任务，缴获了吉普车一辆，长短枪 81 支，俘敌 70 余人；在朝鲜的五次战役的第二阶段，他担任五七九团一营一连连长，在七天的艰难而又残酷的防御战中，全连只剩下五人，在弹药用尽的危急情况下，仍表现出与阵地共存亡的英雄气概。在解放战争和抗美援朝中多次立功，曾被授予解放奖章，1955 年年仅 26 岁的他被授予大尉军衔。

在社会主义革命和社会主义建设时期，他认真学习马列主义、毛泽东思想，努力工作，积极进取，严于律己，克己奉公，一心扑在部队的建设上；走上师的领导岗位后，他经常深入基层，调查研究，总结经验，运用典型，指导工作，为我军现代化、正规化建设作出了突出贡献。二表哥在几十年的革命生涯中，坚持原则、工作勤奋、锐意进取、以身作则、廉洁奉公，轻伤不下火线。永远走在前列，为干部、战士树立了好的榜样。

他时刻关心他人，却很少关心自己的身体，终因积劳成疾，不幸于1993年因病逝世，享年64岁，让人惋惜。

二表哥的一生是革命的一生，是为人民服务的一生，值得永远怀念。

我讴歌他们，就是为正义歌功颂德，不仅仅为个人，而是为了整体，在社会中营造和提倡奋发向上的风气；另一方面，也是为了印证从“旗杆院”中射出的白玉光环，世代辉映，闪闪发光。

第三十三章 喜迎解放的春天

1949年新中国成立了，我舅舅也随着国家的新生而开始了新的生活。

聆听着《义勇军进行曲》等响亮雄壮的歌声；激昂于开国大典军民同庆的盛大场面，舅舅的内心沸腾了，特别是像他这样一位走南闯北，亲眼目睹旧中国满目疮痍、民不聊生的破败景象的人，对照现在欣欣向荣的情景，他百感交集，思绪万千。作为新社会的主人，他决心以百倍的努力，为新生的共和国添砖加瓦。

新中国成立后不久，中国科学院考古研究所于1950年8月1日组建成立，我舅舅是从原中央研究院历史语言研究所转到考古研究所来的，任技佐。

考古研究所组建伊始，即于1950年10月，由夏鼐、苏秉琦、安志敏、石兴邦、王伯洪、马得志、徐智铭、魏善臣、白万玉、王仲殊、赵铨等人组成的考古专业队，在河南辉县琉璃阁进行了发掘考察。这也是新中国成立之后，考古所第一次田野发掘考察。

在1952年，由中央文化部文化事业管理局、中国科学院考古研究所、北京大学共同举办的全国考古工作人员训练班中，也就是当时人称中国文博界“黄埔四期”训练班教员名录中赫然出现了我舅舅白万玉的名字，他主讲“田野发掘和文物修复”。这一届授课的教师均为中国的文化及历史界泰斗级的人物，如郭沫若、郑振铎、梁思成、夏鼐等，舅舅的文化基础不高，却与他们并列，同为这一届的授课教员，足见其田野发掘和文物修复学术水平尤其实际工作经验造诣之高。

关于“黄埔四期”的由来：鉴于全国基本建设日益蓬勃展开，规模宏大，埋藏在地下的弥足珍贵的文化遗产，日益大量涌现，亟待保护；而旧中国留下来的文物、考古、博物馆专业技术人才匮乏，急需培训和建立一支具有高度革命觉悟，又能快速掌握文物与博物馆专业基础理论和应用技术的干部队伍，于是决定由文化部向全国各个省（市、自治区）抽调已在文物或文化机关任职的中青年干部，集中在北京大学历史系教学大楼，由考古研究所主持，聘请著名学者讲授中国考古学系统理论和专项课程。随后开赴河南郑州二里岗和洛阳烧沟，讲授田野考古调查和发掘技术课程，并就地进行实习发掘。结业后返回各自文物机关和博物馆，从事条件简陋、任务繁重的文物调查征集和保护整理工作。绝大多数同志为此作出了毕生的贡献。

全国考古工作人员训练班，自 1952 年起，至 1955 年止，共办四届，连同北京大学历史系考古专业参加实习的研究生和应届本科毕业生，约计 303 人，分布在全国除台湾以外的 30 个省（市、自治区），并有同学在香港中文大学任职。这就是文物、考古和博物馆界同仁所赞许的新中国文博界的“黄埔四期”同学和同志。“黄埔四期”的这几批学员为以后新中国文物、考古和博物馆事业做出了突出的贡献，都得益于导师们的谆谆教导而终成文博栋梁。

20 世纪 50 年代初，应北京大学之邀，我舅舅经常出现在北京大学历史系考古专业的讲台上，为这些“天之骄子”们授课，主讲“田野发掘和文物修复”。在讲课中，他深入浅出，理论联系实际，经常结合大量田野发掘生动例证，将略显枯燥的考古课程讲得绘声绘色，引人入胜，课堂里不时爆发出会意的笑声，深受北大学子的好评，皆感受益良多。建国初期，百废待兴，复兴建设任务十分繁重，大学生奇缺，被誉为“天之骄子”。据家人回忆，舅舅对能上北大讲坛很激动，兴致很高，恨不得将其所知和盘托出，无私奉献，毫无保留。每提及此，他都会兴奋不已。他常说，“我一个大老粗，没什么文化，能站在北大的讲台给大学生们讲课，以前做梦也没想过，如今梦想成真，我打心眼里高兴并乐于做好。”

1956 年，中国科学院考古研究所成立了“黄河水库考古工作队”，赴河南三门峡地区进行考古发掘工作，我舅舅是其中的一员，而且被赋予重大考古任务。那时，国家要建黄河水库，还要建三门峡市，工程非常浩大。为了不把国家的文物压在高楼大厦底下，并使珍贵文物重见天日，受文化部、科学院的指令，“黄河水库考古工作队”在陕西到会兴镇这一区域进行了普遍探测和发掘工作。

正当我舅舅和同事们为考古有所获而干得热火朝天的时候，夏鼐副所长的加急电报，如同“三道金牌”，把我舅舅急召回京，执行新的使命——十三陵定陵发掘工作。

第三十四章 晚年的舅舅

1949–1959 年间是舅舅在考古事业上奋发有为，广种博收的时期。定陵发掘可以说是他在谢幕之前的一场精彩演出，既告慰自己，也告慰世人。

1958 年 10 月，定陵的发掘工作结束之后，舅舅已到了花甲之年，次年，他退休回家。由于那几年在定陵东奔西跑、忙上忙下，这种超负荷的工作，透支了他的体力和心力，犹如一辆飞速行驶的汽车，突然间戛然停止；也像一个马拉松运动员冲到终点的那一刻心脏反而不好受一样，他很有些不适应，本来身轻如燕、健康硬朗的他开始生病，也许是定陵的发掘太让他费神，他得了高血压，经常头晕、无力、失眠，又赶上了（1959—1961）三年自然灾害，食不果腹，营养不良，那时的他双腿浮肿，常着他躺在床上，但是，他仍然口若悬河地和我们谈天说地，给我们讲历史故事，讲定陵发掘中的奇闻逸事以及各种各样的人生经历，当时的即兴聊天让我永记心间。

退休并不赋闲，那时他还是比较忙碌的：他曾又给北大的学子们授课，指导并亲自带他们到野外考古现场进行实践活动；同时他还应邀参与考古有关项目，其中主要有：

山西侯马考古发掘。1960 年，国务院颁发了“关于加强侯马地区古城遗址勘探与发掘的通知”，文化部将侯马地区的考古工作列为全国重点，抽调中国科学院考古研究所、中国历史博物馆等文物工作人员支援，会同山西本地考古人员共同进行侯马地区古城遗址勘探与发掘工作。

当时我舅舅虽已退休，但考虑到该考古项目紧迫而重要，他还是被征召参与了这项考古工作。

这是著名的“晋国铸铜遗址”考古大会战，通过勘探，发现了牛村和平望两座古城，发掘了侯马西陶窑遗址、北西庄遗址，还发掘了东周、西汉、唐、宋、元、明、清的诸多墓葬并出土了大批铸铜陶范及大量陶器……

本书前面提及的为“江姐”修复血衣一事和抢救文化价值极高的地下出土文物也是舅舅在晚年所做的工作。

1962 年夏天，和舅舅相濡以沫 36 年的舅妈因病撒手人寰，看到伤心的舅舅那孤独的背影，阵阵酸楚顿时涌上我的心头。舅妈很疼爱我，她像妈妈一样关怀着我，让我记忆犹新的是慈爱的舅妈每当见到我时总要把我揽在怀里，不是摸摸我的头发，就是拍拍我的肩，已经十几岁的我也还会向舅妈撒娇和她说笑。在她生病住院期间，母亲常带我去看望她，我给她端水、喂饭、取药，给她带来了温暖和慰藉，我真的很爱我那纯朴、善良、慈爱的舅妈。我曾听她用家乡话和我母亲说：“你虽然没有儿子，可是你一定会享两个女儿福的”，15 岁的我也已明白了这句话的含义，就是要好好学习，天天向上，今后才会有出息。

舅妈过世后，孤独的舅舅很快就被因各种考古发掘现场之邀的忙碌而冲淡了寂寞，在发掘现场又经常出现他的身影。虽然他老了，但他好像有使不完的劲、用不完的智慧和发挥不完的余热可以为祖国的考古事业而奋斗不止，然而当他摩拳擦掌，准备再搏一把的时候，急风暴雨式的“文化大革命”爆发了，人妖颠倒的年代来到了人间。那是一段不堪回首的岁月。当时，中国的天空乌云密布、阴霾笼罩、恐怖充斥每一个角落，波及太多家庭和个人，舅舅也不例外。辛辛苦苦、任劳任怨、不计报酬地为祖国的考古事业贡献了毕生精力的他，就因为在发掘定陵的工作中与吴晗常有接触，当时的“红卫兵”就想当然地非说他是吴晗线上的人，一定要与吴晗挂钩，“红卫兵”一会儿揪斗、一会儿批判，弄得他痛苦不堪，有理不能辩、有话不让说，惶惶不可终日，委屈、悲痛、害怕，一股脑向他袭来，不仅使他的肉体受到摧残，最要命的是他的思想开始混乱，导致神经错乱。刚开始时，家人没有察觉，只是觉得他不爱说话，后来他经常会拍拍家人的肩膀说：“快把我送到公安局去吧……”，弄得家人一惊一咋，十分恐惧，再过后，他的话语开始颠三倒四、双目不再有神而变得呆滞，我们都很害怕，后来他还真的精神失常了，经常不吃不喝不睡，就是睡也和常人不一样的姿势歪着，总是语无伦次地喃喃叨唠，后来有一天，他竟趁家中无人拔刀自刎，痛得他咬破了舌头，亏得家人回来得及时，才制止住，虽然留下了一条命却也留下了口齿不清的后遗症，当我写到这里时，泪水仍止不住地往下流，滴在纸上，悲在心间，我那聪明、能干的舅舅啊，上天为何对你如此不公？我常在心灵的深处发出这样的呐喊！

然而，事态好像没有就此止步。

后来，在家人的精心照料和呵护下，舅舅的病情开始有所好转，又意外地遭遇了一场大灾祸。那是1966年10月底的一天，家人要带他到医院看病，真是“屋漏偏逢连阴雨”，在过马路的时候，乱轰轰的大街上，一辆急驰的大汽车为了躲个人，不偏不正把舅舅撞倒，一场惨剧瞬间发生，地上鲜血一滩，舅舅倒在血泊中已不省人事，家人也慌了手脚，乱作一团，幸亏有好心人帮忙叫来了救护车将他送往医院；当时舅舅能否活着已很难料定，但经过及时抢救，白衣天使硬是把他从死神手里抢了回来。

出了这么大的交通事故，交警来到家中了解情况并做笔录，当他们得知舅舅患上精神病时间不长时，有位交警说出了一个令我们振奋的理论：初得此病的人，往往因受到一个猛烈的外界刺激，也许会恢复正常。我当时就祈祷：但愿这是真的。

也许是好人有好报吧，那位交警的吉言在舅舅身上得到了应验，奇迹就真的发生了。这次交通事故，舅舅的索骨被撞裂，几根肋骨被撞坏，头被撞破，腰也受损，那时他的脸肿得很大，十分吓人，但愣是让他挺了过来。经过医生的全力抢救和在家人的精心照料下，舅舅一天天地好起来，慢慢地可以下床活动了。最最可喜的是他的神智清醒了，和原来一样，一切完全恢复了正常。

令人庆幸的是，老年的舅舅在平静中度过了他人生最后的三年。那几年，我和母亲常去看望他，恢复了神智的舅舅仍能给我们讲许多考古故事和趣闻，正常如初。

然而，过多磨难的一生耗费了他太多的精力，死神最终还是向他逼近，在他即将走向生命尽头处于弥留之际时，我和母亲却没有在他的身边，至今仍感特别遗憾。

说来也怪，舅舅去世的那天夜里，我做了一个梦，梦见了一匹马向我们家奔来，一共来了三遍，早上醒来时我把此梦境讲给母亲听，她说：“梦见马是有信来”，我说：“您这是迷信吧，再说，我姐姐刚回天津不久，不会马上来信呀？”我们俩人就这样一问一答地聊着，谁承想，说话的当口，公用电话来人叫我们去接电话，又过了一会儿，另一个电话又来摧促我们快些去接电话，再过一会儿，舅舅家来人报丧：我舅舅已经走了。听到此讯，如雷轰顶，当时我妈号啕大哭，我也悲痛难忍，街坊四邻忙来劝慰，我与母亲也立即赶到已过世的舅舅身旁。见到已升入天国的舅舅，我们泪如泉涌，母亲更是悲痛欲绝。

据说，他在弥留之际，曾使劲用手指着墙，家人不知何意，其实那墙上有我们家公用电话号码，我妈说："他的意思是快叫我呀！"然而，一切都晚了，呼天喊地也没用，我的舅舅真的走了。

唯一让我感到安慰的是，舅舅在离开这个世界的时候，神志是清醒的。在最后一刻，他怀着对家人的挚爱和对考古事业的恋恋不舍，安静而永远地睡着了。

第三十五章 一盘没有下完的棋

生老病死、新陈代谢乃包括人类在内世间万物的自然法则，是无法抗拒的。“人生自古谁无死，留取丹心照汗青”，对已逝去的亲人永远怀念是人之常情。

舅舅的离去，我倍感悲伤，其实，他走的时候已到了“人生七十古来稀”的年龄了，也是一种安慰吧。每每想起他对我们的亲切关爱和殷切期望，就总感到有一股暖流伴随着我们。

我和姐姐是他非常疼爱的两个外甥女，姐姐享受到的这种慈爱比我要更早几年，但是由于她读书和工作都在天津，直至 1979 年才调回北京，所以许多关于舅舅的工作状况和经历没有我知道的多；我 14 岁的时候父亲就因病去世，舅舅也像慈父一样关心我的成长。当然，由于舅舅在经济上并不十分宽裕，所以他对我的关怀更多地表现在精神方面的慰藉和性格上的栽培。只要时间允许，他就会来我家看望母亲和我，问寒问暖，并常常鼓励我刻苦努力学习，不断进取。他常说：“你虽然不姓白，可也是白家的后代，无论男女，都有为白家‘旗杆院’争光的份儿，咱们要一代一代传下去，以后就看你们的了。”当然，我理解争光意味着什么，简言之，就是：有理想、有抱负，做一个有益于社会的人。

舅舅在晚年的最后三年里，特别关心我的婚姻大事，因为我已经成人了，但遗憾的是，我成家的时候，他已离开人世。可以告慰他的是，我没有辜负他的期望，我们也给“旗杆院”增添一缕彩霞。

我在书中多次提及“旗杆院”一词，其实就是一个符号，特指河北宣化庞家堡镇汤池口村白氏家族祖上遗留下的良好家风，不论贫富，世代相传，有口皆碑。

时针转到20世纪初始，传到我五舅白万玉时，虽家道中落，却能从山沟里“冒”出一位颇有造诣的考古专才，也算是没有辜负“旗杆院”的好名声吧。总之，“旗杆院”的众多“棋手”在“下棋”时“棋艺”各有高低，但都能将“旗帜”顺利传承而不走样，这也可算是一段佳话。

一种家风的传承要靠成员的自觉行动、严格规范、贵在坚守、成于相关人群的自我约束；往大了说，这如同中华传统文化的传承要靠所有中国人惯性遵循，自觉自愿身体力行，不论张三李四男女老少，血浓于水根深蒂固代代相传。“旗杆院”的“棋手”也是“旗手”，他们在传承中蔚然成风。“棋手”们不一定都姓白，我表哥王清记就姓王，我也姓陈，但都和白姓有关，直系的、旁系的，或其他特殊关系的，例如我的丈夫吴氏就属于此类。可能是“旗杆院”的余辉照耀，使之在某些方面出现“闪光点”而值得一提。

我的丈夫是广东潮汕澄海人，他的家乡山清水秀、人杰地灵。我去过两次，也爱上那里的土地，尤其是那清澈如镜的韩江水，宛如美丽少女的长丝带一样蜿延飘逸，缓缓流淌于潮汕大地。当地尊师重教，对因谏迎佛骨，惹恼了唐宪宗，从刑部侍郎被贬为潮州刺史的韩愈崇拜有加。这位唐代大文学家当时处境危急，奉旨立即起行，12岁的女儿病情恶化死于途中，仕途坎坷、家庭不幸，并没有使他消沉，而是发扬了儒家积极处世的精神，莅潮虽仅8个月，却为地方办了众多好事善举。韩愈治潮之贡献及影响，不仅为上层社会所肯定，在民间也有口皆碑。人们为纪念他，在潮州建有“韩文公祠”，香火历千年而弥旺，成为全国现有规模最大、年代最久的一处韩祠。我们曾慕名参拜潮州“韩文公祠”，亲身体验当地人民尊敬大师、顶礼膜拜、奉若神明的感人场面；那直穿客家、潮汕两地的北、南大动脉水系被冠名“韩江”，以资记念，影响深广，因此有潮汕“山水于今皆姓韩”之说（引自许士杰——潮汕澄海人，曾任中共广州市委书记、海南省委书记——诗句），指韩江、韩山等因韩愈得名。

韩愈在潮州为官执政虽然只有短短数月，却有众多建树，声名远扬，备受崇敬，这同某些为官多年却山河依旧、碌碌无为，甚至鱼肉百姓、巧取豪夺者形成多么鲜明的对照，足见其修养和造诣之深远广大。当地人民向有知书达礼的优良传统，皆得益于韩愈等大师的谆谆教诲；当地人做事精细：“种田如绣花”；潮汕女大多端庄贤惠，心灵手巧，针线活了得，“潮绣”、“潮瓷”……都名声远扬；

潮州菜现在很出名，尽管各地潮州菜名目繁多，但要吃到正宗地道的潮州菜，还非得到当地品尝才能亲身体味；“潮州功夫茶”非常有名，有许多讲究，正如著名潮籍作家秦牧（潮汕澄海人）所言：“我到过全国各个大区，虽然各处人们都懂得喝茶，喜爱喝茶，而且不少地方都能产生十分出色的茶叶……但是喝茶喝得那样认真，那样精益求精，几乎登峰造极的，照我看来，潮汕着实名列榜首而无愧”。在潮期间，我曾品尝过“功夫茶”，确实不错，不过对于像我这样非土生土长的外乡人来说，味道似乎浓烈一些。喝功夫茶有很多讲究，据说有八个程序，称为八步法，步步皆有讲究，概括为“高冲低洒，刮沫淋盖”。喝功夫茶提神醒脑、香齿润喉，的确是一大享受。闲暇喝茶时，一壶热水续烧不停，亲朋好友围坐抿茶，东西南北谈天说地，洒茶时必各杯轮匀，称“关公巡城”，余沥为精华、更要滴匀入各杯，谓“韩信点兵”，形象生动，成为脍炙人口的功夫茶诀，期间“请”、“食”（念 jia，读第四声，即喝茶之意）谦让之声不绝于耳，兴致浓厚其乐融融……以上这些就是当地颇具特色的风土人情。

我曾应有关部门之邀随丈夫探访其老家广东澄海（1563 年明嘉靖年间置县、1994 年设市、现为汕头市澄海区）名胜“樟林古港”和“陈慈黉”纪念馆等地，感叹当地丰富的人文景观。近读著名作家从维熙先生发表于《北京晚报》的文章“红头船礼赞”，深有同感和共鸣，现摘录数段以共享：“昔日只知道潮汕人扬帆出海，力经海上漂泊，成为今天遍及世界的‘潮汕同乡会’。……但不知他们的祖先，是乘红头木船走向世界的”。作者在“顺访了清代潮州人出海的樟林古港，才算找到历史的根脉，并为历代潮汕人挑战大海的勇敢而动容”，“正是大海的拍天激浪铸造了潮汕人的勇敢和无畏，其中一些佼佼者在东南亚以及欧洲、澳洲树起潮汕人永不退缩的精神肖像”，著名潮籍实业家李嘉诚先生就是其中的杰出代表。在参观了当地乘“红头船”闯荡世界的著名华侨陈慈黉的故居时，不禁为其宏大和精美所叹服，他称“一个中国商人能够面向海洋，把世界文化装点到古老落后的中国来，这能不能说是红头船一首历史绝唱？这首绝唱背后的深层意义，是封闭落后的中国文化，开始了向世界远航并开始了与世界文化结缘。……如以此为尺，丈量一下潮州人的漂洋过海的营商之举，似更可以为中国的商业史披红挂彩了——而载运他们到世界各地的工具，就是这些扬帆远去的红头船。为此，笔者为那些淹没于万顷波涛中勇者感伤的同时，更为昨天的披风斩浪、与海外文化和世界资本结缘的红头船而歌！”

我的丈夫就诞生在这块学风浓郁的土地上，他的经历与我舅舅有某些相似之处：都出身农家，小时都放过牛，没有任何背景，完全靠个人奋斗走进新天地。舅舅因偶遇安特生而步入考古之路；吴氏成长之路历经诸多磨难：三岁时差点病死；五岁时掉进河里差点淹死；七岁时在堤坝上玩耍，一脚踏空差点摔死；稍大时他的腿突长肿物，差点腿瘸，幸遇名医妙手回春而治愈……可以说多灾多难。虽然如此，他都能逢凶化吉，坦然笑对人生，后在家庭和社会的大力支持下最终完成学业，其学习成绩优良皆源于艰苦努力、奋发向上。以学习英语为例，他上高中时才开始学英语，据他说上第一节英语课时，老师开宗明义“布道”：“我无意将大家都培养成外交家，但我要说学好英语好处很多。都说学好数理化走遍天下都不怕；我还要补充一句，学好 ABC，想到哪里就到哪里去……”这句话在他脑海中留下深刻印象，因此他对学好英语决心很大，兴趣很浓，但由于刚接触英语，还没有摸到学习门道，在第一个期中考试时只得了 61 分，这件事对他触动很大，于是狠下决心，一定要攻坚，迎头赶上。经过不断努力，从高二开始他的英语成绩一直名列前茅，并因此考入外语院校。刚入学时，他惊讶于从城里来的同学可以用英语流利演唱“国际歌”，这件事对他触动也很大，因为他来自农村，口语较差，因此他再一次狠下决心，一定要找出差距，克服困难，集中精力攻克难关，在其不懈努力下而取得了好成绩。也许是无心插柳，他还真应验了中学英语启蒙老师的那句话，从事了外事工作，包括外交、对外经贸等。

1984 年至 1988 年，吴氏奉派担任我国驻美国旧金山总领事馆商务副领事（不久任领事）。初踏入美国社会，一切都感到新鲜和好奇，人们都想急切亲眼看一看我们从前在教科书中所描绘的“美帝国主义”是啥模样。随着了解的逐步深入，感性认识和理性认识都有了进一步深化。实际上人类社会都有很多共同点：有很多真、善、美，而且占主流；也有不少假、恶、丑，那是第二位的。不同社会制度之间求同存异、取长补短、和谐发展是完全可能的，也是非常必要的。据吴氏讲，进入美国以后，对美国社会形态有了初步了解和体验，立足本职，多做促进工作，增进两国人民之间的友好相处和和谐发展。他对能有此机会尽力而深感欣慰。

在其任期内，正值中美关系处于较好时期，政治、经济等关系逐步走上正轨，加上那时正是我国改革开放的初始阶段，双方对于发展经贸等关系都有强烈预期，故经贸等活动愈加热络和密切：各方都急切了解对方；经贸团组互访活动频繁，尤其是我国各部门、省、市纷纷派遣各类团组访美，各类推介会、研讨会纷纷登场；美国各机构、团体、公司和个人也争先恐后访华，他们都请求领事馆为其访华提供各种方便和协助，这样也就增加了领事馆工作的力度，虽然工作比较繁重和辛苦，但大家都乐于做好；美国人民对中国人民极为热情友好，对此没有亲临美国是难以亲身体验到的。他们对神秘的东方古国的好奇和对迅速变化的现代中国的探知，使美国人都急于比较全面而客观地获得有关中国的第一手信息，于是就不失时机地热切邀请领事馆人员出席各类餐会、演讲会等，了解有关中国情况，使大家都应接不暇，据吴氏讲这类活动虽然辛劳，但内心总是感到热乎乎的，有伟大祖国做后盾，我们在国外扬眉吐气并为之忘我奋斗，没有什么比这更欣慰和自豪的了。据他讲，出席这类活动是与美国人面对面交流的互动过程，倍感轻松愉快。美国人诙谐幽默、坦诚直率，加上美国英语那种嘎嘣脆的腔调，使吴氏深感与美国人交流是一种乐趣和享受；吴氏也竭尽所能，入乡随俗，尽量将所学运用于这类演讲中，与美国人侃侃而谈，融入其中，乐在其中，大家都感到很有收获，并增进了双方的了解和友谊，他对此一直很有感触；吴氏为促进中美经贸关系的发展而竭尽全力，多方牵线搭桥，终使众多经贸合作项目得以缔结；与此同时，吴氏并不失时机地做好有关经贸调研工作，为国内改革开放提供有实质意义的参考意见等，例如他曾经在广泛搜集材料、细致调查研究的基础上，着手写就长篇调研报告《他山之石，可以攻玉——日本、台湾、韩国开展对美经贸给我们的启示》，着重介绍日、台、韩三地在开展对美经贸方面的经验和启示，呼吁国人从中借鉴，急速攻克世界经济发展制高点等建议，现在看来仍有一定参考价值。

吴氏在领事馆的主业是商务促进工作，除此之外，因他是潮汕人，故在从事商务促进工作的同时也协助做些侨务工作，主要涉及中南半岛（指越南、泰国、柬埔寨等）赴美新移民方面侨务工作。这批新移民中有不少潮汕人，由于当时的历史原因，这批新移民初到美国时不少人几乎身无分文，主要靠美国政府救济；但由于潮汕人敢闯敢拼，既艰苦奋斗又团结互助，使他们很快就在美国立足并获快速发展，很多人已经成为当地不可小视的商业中坚和社团骨干。在这种情况下，遍布美国各地的潮州同乡会应运而生，这类同乡会以服务乡梓造福社会为宗旨，为旅美潮籍乡亲提供全方位服务，在当地众多华人社团中独树一帜，其影响逐步扩大。当时吴氏同美国的潮州同乡会关系密切，他常调侃地和我说：“老乡见老乡，两眼泪汪汪，在异国他乡更是如此，加上潮州人乡情更浓，感觉更烈”。他经常愉快地应邀参加“潮州同乡会”等当地华人社团举办的各类活动，同时也热情地邀请乡亲们参加领事馆举行的有关活动，其间洋溢着浓郁的乡情和真挚的感情。

1985年5月26日，在一项为“旧金山潮州同乡会”前会长追思会中，吴氏代表总领事馆前往致祭，而台湾在美“协调处”方面也派“秘书”毛立德先生前往。当吴氏身着中山装出现在追悼会上不久，毛立德先生也随后抵达会场。当他们两人同时出现在会场并相互碰面时，考虑到这纯粹是一项民间活动，为表示同胞情谊，吴氏即主动同毛立德握手并寒暄致意，当时双方微笑交谈片刻，气氛和谐。

没想到这一临时“即兴”的举动被敏感的记者们捕捉为新闻热点而加以广泛报道。“没想到”其实也是一种必然。它代表一种渴望，昭示海峡两岸人们热切盼望接触和交流的迫切心情，以及对这种接触和交流的高度关心。

第二天，美国的各主要中文报纸，例如《国际日报》、《世界日报》、《时代报》、《中报》等都在显著位置报道了这一消息，其中以《国际日报》表现尤为积极。该报在头版显著位置用透红标题“国共外交（应为‘驻外’）人员金山握手寒暄”报道了这一消息，指出这一举动“突破海峡两岸不接触的形式意义”；同时在其第13版又报道了这一事件的详细经过。据悉，对同一事件在当天报纸两处显要位置同时进行突出报道在该报历史上实属罕见，足见其对此事的重视。

5月30日，《国际日报》更进一步在头版显要位置发表了题为“国共官员已突破‘不接触’的僵局”的长篇社论，高度评价这一事件，认为这个“不规避”的接触，“已是难能可贵的突破，但愿这是双方加强接触的开始”。社论最后表示：“国共双方若能突破僵局，直接接触将有助于彼此间的了解，要鼓励直接贸易、学术交流等各项交流……届时和平统一中国的理想庶机达成，这是海内外中国人所乐见的事”。字里行间表达了对和平统一祖国的热切期望。

6月6日，有位旅美台胞在《时代报》上发表了一篇题为“欣悉吴若茂和毛立德握手”的专论，热情讴歌这一举动。文中说：“海峡两岸实应并肩携手，增益力量，使我数千年历史悠久之中华民族，获屹立于世界列强之林。而此举正象征海峡两岸同胞携手合作，亲爱精诚之前奏。我想金山同胞，读到此条最佳新闻，莫不雀跃三百，额首称庆！希望这是一个好的开始，侨社诸君有同感否？想必人同此心，心同此理”。该作者随后在致吴氏的信中对此给予高度评价，信中写道：“您表现了勇敢、仁厚、落落大方、泱泱气度、雍容高贵的精神去争取主动，亲爱精诚，……此一空前的突出壮举，启发了我无限感慨，从而撰文把他表彰出来，裨能引起各方共鸣，今因时代报的一纸风行，博得了侨社爱国进步人士的同感与推崇！谢谢您为国家的和平统一的促进、显露曙光而引起了我写文章的动机与题材……”文章和信件代表了广大关心祖国统一大业人们的心声。此后，有关报纸又陆续发表读者来信、短评、杂论等，例如发表在6月28日《时代报》上署名王杰的文章“两岸贸易和水到渠成”就谈道：“最近，又有外交官（应为驻外人员）在外国接触握手的新闻传出，两岸贸易已势不可当。台湾当局如真的要和平统一，不如顺应形势，向前迈进一步，开放直接贸易。这对两岸加强了解，沟通信息，发展经济，改善民生，大有裨益。和平统一事业的确要从实际入手，点滴做起，方能涓水成洪，水到渠成……”有关新闻报道持续了一个多月之久，充分体现了海内外炎黄子孙对祖国和平统一大业的热切期盼和渴望。

这种“即兴”举动并非一时冲动，而是在正确思想指导下的一种见机行事的举动，政治影响是好的。这符合广大侨胞和华人希望和平统一祖国的迫切愿望，所以才会在当时的美国特别是华人社会里产生巨大的共鸣反响和新闻效应。

为了配合宣传中央领导在1995年春节期间发表的“为促进祖国统一大业的完成而继续奋斗”的重要讲话，吴氏曾就此写过一篇回忆文章，冠以“难忘的一次握手”为标题刊登于1995年5月12日《人民日报》海外版，看来效果是好的。

祖国和平统一大业潮流浩浩荡荡，民心所向，任何力量都不可阻挡，非人的意志所能转移，由此可见一斑。令人欣慰的是，经过两岸同胞的多年努力，两岸各个领域的交流与合作取得很多新的进展，基本上实现了两岸都盼望已久的“三通”，与26年前那次偶然接触时的情况相比已不可同日而语。台湾海峡两岸之间的坚冰已开始慢慢融化，两岸目前的关系在26年前是不可想象的；而两岸关系变化的促进者在两岸同胞中、在关心两岸关系变化的海外华人华侨中，何止千万，吴氏只不过抓住机遇，顺应潮流，在转瞬即逝的时刻做出了应做之事，而获各界好评，可以说，在这件事上吴氏有某些独到之处而促成其成为一时的“新闻人物”。所有这些，可以说是时势造成的。现在提及于此，主要是为了突出我们一贯的诚意和善举，以期对祖国和平统一大业继续予以关注并奉献自己的微薄之力。两岸同胞血浓于水亲情依旧，且随着时间的推移而日益加深。以此为基础，我真诚地希望，两岸同胞不仅要热情握手，而且要真诚携手，努力推动两岸关系向着和平统一的方向发展，为最终实现祖国统一大业和中华民族的伟大复兴而共同奋斗。

可以这样说，夫君吴氏在促进祖国和平统一大业方面是尽了自已微薄之力，并作出了一定的贡献，我们都深感欣慰。

以上是吴氏在 1985 年的第一次“试水”，第二次“试水”发生于该年年底，同样引起强烈反响。1985 年年底，由洛杉矶“韩人贸易协会”出面组织的由美籍韩人组成的经贸团即将访华。行前，该商会在报上刊登广告，谓该会将于 1985 年 11 月 15 日在 Ambassador 饭店举办“对华贸易投资说明会”，届时将邀请中国商务领事就中国贸易投资政策进行专题演讲，欢迎有兴趣者踊跃报名参加。考虑到这是“韩人贸易协会”组织的活动，其成员为美籍韩人，为促进中美经贸关系的发展，所以欣然应邀前往。为了这次演讲会，吴氏做了充分准备，尤其考虑到听众对象为美籍韩人这一特定群体，而中、韩两国当时尚未建交，可能涉及的敏感问题定会不少，因之特别对可能提问的应答进行精心准备。11 月 15 日晚，他应邀出席专题演讲会时，一眼望去，台下黑压压一片，绝大多数为东方人面孔，演讲会共有 300 余人参加，会场气氛热烈而友好。当演讲会进入提问、解答阶段时，场上更为热烈，所提问题五花八门，对此他一一做了解答。事后有一位韩国前驻洛杉矶商务领事而后在美从商并定居的先生给他写了一封热情洋溢的信并送了精致的贺年卡，信中说：“我虽然现在不是领事，但我曾经是韩国驻洛杉矶商务领事，我们算是‘同行’了，你那天会上的表现令我钦佩……”他的话表达了广大旅美韩人热情友好的真挚情怀。

作为旅美韩人，他们当然十分关心中国与其祖居国——韩国的经贸关系状况，吴氏当即表示：鉴于目前中国和韩国还没有建交，所以还不能进行正式的官方贸易往来，但我们欢迎美国公司和个人，包括美籍韩人，同中国发展经贸关系，他们对此表示理解。种种迹象表明，他们对韩中发展直接经贸关系表示强烈关注和浓厚兴趣，关于此类话题的提问不少，限于当时形势，吴氏也只能做上述策略性解答。七年后，中韩终于正式建交，经贸关系随之迅速发展，当时参加演讲会的这批人的愿望终于实现。此为后话。

演讲会后，当地电视台、报纸做了广泛报道，例如当地《韩国日报》就以“现在是和中国进行贸易投资合作的最佳时机”为标题大力报道，并配以照片和说明等，其他相关报纸也进行了大幅报道，着力宣传中国改革开放政策，对促进中美经贸关系的发展起到良好作用，并表达他们对发展中韩关系的热切关心。

1985年对吴氏来说是难忘的，两度“试水”荡波涛，抚今追昔，令人感慨万千，值得提及。吴氏驻外期间，经历丰富，见闻纷呈，感慨良多，但考虑到紧扣主题，故摘要而述，点到即可。

基于以上考虑，这就是我为什么要以“一盘没有下完的棋”为标题阐明书中所述“旗杆院”众“棋手”奋力向前的坚定信念，而胸怀生生不息的良好愿望。

回顾“旗杆院”众“棋手”们的“棋艺”有别，经历各异，有考古的、有从事司法的、军事的、教育的、外事的，不一而足，但他们都有共同的信念。我热切期望后来者继续举旗前行，犹如长江之水，后浪推前浪，人人有为，事事有成。

吴氏在演讲中

（1987年5月28日美国洛杉矶）

人民日报（海外版）

台·港·澳·侨

武穴竹器

不倦的追求

——记爱国归侨林艺先生

难忘的一次握手

□吴若茂

握手事件有关报道：难忘的一次握手

（1995.5.12《人民日报》海外版）

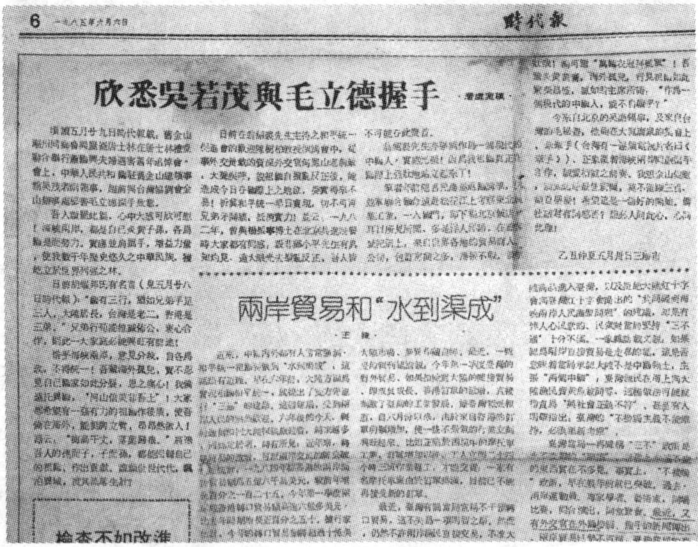
6 一九八五年六月六日 時代報

欣悉吳若茂與毛立德握手

兩岸貿易和"水到渠成"

檢查不如改進

握手事件有关报道：欣悉吴若茂与毛立德握手

（1985.6.6 美国《时代报》）

第三十六章 梦境的启示

可能是日有所思，夜有所想吧，在我的书稿即将完成之际，舅舅托梦于我。那天，为了赶进度，我写呀写，太累了，于是在沙发上打了一个盹儿，没想到，舅舅出现在了我的面前，见到他，我高兴极了。他依然高高大大、精神焕发、面色红润、和蔼可亲。我忙向他讲述为他著书之事，而且还想念给他听，征求他的意见，并问他这样写行不行？可谁承想，他竟一言不发，只是慈爱地冲我笑，我正急切地要拉他的手时，他却迅速从我面前消失了，我顿时伤心地哭出声来，一下子就醒了，两行热泪夺眶而出。

从梦境中刚清醒过来，我意犹未尽，心中久久不能平静。我应该怎样解这个梦呢？我想这当中应该有两层含义：其一，当舅舅目睹今天祖国大好形势，他所挚爱的考古事业同其他各行各业一样后继有人，蓬勃发展之际，他欣慰了；其二，当他知晓通过我这本书，能够部分完成他多年期望实现的夙愿时，他高兴了。今年的清明节，我就是以这样特殊的方式——奉献《定陵发掘现场指挥——白万玉》这本书来告慰舅舅的，我想他会因此而欣慰的。

由于历史的原因，舅舅的墓碑早已无法找到，我曾经设想过用网上祭奠的形式纪念他，后又一转念，这与舅舅一贯低调的性格不符，只好作罢。有一座自然形成的无字心碑，足矣！

舅舅的墓穴虽然荡然无存，但他的声名将永留世间。

谨以此书，献给敬爱的舅舅。

后　记

经过一年多的时间，《定陵发掘现场指挥——白万玉》一书终于完成。当最后画上句号的那一刻，顿感如释重负。都说著书完成点上最后一个句号时，那种喜悦和轻松可以与“久旱逢甘霖、他乡遇故知”相媲美，虽有点夸大，但多少也有那么点感觉，我真正体会到了。虽然书中会有许多不尽完善之处，可我尽力了，同时通过写作，我的心灵得到了洗礼。我想舅舅若有知，也会感到安慰吧。

在我写书的日子里，我想到了许多人和事，比如引领我舅舅从事他所挚爱的考古事业的引路人和恩师安特生、斯文.赫定先生和那些为中国考古事业作出突出贡献的先行者、奠基人和实干家……其中就有赫赫成就者，如夏鼐先生等和默默奉献者，如我舅舅等，是他们共同奋斗的峥嵘岁月把这一崇高事业不断推向前进。他们为此奋斗终身，鞠躬尽瘁，死而后已，永垂不朽，值得铭记，比如夏鼐先生，决定发掘定陵时，他同郑振铎等同志从更好保护文物的角度出发，曾持有不同意见，但当上级决定由他“领衔”发掘定陵时，他就不由分说，坚决服从命令，呕心沥血，积极进取，不辱使命，出色履行定陵发掘总负责人之职，圆满完成任务，并善始善终，把一个时间跨度持续达30余年，历经艰难险阻的特殊工程，包括物质的和人文的……最终完成，直至生命的最后一刻仍在热切关心“定陵发掘报告”的编写……夏先生的高度组织纪律性、对工作的高度认真负责和对同志的高度热忱令人赞叹。

我从来没有见过这位受人尊敬的长者，但每逢写书涉及定陵发掘的时候，想象中夏先生那慈祥的容貌总会不时地在我脑海中萦绕，因为舅舅经常提到他，所以夏先生留在我心中的印象是很深刻的。夏所长身为领导，平易近人，对我舅舅敬重、关怀、信任，处处使人如沐春风；我舅舅也以努力的工作和上佳的成绩报以敬重和支持……他们虽然是上下级，但他们的关系是纯洁、真挚和持久的，深情厚谊难能可贵。一个人能遇上这样一位好领导，算是三生有幸了。

朱欣陶主任也是一位值得我们永远怀念的长者，在定陵发掘工作的两年中和我舅舅朝夕相处，配合默契、相互信任、彼此尊重，给予我舅舅工作极大的支持，在生活中无微不至地关心他，对此我舅舅感受很深并经常提起。他尽主任之职主要体现在行政领导和后勤保障方面，使发掘工作得以顺利进行；但在考古业务上他不加干涉，放心大胆地让我舅舅充分发挥发掘现场指挥之职，最终使定陵发掘这项中心任务得以圆满完成。他们这种临时搭建起来而充满和谐的配合使发掘现场处处充满勃勃生机和欢声笑语……一座举世瞩目的历史文化遗产被他们装扮得更加绚丽多彩。虽然他们已经故去，但我们仍然十分怀念这些为中国考古事业做出重大贡献的老前辈。斯人已去，时间无情地将挚爱之人带走，但他们的业绩和精神永存，继续激励和影响着后人。缅怀逝者，站得越远，反而会越加真切。可以说，这是他们给予后人的永恒回忆，也是精神层面的最宝贵财富。高山仰止，景行行止。仰望夏所长、朱主任和我舅舅等这些远去的背影，敬仰与怀念油然而生。他们带着对这个世界和亲人的眷恋温情，依依不舍地离开；而随着岁月流逝仍依稀可辨的足迹和普遍认可的好口碑却会长长久久地留住，这与是否树碑立传，墓碑的有无、大小、质地的优劣以及颂辞的高低……都无关紧要。曾经拥有，坦然离开，这就够了。愿他们在天之灵安息。

我很荣幸，在我动笔伊始便得到众多人的帮助、支持和鼓励，我真是发自肺腑的感谢。

我要感谢的人很多。首先，我要感谢刘大有先生，他与我非亲非故，但被舅舅的考古业绩和人品所感动，仗义执言，在百忙中为我的书写序并予以指导，使我受益匪浅；接下来我要感谢黄文弼、赵铨、李遇春、徐元邦、李树兴、赵信、王杰、曹国鉴、冼自强、王振江和白荣金等当年同我舅舅一起工作过的同事，他们在工作中给予我舅舅很多帮助和支持，在写书的过程中我曾参考、直接或间接地采用了他们提供的有关资料；我还要感谢庞中威先生，他给予我很多帮助和大力支持，其热情鼓励使我深受感动；同时也要感谢宣化、汤池口村“故乡”的亲人们，是他们将众多人们所不知晓的有关舅舅的情况介绍给我，使我对舅舅有了更深入的了解；学苑出版社编辑潘占伟、杨雷等同志为本书的出版尽心尽力，在此一并表示感谢；最后，我要感谢我的家人、亲戚和朋友们，其中，我的姐姐是本书的第一位读者，她提出的中肯意见和建议对我很有帮助，而亲切的鼓励更使我深受感动，亲人之间本不用言谢，但在此我还想道一声谢，特别是我的夫君和我的女儿、女婿，这一路走下来，是他们做了我的坚强后盾，给予我最大的精神支持，使我信心十足，干劲倍增……丈夫吴若茂全程为我把关、修改、润色，至书成，我终于敢在众人面前亮丑，把这本书呈现给亲爱的读者，都说“军功章”有他（她）的一半，这话不假。

在这里我还要用笔墨代表我的心，由衷地感谢我的早已离开这个世界的父母，他们不仅把我带到这个世界，给了我生命，更重要的是教会了我该如何做人；尤其是我的母亲，在我的父亲去世后，含辛茹苦地把年幼的我抚育成人，对我倾注了大量心血；她始终坚定地认定培养我读书是对我最大的爱；母亲的言传身教让我从小就像她一样仁爱、开朗、果敢和坚强；母亲严格的家教使我在 60 多年的人生生涯中从来都懂规矩、讲诚信、守本分；而宽松的家庭氛围又使我获得如飞鸟般翱翔的自由……这一切，我怎能不感谢我那善良、大度、胸怀宽广而又明辨是非的母亲！今年是我的母亲百岁诞辰，在缅怀她的同时，我想，如果没有她平时叙说舅舅那么多的经历和故事，我无论如何也写不出这本书来。可以说，这本书也是献给他们兄妹俩的——我的舅舅和我的母亲。忆当年，他们兄妹俩双双先后告别故乡进京城，各自成家立业，由于这种机缘，我和他们俩有幸结缘，生于斯养于斯，从此密不可分，又由于各种主客观因素，加上我前面提到的某种偶然因素的触动，使书写本书的责任自然地落在我的肩上，亲人的亲情和向上的激情促使我写好这本书。

在写书过程中，曾经参考过有关书籍，主要为：刘大有先生的《安特生评传》、庞中威先生的《定陵发掘亲历记》、赵信先生的《考古追踪》、晨春生先生的《定陵探险第一人》和《中瑞西北科学考察档案史料》等（以上及其他有关书籍或材料在书中已有所提及），所有这些在我写作过程中对我帮助很大，在此再一次表示感谢！

书成之后，更感祖国语言文字之优美博大，尤感驾驭之难。大概世界上最难最美之文字，当推汉语莫属，对此我是有根据的，例如别具一格的表现形式，丰富多彩的内涵，诗词之美，令人赞叹；对联之绝，回味无穷；汉字书法是任何拼音文字都无法企及的独特艺术，历史悠久，深受人们喜爱，而且书画同源，与书画共生的纸、笔、墨、砚、印，每一项都是一座文化宝藏……让人们沐浴在厚重而精彩的文化氛围中深受其益。此次冒昧初试小刀，感受颇深。

书成之日，深感成书之难，成本好书更是难上加难：立意选题、取材集料、布局谋篇、遣词造句乃至标点符号，每一点都不能有丝毫马虎。我深知，要做到以上各点都很难，但抱着对读者和社会负责的高度责任感，我不敢有懈怠。尽管我尽力了，但呈现在读者面前的这本书定还会有很多纰漏，欢迎亲爱的读者们批评指正，对此，我深表感谢！

陈仲华　2010年7月23日初稿
2011年5月1日完稿
2011年10月18日定稿
于北京家中

定陵发掘现场指挥

白万玉

附录

《考古学基础》

前言

新中國爲了配合基本建設而展開了考古工作。想要完成這工作的任務，便感到需要迅速地培養大批年輕幹部。中國科學院考古研究所和文化部文物管理局、北京大學歷史系，在1952—1955年的四年間，曾合辦了四次考古工作人員訓練班。參加學習者達341人之多。在這幾屆的訓練班中，我們累積了一些教學經驗。

1956年考古研究所增添了大批的見習員，都是中等學校畢業的程度。爲了鞏固他們的專業思想和傳授他們以專業知識，考古所趁着冬季停工的機會，集中他們在北京，舉辦了一次冬訓，便叫"考古研究所見習員訓練班"。12月15日開學，到1957年3月9日才結業。這本"考古學基礎"，便是這次訓練班上集體編寫成的講義。這講義是根據那四屆合辦的訓練班中的教學經驗，並照顧到這一次班中學員的特殊需要而寫的。

這次是一個短期訓練班，每天上午課堂聽講，下午是有輔導員協助的復習或實習。因爲學員們做課堂筆記有困難，所以講義的編寫力求詳細。

內容方面，是由基礎知識、專題報告和考古技術三部分組成的。

基礎知識部分，約需20天講授（石器時代和商周各6天，秦漢和漢以後各4天，考古學史2天）。這部分是使學員們對於我國境內從舊石器時代一直到元朝的物質文化遺存的各方面，有了一些初步的認識。將來在田野工作中遇到各類遺跡或古物時，可以初步斷定它的時代，並且能够知道它們的意義，以便進一步發現問題和解決問題。這部分的教學是要結合觀摩實物。我們利用了考古研究所的標本室和北京的各博物館。不僅使學員們接觸到實物，並且教他們如何去觀察這些實物。此外，又簡單地介紹了我國考古學的發展過程，以便批判地接受過去文化遺產，並認清將來發展的方向。

第二部分專題報告包括二種不同性質的報告：一種是可以按照時

代分散開來放在"基礎知識"各時代之下，但是爲了這些專題可以各自成一專項，所以請人做專題報告，例如石窟寺藝術、漢唐城市遺址、古代建築（講義未及寫成，所以未編入）、古代繪畫和古代瓷器。每項授課一天或二天。如果在各時代之下增加有關這些項目的部分，這一種專題報告有些是可以減少或取消。另一種是做考古工作者的輔助知識，例如考古品的保管和陳列，哺乳動物（包括人類）的骨骼和牙齒，每項也是一天或兩天。如果可能，這一種專題可以增添項目，例如岩石和礦物初步鑑定，土壤學的常識等。不過，授課的時間需要加多，以便學習後可以初步鑑定，至少知道如何採取標本以便請專家鑑定。

第三部分考古技術，共需22天講授。先講田野考古方法（4天），然後分別講田野考古所需的技術：測量（6天）、繪圖、照像和修整（各1天）。這次因學員們於結業後馬上便分別參加考古研究所的田野工作隊，所以不另外組織田野實習。但是，我們要強調地指出，這一部分必須結合田野實習。要想掌握這些田野考古方法，不僅閱讀講義是不中用的，便是只在課堂聽講也仍是不中用的。只有在田野工作經驗豐富的人員指導之下參加田野工作，才能充分地掌握住這些田野考古方法。

這次訓練班的擬定教學計劃和課程內容，是由夏鼐會同班主任蘇秉琦和教學研究組王仲殊、林壽晉、徐蘋芳、夏振英共同商定的；後來由夏振英集稿和整理。全部稿子曾由夏鼐看過一遍。

這本講義是在比較短促的時間內編寫成的，原來只油印一些以供當時教學應用，並未敢公開出版。因爲所外的許多同志曾來信索取以供參考，所以決定稍加修改後付印，公開發行。其中錯誤和缺點一定不少，希望讀者提出意見，函致"北京（20）王府大街九號中國科學院考古研究所"，以便改正。

《考古学基础》前言

目　錄

《考古学基础》目录

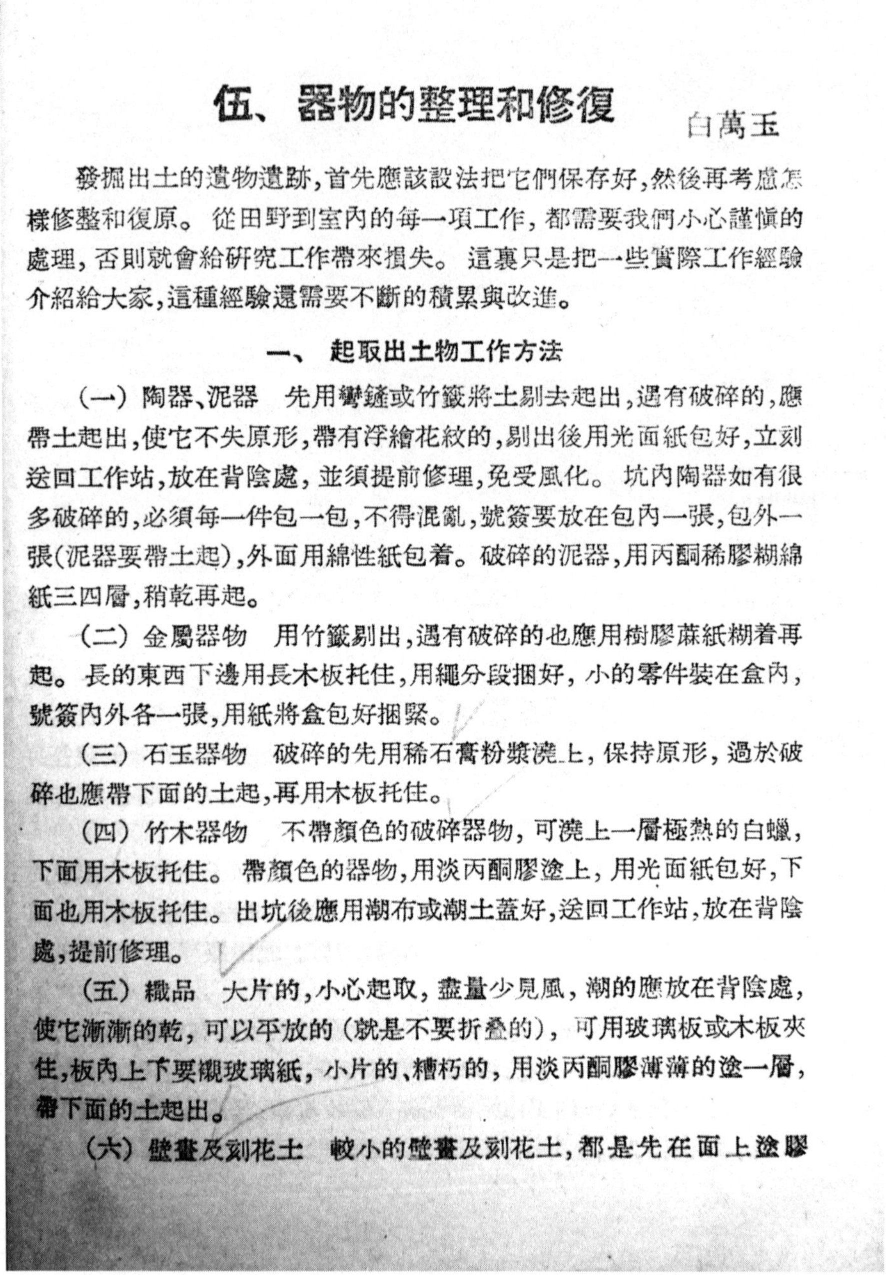

伍、器物的整理和修復

白萬玉

發掘出土的遺物遺跡，首先應該設法把它們保存好，然後再考慮怎樣修整和復原。從田野到室內的每一項工作，都需要我們小心謹愼的處理，否則就會給研究工作帶來損失。這裏只是把一些實際工作經驗介紹給大家，這種經驗還需要不斷的積累與改進。

一、起取出土物工作方法

（一）陶器、泥器　先用彎鏟或竹籤將土剔去起出，遇有破碎的，應帶土起出，使它不失原形，帶有浮繪花紋的，剔出後用光面紙包好，立刻送回工作站，放在背陰處，並須提前修理，免受風化。坑內陶器如有很多破碎的，必須每一件包一包，不得混亂，號簽要放在包內一張，包外一張（泥器要帶土起），外面用綿性紙包着。破碎的泥器，用丙酮稀膠糊綿紙三四層，稍乾再起。

（二）金屬器物　用竹籤剔出，遇有破碎的也應用樹膠蔴紙糊着再起。長的東西下邊用長木板托住，用繩分段捆好，小的零件裝在盒內，號簽內外各一張，用紙將盒包好捆緊。

（三）石玉器物　破碎的先用稀石膏粉漿澆上，保持原形，過於破碎也應帶下面的土起，再用木板托住。

（四）竹木器物　不帶顏色的破碎器物，可澆上一層極熱的白蠟，下面用木板托住。帶顏色的器物，用淡丙酮膠塗上，用光面紙包好，下面也用木板托住。出坑後應用潮布或潮土蓋好，送回工作站，放在背陰處，提前修理。

（五）織品　大片的，小心起取，盡量少見風，潮的應放在背陰處，使它漸漸的乾，可以平放的（就是不要折叠的），可用玻璃板或木板夾住，板內上下要襯玻璃紙，小片的、糟朽的，用淡丙酮膠薄薄的塗一層，帶下面的土起出。

（六）壁畫及刻花土　較小的壁畫及刻花土，都是先在面上塗膠

《考古学基础》中白万玉文章“器物的整理和修复”

（该文是白万玉存世唯一文章，弥足珍贵，至今仍有参考价值，值得保存）

（壁畫上塗丙酮、刻花土上塗樹膠水），再舖貼四、五層綿紙，這時，由距壁畫畫面上端 10 厘米處向裏切，厚度至 15 厘米時往下切，然後用 6 厘米厚的兩塊木板襯上棉花夾住，木板周圍用大螺絲釘管住，然後再由左右切下，釘上兩旁的木板，切斷下面放倒，釘上、下的木板，用繩捆緊，由墓道拖上。

（七）漆品　先用熱白蠟澆灌，帶下面的土起取，托以木板，送回後放在背陰避風潮濕處，提前修理。

（八）骨架及骨、角、牙、介類物品　人骨架，先用竹籤剔去上面的土，使骨架完全露出。用淡樹膠水糊綿紙三、四層，再用稀漿糊糊軟布二、三層，上面抹細滑稽泥約半公寸。然後由骨架的四周切下，成一土台，厚約半公寸至一公寸。在台下左右橫掏，都到三分之一的地方，插入木板。在木板兩端的下面釘以橫木板，把兩塊聯起來，在上面順着舖草，用繩捆緊後起出。如果墓坑的面積大，最好在骨架下面托木板後，套以木框，釘在托板上如木箱。箱內四周的縫用石膏灌嚴後起出。至於獸骨等起取方法同上。角、牙、介類等糟朽的也是先澆白蠟，然後帶土起取，斷的用石膏連接，零散的起法是先用綿紙裹起，再上膠水，將號簽分別繫上。

（九）糧食及其他食物　糧食類原裝器物內的，用紙包嚴，避免見風，送回後應立即將糧食換裝玻璃瓶內，用火漆或蠟密封瓶口；器物已破，糧食撒出時，應在坑內裝入玻璃瓶密封，瓶外應照原器物的號簽將號碼塡寫瓶上，將糧食另登一登記簿。其他易腐食物如肉類等，應卽裝玻璃瓶內，用酒精浸泡密封。

（十）其他漆、木、織品痕跡等　漆木織品等在土上留有帶顏色的痕跡，先用白蠟澆上，再挖起土塊裝入木匣內，四周用石膏灌注，上面鋪棉花，再蓋木蓋。無色的痕跡用石膏灌注其內，脫出原形，用棉花、紙包好。

（十一）塡寫座標號簽及清單　每件器物必須添寫座標號簽兩張，裏面包一張，外面捆一張。再塡寫清單兩份，註明類別、名稱、附件、破損情形及件數等，送回工作站由負責人點收無誤，蓋章後一份送交工地負責人以便備查。

二、整理工作方法

(一) 點收

1. 淸掃地面　器物由田野送回，要存放固定地點，但必須預先把地面打掃乾淨，以免近代的磚石、瓦片、瓷片等摻雜進去。

2. 查點器物　按照田野送回的淸單，逐件點查號數、件數、附件、破損情形，看看和座標號簽等是否相符。

3. 塡寫臨時處理器物表　點收後，應另塡一份臨時處理器物表，按表格塡寫點收日期、墓葬號數和處理情形，貼在工作站的牆壁上，預備查詢時檢查方便。

4. 注意事項：

(1) 不使號簽遺失或淩亂；

(2) 遇有重點器物，須提出另存時，要在原來存放的地方，放一張提單；

(3) 小件器物要放在同一出土的大件器物內；

(4) 存放器物地點，每一單位要明顯隔離開；

(5) 寫一大點的單位、號數，貼在大件器物上；

(6) 遇有參觀器物時，在看完後我們必須注意是否放在原處；

(7) 器物如存放在露天中，要用席蓋上，以防風雨。

(二) 洗刷

1. 洗刷應注意事項　在未洗刷前，用竹籤將土剔掉，審查器物能不能用水洗。如泥性的器物、有浮花器物、腐化器物，都不能用水洗刷；質料堅固的銅器、石器、陶器可用水洗刷。不要把不同地點的器物混在一起洗刷。漢墓出的帶銀釉陶器要特別注意，洗時用軟毛刷。還要注意器物裏面有沒有灰黑土渣（如糧食、碎骨等），有卽提出另包，寫上墓葬號、座標號。

2. 洗刷方法　應先洗刷一個單位的器物，洗完再另換一個單位，千萬不可幾個單位的器物同時洗刷，以免錯亂。洗時用淸水軟毛刷輕輕洗刷，倘有不好刷的東西，可用較硬的毛刷。

3. 添寫號碼　洗刷曬乾後添寫號碼時要按照號簽添寫淸楚，陶片的號碼寫在背面；器物的號碼，要寫在明顯的背面，以免防礙觀瞻上的整潔。爲了檢查方便，較大的器物不要寫在底面。塡寫號碼最好用不同顏色的漆。小件器物無法塡寫號碼時，另寫一小的號簽，繫在器物上。

（三）登記

1. 檢查校對　在未登記前，先按座標坑位圖逐件校對，是否相符，如有多或少的時候，必須把原因查明，倘有原圖上未註明的器物，應另編零號。

2. 排列次序　將一個單位的器物，分類排列，塡寫登記簿（號碼另編）。

3. 統計分類　根據登記簿塡寫統計分類表，以便查對。

（四）裝箱

1. 包裝　重要的或小件的要襯好棉花裝在小盒裏，再用蔗紙包裹，號簽放在包裏一張，包外一張，最好在包皮上用墨筆也寫上單位號和器物名稱，然後用蔗繩捆緊。如有大件破碎的東西，用布袋或蒲包裝起，除號簽分裏外放置，另寫一硬紙簽繫在外面。

2. 裝箱　裝箱時應把重的東西放在下面，怕壓的東西放在上面，大件器物與小件器物配合裝箱，不留太大的空隙。同時，要注意到箱子的重量，不可太重，裝箱時用短的麥稭塡空，一層麥稭一層器物，最上層蓋上麥稭。在裝箱時，應將所裝器物另列清單複寫三份，一份存根，一份放在箱內，另一份貼在箱外。箱蓋要釘嚴，斟酌箱板的厚薄使用釘子。如有大件較薄的器物應單裝小箱。箱子縫露出的草，用刀劃掉，貼上封條，編上箱號。

3. 裝箱工作注意事項　麥稭必須用乾的，嚴格避免烟火，不可混入雜物，已裝好的箱子要依次排列，下面墊以磚或木棍，以防錯亂或潮濕，如係露天處所，應用葦蓆或油布遮蓋。

（五）運輸注意事項

搬運時應攜帶斧子、釘子備用，箱子不能翻轉，要輕取輕放，有較薄的箱板，用繩子或鉛絲捆緊，箱子兩頭栓布飛子。

（六）開箱

1. 提取器物工作　開箱後，先按照副負點對包數，並檢查包皮是

附录

否有破的。

2. 打包分類　打包後,先按副頁校對,檢查有無破損,如有破損,在副頁及存根上註明破損情形,然後按着器物的性質、花紋、顏色、厚薄或是陶片的口部、腹部、底部、足部、耳部等按單位分類排列,但原出土時器物內放有碎骨或零件等小包,仍放在原器物內。

3. 佈置上架　上架時也按照每個單位的出土器物依次排列,在架上貼一號簽,上面註明單位號碼,器物的數目。如有小件或珍品另存時,也要註明。架上所放的器物不可擁擠或重叠,以便提取。對於架子的負重力也應注意。

(七) 器物保管

沒有開的箱子應單行排列,箱號向外,以利檢查。箱子下必須墊磚或木槓,以防潮濕。已打開的東西,乾的不可使它受潮,喜潮的東西不能使它乾燥,如在木箱內放潮沙將器物蓋住。如有容易腐朽的東西應加防腐劑。在存放器物的處所,應設備防火器材,並應隨時檢查。在陰雨時要注意房屋是否有漏的地方。有需要修理的器物,應先修理容易腐朽的東西。

三、　準備編寫報告時的器物處理

(一) 工具和材料

1. 工具

(1) 汽爐子　粘對陶器時,烤陶片及漆片或熬蠟用。

(2) 噴火器　粘對大件器物不能拿起時,用它圍繞烘。

(3) 修刀　約分五、六種(看工作需要),如寬的、窄的、平刄的、斜刄的、圓刄的。

(4) 二米鋼尺　量器物高矮、腰圍、厚薄用。

(5) 米達尺　量平的、直的小件器物時用。

(6) 鑷子　大小兩種,太小的東西,用手拿起不便工作時,用它夾持。

(7) 大小勺　和膠水、石膏用。

(8) 大小毛刷　約分五、六種(看工作需要),如長毛的、短毛的、圓形的、長形的、軟毛的、硬毛的、銅絲刷等,洗刷器物時選用。

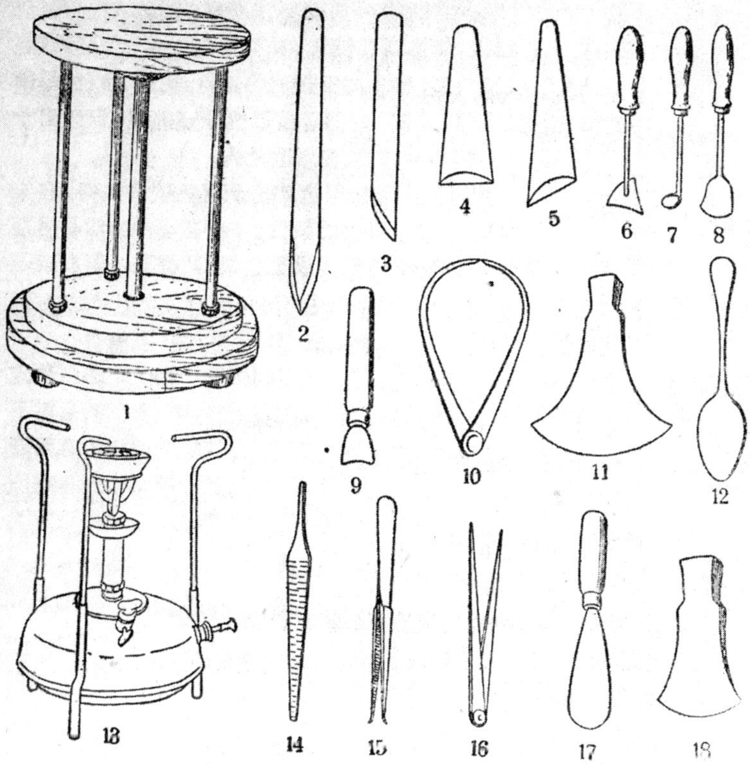

修理器物的工具

1. 轉輪 2—9、11、17、18. 修刀 10、16. 卡尺
12. 小勺 13. 汽爐子 14. 銼 15. 鑷子

(9) 粗細羅　粗羅是篩沙土預備裝沙盆、沙袋用。細羅是篩顏料及細土用。

(10) 搪磁盆碗　和石膏或泥漿，多的時候用盆，少的時候用碗。

(11) 膠皮碗　用普通小皮球剖成兩半，用它和石膏，用完剩餘的石膏很容易揉掉。

(12) 鋼精鍋　熬蠟用。

(13) 沙盆　粘對器物時，將器物放在盆內，使它平穩。

(14) 玻璃瓶　盛膠水、酒精等液體材料用。

(15) 手鋸　製造模型時用。

(16) 沙紙、木賊草　修整後打磨光滑的。

(17) 鋼銼　約分四、五種，如寬的、窄的、圓的、三稜的，也是打磨光滑時用的。

(18) 轉輪　復原或做模型時用它求圓形。

(19) 木匣　上面中心有孔，復原和做模型時，容易掏出泥模。

(20) 工具盤　40厘米長，30厘米寬，4厘米高。裏面分三格，以便放工具。

(21) 方木板　大小兩塊，爲修理器物時墊用。

(22) 沙輪、磨石　磨修刀用。

(23) 竹籤　剔土用。

(24) 鉾絲　修整時捆器物用。

2. 材料

(1) 石膏粉　粘補陶器、復原、做模型都用。

(2) 黃漆皮　用熱水泡軟揉成棍狀，粘陶器時用；用酒精泡少量漆皮刷在器物上保護浮花用。

(3) 黃蠟　做模型和復原用。

(4) 白蠟　澆灌朽骨、朽木和破碎的漆器用。

(5) 樹漆　粘補器物，對在石膏粉裏，增加凝固力量，稀的刷在刻花土上能保護不至脫皮。

(6) 酒精　溶化漆皮、洗刷浮花上的泥土和點汽爐時都用。

(7) 煤油　點汽爐和做模型、復原時用。

(8) 丙酮　用丙酮溶化廢膠片，稠的可粘骨器，稀的可以保護浮花。

(9) 廢膠片　用法同上，混合量5%至10%。

(10) 膠泥　做模型和復原時用。

(11) 細沙　裝沙盆、沙袋用。

(12) 顏料　紅土子、石黃、細煤麵、細黃土、墨汁等，看器物的顏色酌量配合使用。

(13) 棉紙　糊器物用。

(14) 草紙板　做模型、復原或綳小件器物都用。

(15) 針綫　綳東西用。

(16) 棉花　墊東西或用酒精擦東西都用。

(17) 抹布　擦東西用。

(18) 油泥　修補、復原和做模型都用。

(二) 修整工作的步驟及方法

1. 陶器、泥器

(1) 洗刷　陶器的破片要洗刷乾淨，不留絲毫泥土，以便粘對，但泥器不能用水洗，須用竹籤將土剔掉。

(2) 添補號碼　檢查陶片是否每塊都有號碼，如有沒號碼或模糊的，必須按照號簽添補。修整完成後，如果號碼不清楚，也要按照號簽添補清楚，將原號簽放在器物裏面，或捆在器物上，或粘在器物裏面。

(3) 找對　先將陶片按顏色、薄厚、花紋、質料、口部、腹部、底部、足、耳等分類排列，再按照相近的部分找對，對上的背面畫上記號，找到兩三塊，就要粘起，不然很容易攪亂。

(4) 粘合　將找對好的陶片烤熱，再將漆棍烤化，抹在斷面上，要勻，要薄，然後粘合，務使嚴密，並且注意弧度。泥器用樹膠水和石膏粘合。

(5) 修補　粘合後有少部的殘缺，用蠟板或油泥，從外面按照器物的弧度和印紋，由其他部分脫下外範補在缺處，由裏面灌補石膏漿，乾後將範取下，用修刀將裏外稍加修整。

(6) 復原　必須有口、腹、底各部能連接的斷碴，才可以復原。方法是照原形用膠泥做出內模，再將原有的陶片合在內模上，逐部試之，是否弧度吻合，在內模上遍塗煤油，澆上石膏漿，稍乾後刮平，有紋的刮時必須比原陶片稍薄，用黃蠟澆在原陶片上脫下紋形爲範（原陶片應用涼水泡濕），塗以煤油，再用樹膠水和石膏，並適當的調配顏色，抹在範上，按印紋的結構，按在補好的石膏上，稍乾取下蠟範用修刀剔修邊緣，俟全部半乾時，掏出泥模，裏面稍加修整即成。

(7) 模制　先將原器（陶質）泡濕，將黃蠟熬化，稍停澆在原器上，要看器物的大小，大的要厚點，小的要薄點，然後看它的形狀分割幾塊，割時先用鋅絲或綫捆上，按直綫用修刀分割（注意千萬別將原器物劃有刀痕），蠟範取下後仍用鋅絲捆住，接縫處用油泥或石膏漿粘上，以保持原形。範的裏面遍塗煤油，然後將石膏漿倒在範內，不斷搖動，務使石膏漿掛勻範內，乾後稍加修理卽成。但是器形複雜的，分數塊鑄成裏模，材料要看器形取用，如小件器物用膠泥、油泥制模；大件的用黃蠟澆在器物裏面，分爲數塊取下，在倒石膏漿時，按部分將分模放進裏面，取時先取裏模，就石膏沒十分乾時將裏面修好，然後再取外範，如蠟範不好取時，在火上稍烤，蠟軟卽可取下，外面仔細修理卽完成。

2. 鐵器

一般鐵器因腐朽過重不能銲接，只能用漆片粘對。鐵質較好者可以去銹，其方法是用薄鋅片把鐵器裹好，放入溶有 5—10% 的苛性蘇打溶液中加熱，經相當時間，鐵銹被還原，卽可用毛刷將銹刷掉。如破碎的鐵器當時不能修整，必須用棉紙樹膠水糊住，以保持原形，同時也不致使碎片遺失。

3. 玉石器物

也是先將破片刷洗乾淨，用火烤之，極熱，用漆皮粘合。石質較硬的器物，用樹膠水或丙酮汁調細石膏粉成糊狀粘合。缺的地方也像陶器修補的方法，用石膏補上。大件石器用噴火器烤極熱，用漆皮粘合，缺的地方用水泥調配顏色補上。

4. 竹木器物

器物上糊有紙的，先將紙濛濕去掉，用竹籤剔去浮土，澆上白蠟，放在潮沙箱內。如係大件木板，要用磚石壓住，以免收縮變形。有花紋的不澆蠟，塗以內酮膠（賽璐珞溶液），放在沙箱內。注意：修理已畢，應立卽照像、繪圖和記錄尺寸。

5. 壁畫

先用平木板鋪玻璃紙，再將壁畫面朝下放在木板上，用清水刷濕，用修刀削刮，刮下一層再用水濕再刮，至適當厚度，用四條長木板圍之，木板上塗煤油，在壁畫背面澆一層薄的石膏漿，再用粗鉛絲橫豎鋪兩層，再澆石膏漿至相當的厚度（大塊的要厚點，小塊的薄點），稍乾削平，去掉四圍的長木板，將壁畫夾住翻轉過來（畫面朝上），邊緣稍加修理，缺處稍加修補，全乾後在壁畫上再薄塗一層淡丙酮膠就完成。刻花土是將正面糊的紙去掉，由背面剷薄，抹一層滑稽泥，鋪一層橫豎鐵絲，再抹一層滑稽泥，做一木匣套上，翻轉過來，不嚴的地方灌以石膏漿，縫裏的石膏塗上一層泥漿。

6．漆器

先將背面的土去掉，澆一層白蠟。平的漆皮要用兩層玻璃夾住，周圍玻璃縫用膠布封嚴。漆器在澆蠟後，應放在濕沙箱內蓋嚴（這類器物也應立即照像、繪圖和記錄尺寸）。

7．骨架

完整的先將抹的滑稽泥和糊的布、紙都要去掉，就下面托的木板，周圍加以木框，將骨架鑲於石膏中，再塗泥漿一層（使石膏變成泥土色），將骨架上面的土洗去，以後塗一層淡丙酮膠。腐朽的，先用丙酮膠

發掘工地開坑及清理情況示意圖

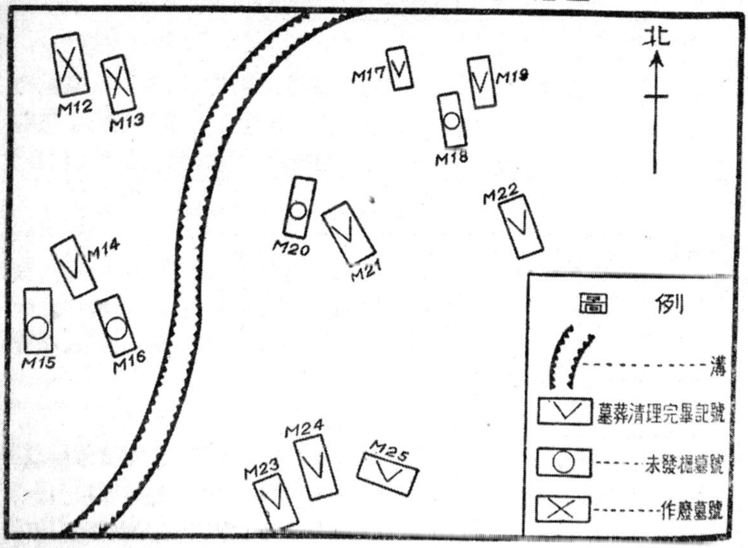

刷一層，缺的用石膏補，做模子也和修補陶器一樣。

8. 其他

如漆器、陶器上的花紋痕跡和織品的織紋痕跡等，都是在面上塗一層淡丙酮膠，或酒精泡漆皮的淡膠水，背面剷平，托一層石膏即成（此類也應先照像、繪圖、記錄尺寸）。

（三）注意事項

修整工作最應注意的是號簽，千萬不能遺失或淩亂，盡可能在器物上添寫出土地點，坑位號碼。容易引火的材料，如酒精、丙酮、煤油等，應離火遠。熬蠟時絕對不能離人。同時經常要有水盆、沙盆、沙袋等防火設備。修理工作完畢，要將桌案擦沫乾淨，工具也要擦淨放在一定地方，以便再用時方便。

工作站：逐日接受墓葬出土物分類統計表（舉例）

年月日	時代	用工數	墓號	銅器						鐵器					陶器						瓷器				漆器			其他		
				鼎	壺	爵	鏡	豆		釘	燈	錢			罐	盤	碗	豆			碗	盤			杯	案	奩			
總計																														

工作站：逐日接受工地送回墓葬出土物處理進度暫記表

臨時號	接受月日	墓號	洗刷	登記	裝箱	備註
1	9.28	L. 5. M. 603	已洗	已登	已裝	
2	9.29	L. 5. M. 607				
3	9.30	L. 5. M. 608	已洗			

小件物品臨時提存或裝箱登記表

墓號	座標號	物品名稱	數量	備註
L 5. M 619	3×2−1.5	刻花殘壁	1	
L 5. M 650	4×3−2.5	銅帶鈎	1	鑲金銀花　存某處
L 5. M 641	1.5×−3	瑪瑙環	3	有一殘破

装箱登記表

第　箱　　　　年　月　日裝

登記號	臨時號	類別	名　稱	數量	物品說明	備　註

註：此表須寫三份，箱內外各一份，存根一份。

附录